A FORMAÇÃO DE UM COMPOSITOR SINFÔNICO

CONSELHO EDITORIAL

Ana Paula Torres Megiani

Eunice Ostrensky

Haroldo Ceravolo Sereza

Joana Monteleone

Maria Luiza Ferreira de Oliveira

Ruy Braga

A FORMAÇÃO DE UM COMPOSITOR SINFÔNICO

Camargo Guarnieri entre o modernismo,
o americanismo e a boa vizinhança

André Egg

Copyright © 2018 André Egg

Grafia atualizada segundo o Acordo Ortográfico da Língua Portuguesa de 1990, que entrou em vigor no Brasil em 2009.

Edição: Haroldo Ceravolo Sereza
Editora assistente: Danielly de Jesus Teles
Assistente acadêmica: Bruna Marques
Projeto gráfico, diagramação e capa: Gabriel Siqueira
Revisão: Andressa Neves
Assistente de produção: Mari Ra Mesler

Imagem da capa: www.freepik.com

ESTE LIVRO FOI PUBLICADO COM O APOIO DA FAPESP.

CIP-BRASIL. CATALOGAÇÃO NA PUBLICAÇÃO
SINDICATO NACIONAL DOS EDITORES DE LIVROS, RJ

E28f

Egg, André
A FORMAÇÃO DE UM COMPOSITOR SINFÔNICO : CAMARGO
GUARNIERI ENTRE O MODERNISMO, O AMERICANISMO E A BOA
VIZINHANÇA.
André Egg. - 1. ed.
São Paulo : Alameda, 2018.
244 p. : il. ; 23 cm.

Inclui bibliografia
ISBN 978-85-7939-353-2

1. Guarnieri, Camargo, 1907-1993. 2. Música - Brasil - História
e crítica. 3. Modernismo (Arte). I. Título

| 15-26682 | CDD: 780.430981 |
| | CDU: 78.03(81) |

ALAMEDA CASA EDITORIAL
Rua 13 de Maio, 353 – Bela Vista
CEP 01327-000 – São Paulo, SP
Tel. (11) 3012-2403
www.alamedaeditorial.com.br

Sumário

Apresentação	7
Prefácio	9
Explicações iniciais	13
Introdução: problemas, metodologia e conceitos	17

Parte 1 — 29
Uma discussão sobre os compositores e a história da música brasileira

Camargo Guarnieri na história da música brasileira	31
A experiência prática e a formação do compositor brasileiro	43
Formação de compositores no Brasil: um problema antigo	57

Parte 2 — 79
Formar-se compositor em São Paulo

O meio musical de São Paulo e as demandas do modernismo	81
Maestro Lamberto Baldi, professor	93
Mário de Andrade, orientador estético	105

Parte 3 — 123
Extrapolando São Paulo: vida profissional e reputação artística

Charles Koechlin, Paris	125
Curt Lange, Montevidéu	135
Luiz Heitor, Rio de Janeiro	151

Parte 4 — 163
Entre Brasil e Estados Unidos na década de 1940

Aliados estratégicos: os modernistas norte-americanos	165
A capacidade de influência cultural dos EUA nos modernistas brasileiros	179
Camargo Guarnieri nos EUA	197
A Sinfonia nº 1: depois dos EUA, o compositor modernista	225

Considerações finais	231
Referências Bibliográficas	237

Apresentação

Apresentação da coleção *História e Música nas Américas*

No Brasil, nas últimas três décadas, a música tornou-se objeto de pesquisa de diferentes campos das ciências humanas e sociais, extrapolando a musicologia no seu sentido mais tradicional.

Especificamente na área de História, nos últimos 30 anos, as contribuições da História Cultural suscitou a incorporação desse novo objeto à pesquisa. Sem dissociar cultura e sociedade, a música passou a ser estudada relacionada à configuração e à reconfiguração de identidades, às políticas culturais democráticas, autoritárias e totalitárias, ao papel dos meios de comunicação, aos movimentos de esquerda, às questões de gênero e outras tantas abordagens. O diálogo interdisciplinar tem sido fundamental para a apreensão desse objeto polissêmico que é a música.

Nessas três décadas, entretanto, a história da música vem sendo, em regra, a história da canção popular brasileira, limitada a uma linha evolutiva que tem início com o samba e termina com a coroação da denominada MPB. Raros são os estudos que rompem com esse tipo de abordagem, suplantando os cânones legados por uma escrita jornalística e memorialista.

A *Coleção História e Música nas Américas* ao centrar seu foco nos estudos transnacionais – a música é tratada nas obras como o elemento de conexão, comparação e relação entre distintas culturas – tem por objetivo extrapolar as fronteiras pátrias. O conhecimento dos sons de distintos povos e regiões, ao revelar aproximações e diferenças estéticas e/ou ideológicas entre eles, constitui uma das poucas possibilidade de rompimento com os silêncios e pontos obscuros impostos pelo círculo vicioso das histórias nacionais. A música é, pela sua linguagem universal, pelo seu tipo de apelo sensorial, uma das artes mais universais. Graças às tecnologias disponíveis, e ao seu caráter mercadológico, está imbricada à história da *mundialização* da cultura, misturando influências e confundindo padrões, extrapolando fronteiras geográficas e culturais.

As obras reunidas em *História e Música nas Américas* apresentam ao público leitor, de modo criativo e competente, abordagens inéditas que instigam o espírito investigativo do pesquisador. Os livros poderão ser desfrutados individualmente ou no seu conjunto com a apreciação dos diálogos temáticos e epistemológicos entre as obras.

Profa. Dra. Tânia da Costa Garcia
Depto. de História Unesp/Franca

Prefácio

Tradicionalmente, a história da música erudita era construída a partir de uma sucessão de gênios, obras primas e movimentos musicais. Os grandes compositores nasciam quase prontos, tendo sua genialidade manifesta em suas primeiras notas musicais, ao menos enquanto "obra em construção". Os anos de formação se transformavam em "influências", os anos de aprendizado em "aperfeiçoamento", como se tudo convergisse na explosão do talento na forma da grande obra, como se esta já estivesse gestada no tempo cumulativo da vida do artista. Essa visão linear muito comum em muitas "histórias da música" frequentemente era emoldurada pela sucessão de movimentos musicais normalmente vistos como uma trajetória evolutiva do esforço criativo, cada qual gerando seus cânones e linguagens próprios, como se as obras fossem expressões coerentes dos valores, projetos estéticos e das ideias dominantes de um determinado grupo social e de um tempo histórico.

Diga-se, não apenas a história da música era pensada assim, mas a história, *tout court*. Sucessão necessária de personagens e eventos em direção a um destino manifesto e inscrito na lógica do tempo, a história deveria ser reescrita pelo historiador identificado com este movimento, como se este fosse um tradutor dos sinais lógicos do movimento histórico aos coetâneos e pósteros. Desde meados do século XX, entretanto, a história como disciplina acadêmica tem passado por um radical processo de autocrítica desta visão linear e evolutiva, buscando outras lógicas da experiência *do* e *no* tempo. Um dos saldos deste movimento crítico foi a percepção da descontinuidade temporal, da simultaneidade de experiências, da indeterminação do processo cultural e social no tempo.

O encontro de estudiosos da música, dotados de uma formação especializada, com essas novas maneiras de pensar e analisar a história, tem dado frutos interessantes. As novas histórias da música que têm emergido na forma de teses e dissertações nas últimas décadas apontam para uma revisão da perspectiva linear e celebrativa das histórias da música mais consagradas. Os "gênios" são estudados como seres sociais e históricos, cujos projetos autorais são perpassados por dúvidas, impasses e contradições. A formação de suas obras deixa de ser vista como um processo necessário em direção à obra prima, sendo vistas como janelas de oportunidades vividas em situações, muitas vezes, imprevistas e difíceis, onde muitas vezes imperam as dificuldades de um ambiente musical rarefeito, ao menos enquanto conjunto de instituições estabelecidas e reconhecidas. As próprias obras deixam de ser vistas como expressões coerentes de suas ideias e talentos, sendo analisadas enquanto feixe de contradições e de possibilidades de expressão dentro de limites técnicos, estéticos e culturais. Esta nova forma de olhar a história da música e das artes em geral não implica em diminuir o talento de grandes criadores reconhecidos pelas histórias tradicionais da música, mas sobretudo valorizá-los como seres históricos, cujas obras, complexas e multiformes, expressam os dilemas do seu tempo e os debates estéticos, ideológicos e culturais de uma dada sociedade.

O livro de André Egg é parte da tendência para compreender a obra de um grande criador da música brasileira, Camargo Guarnieri, dentro dessa nova perspectiva histórica. Nele, a perspectiva da história cultural renovada se encontra com a história da música, redimensionando a trajetória de Guarnieri para além dos clichês que o cristalizam como expressão máxima do "nacionalismo musical brasileiro", ou herdeiro natural do projeto marioandradiano de uma música erudita nacional construída a partir da simbiose do talento natural do gênio com uma força quase telúrica da brasilidade. Egg se utiliza, justamente, das "obras interditas" da "fase formativa" e das correspondências do compositor para elucidar o quanto este processo foi descontínuo, indeterminado e múltiplo.

Centrada no processo formativo do compositor, ou seja, antes dele se expressar na forma perseguida por todos os grandes compositores eruditos, a "forma sinfonia", a análise de André Egg mostra um artista dialogando com a multiplicidade de experiências históricas e culturais do Brasil da primeira metade do século XX. A busca de uma formação técnica em um ambiente onde a música erudita não havia fincado raízes criativas ou institucionais é um dos grandes achados da tese. O embate entre projetos autorais audaciosos e dificuldades de sobrevivência através da atividade musical é outro mote interessante do trabalho. A sucessão de personalidades-chave na vida de Guarnieri, como Lamberto Baldi, Curte Lange, Luis Heitor Correa de Azevedo, além de, claro, Mário de Andrade, demonstra a multiplicidade de diálogos que não podem ser reduzidos à mera noção de "influência" ou "compadrio", embora até passe por estas categorias. E, por último, mas não menos importante, o trabalho de André Egg tece os fios que unem a obra do compositor em sua fase, digamos, menos canônica, às tensões e diretrizes do tempo histórico marcado pela tentativa dos Estados nacionais em controlarem a produção artística para fins ideológicos e geopolíticos. Estas relações perigosas abriram várias oportunidades para os artistas, na forma de viagens de intercâmbio e estudos, ao mesmo tempo em que nortearam formas de recepção das suas obras no Brasil e no exterior. Não por acaso, o trabalho de análise de André Egg se encerra em 1945, momento de estreia da Sinfonia nº1, obra que não estava dada "desde sempre" na mente do compositor, em estado potencial de inspiração, mas que é fruto de um trabalho pessoal, de redes culturais coletivas e das demandas e projetos de uma dada época.

Neste livro, portanto, Camargo Guarnieri é devolvido ao seu tempo, não como biografia canônica, coerente e linear, mas como expressão dos limites e sonhos artísticos de uma sociedade em processo de afirmação cultural. Isto não significa reduzir sua obra a um "documento histórico", ou mero "reflexo de uma época", como querem analistas pautados pelo olhar mecanicista, mas valorizar a capacidade criativa de um homem talentoso na moldura de um tempo histórico rico e complexo.

Marcos Napolitano

Explicações iniciais

Este livro resulta de uma tese de doutorado defendida na FFLCH-USP em dezembro de 2010. Parte da duração da pesquisa contou com bolsa da CAPES, que teve de ser interrompida quando assumi o cargo de professor na antiga Faculdade de Artes do Paraná (FAP), hoje UNESPAR – Campus Curitiba II. Nesta instituição, contei com a colaboração dos colegas do extinto Departamento de Música, que fizeram o possível para permitir que eu não assumisse tantas aulas, e pudesse me dedicar parcialmente ao término da pesquisa.

Em relação à tese, este livro tem algumas modificações pontuais: mudanças nos títulos e na divisão de capítulos, revisões de alguns trechos mais problemáticos, incorporação de sugestões da banca e um ou outro ajuste conforme textos que saíram depois da defesa e que lançaram novas abordagens sobre algumas afirmações feitas no trabalho. Foi feita uma modificação no formato das referências bibliográficas ao final, e uma revisão delas e das notas de rodapé, onde são mencionadas coisas em relação às quais os prazos de entrega da tese tinham feito escapar algumas falhas ou omissões. Após submissão à FAPESP, o livro recebeu a análise minuciosa de um(a) parecerista anônimo(a), cujas sugestões foram incorporadas e a quem agradeço a leitura atenta.

Neste livro, o leitor encontrará uma história do modernismo musical brasileiro, em sua relação com o Americanismo Musical e a Política da Boa Vizinhança, a partir da documentação e da trajetória do compositor Camargo Guarnieri e de suas relações com interlocutores privilegiados em São Paulo, Rio de Janeiro, Montevidéu e nos EUA.

A primeira parte do livro é uma discussão sobre compositores na história da música brasileira, sua formação e atuação profissional. Esta parte é baseada nos livros clássicos de história da música no Brasil, tentando repensar alguns conceitos. Camargo Guarnieri é o foco, mas ele é tratado em comparação com seus colegas modernistas Villa--Lobos e Francisco Mignone. além de uma comparação com a situação dos compositores mais antigos, como Carlos Gomes ou Alberto Nepomuceno.

A parte 2 investiga a formação de um compositor em São Paulo, nos anos 1920 e 1930, e os esforços de Camargo Guarnieri para não ficar limitado ao ambiente musical da cidade. Para ir além de São Paulo, o compositor mobilizou contatos e relações sociais e profissionais que fizeram sua música ser executada e comentada no Rio de Janeiro, na América do Sul ou em Paris, tema analisado na terceira parte.

A última seção se concentra em Camargo Guarnieri como pivô de relações culturais entre Brasil e Estados Unidos – tanto do ponto de vista da intersecção dos modernismos de lá e daqui, como a partir da questão de que os EUA estavam criando um forte mercado de música de concerto sinfônica, do qual Guarnieri se beneficiou devido às contingências da Política de Boa Vizinhança.

A tese e este livro não teriam sido possíveis sem a colaboração direta ou indireta de várias pessoas especiais. Fazer a pesquisa e escrever a tese trabalhando e com filhos pequenos só foi possível por causa da dedicação e da paciência da minha esposa Maris. Devo muito ao professor Marcos Napolitano, que foi muito mais que um orientador. Agradeço a ele também a paciência de tramitar o projeto de financiamento na FAPESP.

Tenho o privilégio de ter debatido muito sobre os temas discutidos neste livro com interlocutores inteligentíssimos e instigantes, sempre bons amigos: Allan Oliveira, Fábio Poletto, Artur Freitas – historiadores cujos temas tangenciam o deste livro, mas, sobretudo, amigos cujas trajetórias de vida se cruzaram com a minha e servem sempre de inspiração.

A viabilização da publicação pela Editora Alameda surgiu pelo trabalho atencioso e pela generosidade da professora Tânia da Costa Garcia, idealizadora e organizadora da coleção *História e Música nas Américas*, a quem agradeço o convite.

De alguma forma, esta versão em livro também incorpora, ao menos parcialmente, algumas das sugestões que me foram feitas na banca de defesa da tese, pelos professores Flávia Toni, Celso Loureiro Chaves, José Geraldo Vinci de Moraes e Francisco Alambert. Agradeço a paciência c om que fizeram a leitura, e a generosidade com que trataram o trabalho.

Nenhuma das pessoas mencionadas tem qualquer responsabilidade sobre eventuais problemas ou erros.

Para realizar a pesquisa, fiz um périplo por diversos arquivos, especialmente: o Arquivo do IEB-USP, onde estão a correspondência, os recortes de jornal e os manuscritos das obras de Camargo Guarnieri; o Arquivo de Curt Lange, na Biblioteca Central da UFMG, onde está a correspondência do musicólogo; a sala Mozart de Araújo, do CCBB-RJ, onde há material valioso sobre os três compositores mais comentados neste livro. A funcionalidade de pesquisa pela internet e compra dos artigos em *pdf* oferecida à época pelo jornal New York Times para todo seu acervo (desde o século XIX) também foi de grande valia.

Este livro não existiria sem a participação financeira da FAPESP, instituição que tem feito muito pela produção científica e sua circulação.

Introdução

Problemas, metodologia e conceitos

Estudar o projeto musical modernista em suas diversas variáveis é um caminho para se entender o Brasil dos anos 1920, 30 e 40. Além da produção musical, os debates, os meios de divulgação e os circuitos socioculturais por meio dos quais as obras se afirmaram são fundamentais para esta reflexão. A vida musical, naquele contexto, foi objeto de demandas de intelectuais, alvo de políticas culturais e epicentro de um projeto de nação. Desse modo, é possível compreender a música como sistema cultural amplo, mais do que apenas uma discussão de biografias de compositores, ou sobre o valor estético de obras em relação distante com um "contexto histórico".

Entre os vários atores que fizeram a história do modernismo musical brasileiro, o compositor Camargo Guarnieri surge como um personagem importante, escolhido como foco central deste trabalho. A trajetória do compositor Camargo Guarnieri pode ser considerada como sintoma de um meio musical estimulado e repensado por intelectuais modernistas, ao mesmo tempo em que o próprio compositor é um agente privilegiado na construção deste meio musical. O recorte temporal proposto, 1923-1945, está delimitado pelo momento em que o compositor se mudou para a capital paulista em busca de formação e oportunidades de trabalho – já com o projeto de se tornar compositor. O marco final é dado pela estreia de sua *Sinfonia n° 1*, obra com a qual se pode considerar concluído um processo de formação de Camargo Guarnieri – entendo formação, duplamente, como o aprendizado das técnicas de composição musical e como a construção de uma reputação artística. Depois dessa obra ele escreveu mais outras sinfonias, sendo que muitas obras ficaram nas gavetas. Cabe ressaltar que ele teve que continuar a lidar com as dificuldades inerentes a ser compositor sinfônico no Brasil. Mas entre outros marcos possíveis, este pode ser visto como um momento em que o compositor conquistou um reconhecimento entre especialistas, reconhecimento que estabeleceria uma memória muito favorável a Guarnieri – levando a esquecer as dificuldades enfrentadas neste processo em prol de uma visão idealizada.

O processo de formação do compositor é abordado aqui não apenas como trajetória pessoal, mas de todo um sistema musical capaz de estabelecer-se como elemento de identidade brasileira, como representação cultural da nação. Na visão dos intelectuais e artistas modernistas, o Brasil, como nação moderna, precisaria representar-se por um meio musical sinfônico vigoroso e criativo, com instituições públicas, vida de concertos, publicações especializadas, críticos musicais, histórias da música e, principalmente, compositores, obras e público. Assim como já haviam feito os países que se estabeleceram como centros da tradição clássica ao longo do século XIX, especialmente França e Alemanha.

A música sinfônica tem um papel especial neste projeto. Ao longo dos séculos XVIII e XIX a Europa viveu um processo de construção da orquestra sinfônica como corpo artístico primordial da vida musical, consolidando uma tradição de escrita de obras (sinfonias, poemas sinfônicos, concertos, entre outras formas), que pode remontar, por exemplo, aos *Concertos* de Corelli, Vivaldi e Bach da década de 1730, passando pelas sinfonias de Haydn, Mozart, Beethoven, Schubert, Brahms (que perpassam do século XVIII ao XIX), além dos poemas sinfônicos de Berlioz e Liszt, chegando a Mahler, Bruckner, Debussy ou Richard Strauss, já na virada do século XX.

Além do repertório de música sinfônica ter assumido um papel proeminente na vida musical, os compositores sinfônicos passaram a ser os grandes nomes no panteão das histórias da música, ou do que podemos chamar de tradição clássica. Do mesmo modo, o fim do século XIX e início do século XX foi marcado por um processo de entrada de várias nações no teatro geopolítico europeu, no contexto do imperialismo e do domínio do capitalismo industrial.

A música sinfônica assumiu um papel importante neste cenário não apenas por suas características internas da linguagem musical (técnicas de combinação dos timbres instrumentais, estruturas formais, relações harmônicas, desenvolvimento de temas). Ela assumiu o topo de uma certa hierarquia pairando sobre a música religiosa (que vai saindo de cena à medida que o espaço público burguês substitui as antigas sociedades de corte), a ópera (que perde *status* por sua relação com o teatro e com o espetáculo popular ou de grande público) e assumindo a proeminência dentro de certo ideal iluminista de música pura, ou abstrata, a ser fruída intelectualmente e não consumida como diversão.

Soma-se a importância econômica de um mercado que envolve conjuntos orquestrais que empregam dezenas de músicos, fabricação dos instrumentos, impressão de partituras, serviços de copista, conservatórios capazes de formar tanto os instrumentistas quanto regentes e compositores, crítica especializada, teatros e sociedades de concerto e, claro, um público ouvinte consumidor.

Todas estas características somadas fizeram da música sinfônica uma estratégia vital para que uma sociedade construísse uma vida musical capaz de colocá-la de maneira respeitável na cena internacional. A música sinfônica se tornava, no fim do século XIX, tão importante quanto a cena literária, a imprensa escrita, as ligações rodoviárias e ferroviárias, o fornecimento de gás ou energia elétrica, entre outras coisas. Ou seja, música sinfônica se tornava um dos possíveis sinônimos de civilização.[1]

Para os objetivos deste trabalho, não se procurou questionar a legitimidade dessa representação de civilização a partir da música sinfônica. As pessoas aqui estudadas tinham em mente este objetivo – estabelecer uma vida sinfônica no Brasil, comparável àquela desenvolvida na Europa no século XIX e emulada pelos EUA no século XX. A dedicação deste estudo a este tema não significa, de maneira nenhuma, um endosso à visão eurocêntrica ou ao elitismo vinculado à valoração da música sinfônica.

Em diversos momentos os agentes históricos se posicionaram por uma superioridade da música sinfônica em relação a outras formas de representação musical, consideradas menores. Isso pode ser afirmado na comparação com outras formas musicais ditas clássicas, como a música litúrgica, a ópera, e a música para instrumento solista ou canto. Mas principalmente pode ser afirmado na relação com formas ditas "de música ligeira", como operetas, teatro musical, música dançante, música de cinema, canções e outras formas que também são ligadas à música popular. Neste trabalho a música sinfônica aparece como tendo maior importância em relação a estes outros gêneros, o que não significa endossar essa escala de valores estéticos e culturais, mas evidenciar sua ocorrência como projeto histórico e a importância que ela assumiu na visão dos modernistas. O trabalho seria mais rico se tivesse podido enfatizar mais a forte ligação entre os músicos sinfônicos (como Villa-Lobos, Mignone e Guranieri) e suas atuações no merca-

---

1   Uma boa análise histórica deste processo de consolidação da importância central da vida musical na sociedade moderna está no livro de Tim Blanning, *O triunfo da música* (São Paulo: Cia. das Letras, 2011). Farta documentação histórica de como o ideal da música sinfônica se tornou muito importante no Rio de Janeiro do fim do século XIX estão nos trabalhos de Carlos Eduardo de Azevedo e Souza (*Dimensões da vida musical no Rio de Janeiro: de José Maurício a Gottschalk e além, 1808-1889*, Tese de doutorado, IFCS-UFRJ, 2003) e de Jeffrey Needell (*Belle Epoque Tropical: Sociedade e cultura de elite no Rio de Janeiro na virada do século.* São Paulo: Cia das Letras, 1993).

do de divertimentos, na música ligeira e na música popular. Isso é feito no trabalho em alguns momentos, não de modo suficiente devido às características da documentação consultada e aos limites do enfoque escolhido.

No Brasil este projeto de um meio musical moderno não começou a se formar na década de 1920, a partir do hoje chamado movimento modernista. Ele tem uma história anterior no século XIX, que não pode ser desprezada. Mas conviveu com as limitações de um sistema cultural que circulava apenas por uma elite, centrada no Rio de Janeiro, então capital do país. As transformações iniciadas nos anos 1920, sintetizadas no projeto cultural dos modernistas, pretendiam levar a uma ampliação do alcance político, econômico e cultural para camadas mais amplas da população, onde a nação passava a se identificar não mais àquela elite e seus divertimentos fechados, mas às possibilidades de uma circulação mais ampla de bens e de cultura que forjassem uma nova identidade nacional. No caso da música, era preciso encontrar formas de construir significados musicais para camadas mais amplas da população local, que ao mesmo tempo pudessem ser reconhecidas por outras nações, inserindo o país como parte de uma comunidade internacional de modo mais profundo do que pela mera cópia dos padrões culturais importados dos centros europeus.

Esse momento privilegiado de transformações coincide com a trajetória de três compositores brasileiros, que são, ao mesmo tempo, produtos e agentes dessas transformações. Camargo Guarnieri (1907-1993), Heitor Villa-Lobos (1887-1959) e Francisco Mignone (1897-1986) constituem um grupo que se consolidou como representação nacional em música durante esse período. Todos os três tiveram que obter sua formação musical, construir sua carreira profissional e consolidar sua reputação artística nessa época em que o Brasil passou por grandes transformações. Cada um à sua maneira, mas de modo interligado, os três compositores se tornaram também símbolos musicais dessa era de transformação.

Para além de uma abordagem que estuda história da música a partir da biografia dos compositores e do comentário de suas obras, este trabalho propõe uma história social e cultural da música brasileira a partir da trajetória profissional e artística de Camargo Guarnieri. Trajetória a qual os colegas compositores servirão de contraponto, e que está ligada também à figura de intelectuais que colaboraram e participaram da construção de um projeto modernista para a música, em especial Mário de Andrade (1893-1945), Luiz Heitor Correa de Azevedo (1905-1992) e Francisco Curt Lange (1903-1997). Todos estes personagens participaram ativamente das lutas e embates pela criação de um meio musical moderno no Brasil, o qual fosse capaz de se referenciar numa tradição própria de compositores e materiais musicais, proporcionar instituições onde se formassem novos criadores e intérpretes e garantir uma vida musical de concertos e publicações que sustentasse a atividade dos compositores contemporâneos (vivos) no país.

Mas a construção de um meio musical nacional só se faz à medida que possa ser reconhecida perante uma comunidade cultural de nações, em um circuito que vai além das fronteiras nacionais. O nacional, no caso da música de concerto, só existe e se reconhece quando inserido num sistema de relações entre nações, onde umas se reconhecem e se miram no espelho das outras. É neste sentido que se compreende a importância do meio musical parisiense, como circuito de formação e como instância de consagração. Consagração que foi efetiva para a carreira de Villa-Lobos na década de 1920, e que foi um projeto abortado precocemente na carreira de Guarnieri em 1938-39, como veremos mais adiante.

Paris como centro de cultura, como espaço de aprendizado e formação, como instância de legitimação e reconhecimento foi, justamente nesta época, complementada pelos EUA, particularmente Nova York. Guarnieri foi participante ativo deste processo, ao envolver-se nos trâmites das políticas culturais forjadas na relação Brasil-Estados Unidos a partir do fim da década de 1930 e início da década de 1940. Outros interlocutores se tornaram fundamentais para a trajetória de Guarnieri e para o incremento da vida musical brasileira na órbita do meio musical dinâmico que se constituía nos Estados Unidos. A partir dos contatos e das relações com os intelectuais modernistas no Brasil, Guarnieri se colocou em contato com modernistas norte-americanos. Compositores, como Aaron Copland, e intelectuais como Charles Seeger e Carleton Sprague Smith. Assim como os modernistas brasileiros, estes norte-americanos se tornaram agentes públicos, formuladores de políticas e, também, importantes parceiros na trajetória de Camargo Guarnieri.

A documentação existente sobre Camargo Guarnieri é, em larga medida, proveniente da própria iniciativa do compositor em arquivar seu material, ou de iniciativas similares dos demais compositores e intelectuais envolvidos. A própria existência e condição de preservação da documentação é um testemunho do processo que se está discutindo. São documentos particulares, mantidos como acervos pessoais, e que apenas em época muito recente passaram a constituir arquivos públicos acessíveis à pesquisa. O arquivo pessoal de Camargo Guarnieri, que representa o principal conjunto documental a ser analisado neste trabalho, surgiu da iniciativa do compositor em arquivar seu próprio material como testemunho de sua trajetória artística: correspondência recebida, partituras de suas obras e recortes de jornal onde elas são mencionadas. Este fundo documental constituiu um acervo particular, de posse da família do compositor após sua morte, e que foi integrado ao Arquivo do Instituto de Estudos Brasileiros da USP (IEB). Ali, se constituiu o Fundo Camargo Guarnieri, ainda em processo de catalogação e organização, mas que já está aberto a pesquisas. Trata-se de um conjunto documental bastante extenso, do qual utilizamos apenas uma pequena parte da correspondência. Foram consultadas sistematicamente as cartas enviadas por Luiz Heitor, as cartas do professor francês de Guarnieri – o compositor Charles Koechlin (1867-1950), as cartas do compositor norte-americano Aaron Copland, e dos musicólogos do mesmo país Charles Seeger e Carleton Sprague Smith. Como complemento à correspondência de Koechlin, foram usados também os livros deste compositor que faziam parte da biblioteca de Mário de Andrade, que estão hoje na Biblioteca do IEB.

Da consulta a essas correspondências, surgem demandas destes importantes aliados que trabalharam pela promoção da música de Guarnieri, sua execução em concertos e sua publicação. Eles foram personalidades de destaque no Brasil e em outros países, e suas opiniões sobre a obra do compositor nos dão pistas muito importantes sobre o tipo de demanda que Guarnieri atendia como compositor, para quem estava compondo suas obras e como elas eram percebidas no meio especializado. Dos livros de Koechlin tentamos extrair informações sobre estética musical e ensino de técnicas composicionais que possam ter influenciado Guarnieri. Sobre a questão do aprendizado de composição, também foram utilizados materiais guardados por Guarnieri, especialmente um caderno onde realizou seus exercícios durante o período que foi aluno de Lamberto Baldi.

Outro arquivo utilizado foi o Acervo Curt Lange da Biblioteca Central da UFMG. Ali está depositada, entre uma quantidade enorme de interlocutores, a correspondência enviada por Camargo Guarnieri ao musicólogo teuto uruguaio. Ela foi também consultada em sua totalidade, e será utilizada aqui como testemunho de intenções do compositor e de seu trabalho e empenho na divulgação e promoção da própria obra, bem como diversas opiniões estéticas do próprio Guarnieri a respeito de suas obras e da de outros compositores. Pontualmente, foi usada como apoio e esclarecimento de dúvidas específicas, alguma parte da correspondência enviada por Curt Lange, da qual ele guardou cópias em seu próprio arquivo.

Além desses conjuntos documentais mais sistematizados, recorreu-se a uma série de fontes e documentos secundários e não organizados em arquivos. Entre eles estão as memórias de personalidades musicais do período, textos de imprensa que foram republicados em trabalhos mais recentes, outros documentos sobre Camargo Guarnieri que tenham sido abordados em estudos sobre o compositor, incluídos aí a correspondência entre o compositor e Mário de Andrade, publicada no volume de Flávio Silva.[2] Este livro incluiu também estudos importantes que serviram de base para nossas considerações, bem como o catálogo sistemático das obras do compositor, usado como referência aqui.

---

2   GUARNIERI, C. *Camargo Guarnieri: o tempo e a música*. São Paulo/Rio de Janeiro: Imprensa Oficial/ FUNARTE, 2001.

Partituras e gravações de obras de Guarnieri também foram utilizadas como fonte histórica, cotejando-as com as opiniões de interlocutores e críticos encontradas na correspondência e nos textos publicados na época. Foram consideradas, especialmente, uma série de obras que se produziram em sequência, onde se pode ver um processo de aprendizagem e maturação de uma escrita sinfônica, consolidada em obras escritas entre 1940 e 1944: *Concerto n° 1 para violino e orquestra* (1940), *Encantamento* (1941), *Abertura concertante* (1942) e *Sinfonia n° 1* (1942-44).

Dentro das concepções iluministas que nortearam a cultura musical moderna, e o mercado de concertos, a capacidade de escrever obras orquestrais de grande duração, tornou-se o principal elemento de avaliação da estatura artística de um compositor. No caso de Camargo Guarnieri se percebe esta trajetória que leva de um compositor de música pianística e de câmera, até a composição de uma grande peça sinfônica, trajetória pessoal que, além de ser parte do estabelecimento de um ideal modernista de representação brasileira pela música, coincidiu com o período áureo do estabelecimento da música orquestral como circuito comercial de âmbito mundial, ampliada pelas tecnologias modernas do rádio e do disco.

Na questão do tratamento da música como fonte histórica, este trabalho procura se somar a uma tradição de estudos que vêm se consolidando no campo da história, entendendo a música como um testemunho e sintoma de uma sociedade num determinado momento histórico, não se propondo a fazer análises musicológicas estruturais ou valorativas, que seriam mais adequadas como ferramentas de apoio à crítica musical, ou ao estudo da composição.

Como já comentado, a pesquisa histórica que aborda a música se propõe pensá-la como parte integrada de um todo, e isso não pode ser esquecido no momento de se fazer as análises ou comentários das obras. Ao ser abordada como documento histórico, uma obra musical precisa ser encarada como produto composicional, como intertextualidade com obras de outros compositores, como produto reconhecível dentro de um sistema de referências. A "obra em si", como idealidade abstrata, não existe, ou ao menos não é verificável historicamente, senão como produto que circula, que é percebido por ouvintes. No caso da música, existe ainda um fator complicador, que não está presente, por exemplo, no texto literário ou numa obra de arte como a pintura: a necessidade de que o texto musical, anotado numa partitura, precise ser executado por um músico (ou conjunto de músicos), chamado de intérprete. Isso não exclui a possibilidade de que pessoas que dominam o código da notação musical façam leituras das partituras como se lê um texto literário: olhando no papel e imaginando os sons e os signos sonoros. Vários comentários críticos sobre a música de Guarnieri tratados neste trabalho foram feitos desta maneira, analisando o texto musical enquanto música que ainda não tinha sido executada, sendo apenas partitura. Mas esta experiência, a leitura privada ou estudo de uma partitura não existe como experiência estética em si, a leitura da partitura, pelos maestros ou musicólogos, é sempre um exercício de imaginar a partitura como obra executada.

Neste sentido, obras musicais podem assumir características muito diferentes. Em um momento ela é texto musical anotado em partitura pelo compositor. Enquanto manuscrito inédito – e pode ser inédito sob dois aspectos, o de não publicado como partitura impressa e o de não executado em público – a obra musical muitas vezes já circula mostrada pelo compositor a interlocutores, copiada manualmente, usada em ensaios para concertos que nunca acontecem. Mas mesmo neste momento de existência como música inédita, apesar de ainda em âmbito muito restrito, a obra só existe, de fato, no momento em que é vista ou comentada por pessoas. Ou seja, a música não existe propriamente como texto, senão como texto interpretado em forma de sons que circula e que provoca reação em ouvintes concretos. Análise musical, como entendida aqui, é então a análise do texto em circulação, análise que se propõe a incorporar não apenas os elementos internos do texto, mas sua intertextualidade, sua circulação por espaços sociais, e as reações e debates que provoca. As partituras e gravações de obras usadas no trabalho não são, portanto, entendidas como um *corpus* documental em sentido estrito, mas são usadas como material de apoio que se relaciona com as questões comentadas nos documentos textuais: cartas, matérias de jornal, memórias, depoimentos. Traçar a história do modernismo musical a partir de Camargo Guarnieri é, portanto, entendida aqui como complexa tarefa de arqueologia das audições musicais provocadas por e que provocaram tais obras.

As histórias da música e as biografias do compositor também são tratadas como fonte histórica, no sentido de um testemunho crítico, ou como opiniões de protagonistas. Da mesma forma como os conjuntos documentais aqui analisados foram primeiro arquivos pessoais que depois foram assumidos por instituições públicas e colocados à disposição de pesquisadores, as histórias da música com as quais este trabalho estabelece discussão surgiram não como pesquisa criteriosa, mas como testemunho pessoal. Surgiram de musicólogos e críticos a partir de seu próprio relacionamento com os compositores, e os comentários das obras são também comentários que devem ser classificados como crítica musical, não como história no sentido que damos ao termo em um trabalho acadêmico.

As histórias da música no Brasil se constituem, portanto, assim como as histórias da música ocidental produzidas na Europa, em diálogo com o próprio meio musical, que, por sua vez, se constitui dos compositores e suas obras, das instituições de ensino, da vida de concertos e das publicações especializadas. Nesta categoria devem ser incluídas as teorias da música, os manuais de harmonia e composição, os métodos de ensino de instrumento, a crítica especializada na imprensa, as revistas musicais, e, também, as biografias de compositores e as histórias da música.

Deste modo, como parte mesmo da tarefa de construção de um meio musical, está incluída a própria construção, mais ou menos mitificada, das biografias dos compositores e dos critérios de julgamento das obras. Porque a existência de um meio musical se mede justamente pela existência de um sistema de compositores e obras. Tanto de uma tradição pregressa que se constitui em repertório de concertos e programa de conservatórios, como também de uma tradição viva, de compositores contemporâneos e estreias de obras, novas publicações, crítica especializada que define, no calor da hora, as possibilidades de fortuna crítica e posterior inclusão dos compositores vivos num panteão onde já estão os mortos.

Neste sentido, as próprias histórias da música brasileira e biografias dos compositores são abordadas aqui como fontes, como parte do processo de construção de uma memória, na qual estão não apenas os compositores e suas obras, mas os críticos, musicólogos e intelectuais que estabeleceram uma discussão sobre as obras, que organizaram concertos, que trabalharam para perpetuar uma memória.

Além da correspondência entre Camargo Guarnieri e seus principais interlocutores – Mário de Andrade, Luiz Heitor, Curt Lange, entre outros já mencionados, servem como documentos às histórias da música brasileira e às biografias, escritas, em grande parte, a partir do mesmo projeto político-cultural que estes protagonistas empreenderam. Que eles fossem, ao mesmo tempo, os críticos musicais a comentar as obras na imprensa, os dirigentes de instituições responsáveis por organizar e promover concertos e publicar partituras e estudos, amigos pessoais do compositor com o qual trocaram correspondência, e além de tudo, tenham sido os autores das principais histórias da música brasileira, diz muito sobre a forma como a documentação abordada aqui constitui uma teia intrincada, de múltiplas possibilidades.

Categorias teóricas que vem sendo muitas vezes utilizadas para se referir ao período em questão ou à obra musical de Guarnieri não são assumidas como operativas aqui neste trabalho. Uma delas é a noção de nacionalismo musical. Geralmente associada à identificação de elementos internos da linguagem musical que possam servir como elementos de identidade nacional, a noção de nacionalismo musical é problematizada neste trabalho. A possibilidade de que signos musicais sejam reconhecidos como símbolos de nacionalidade é muito fugidia. O que os protagonistas da história que estamos estudando muitas vezes identificaram como elemento de nacionalidade nas obras musicais, pode não ser mais para ouvintes de outras épocas, de modo que o conceito não pode ser usado sem grandes perigos.

Dessa forma, quando se usa o conceito de nacionalismo musical, seja para o Brasil, seja para países da América Latina ou do Leste Europeu, está se referindo a um projeto voluntarista de grupos de ativistas culturais. Entre eles os próprios músicos e/ou os intelectuais que pensaram a música, que se empenharam em fazer que seus países pudessem ser reconhecidos como civilizados, na medida em que possuíam, entre outras características, um meio musical desenvolvido e dinâmico. Que esses nacionalistas tenham se referido a elementos internos da linguagem musical como constituintes de alguma identidade particular, pode muitas vezes nos dizer mais sobre o próprio projeto político-ideológico destes ativistas do que exatamente sobre as músicas nacionais que eles defenderam. Da mesma forma, como já demonstrou Eric Hobsbawm, que não há nenhum elemento que se possa estabelecer seguramente como identificador geral de nacionalidades, não há elementos internos da linguagem musical que sejam demonstráveis como característicos de uma música nacional.[3]

Um conceito que pode ser mais esclarecedor é o de nações como comunidades imaginadas, desenvolvido por Benedict Anderson. Apesar deste autor não tratar de questões relativas à música, podemos entender que músicas possam servir de subsídios a comunidades que se imaginam como tais ao compartilhar os mesmos sons.[4]

A música nacional, portanto, não é entendida aqui como um conjunto de obras que apresentam elementos internos à sua linguagem que possam ser identificados, organicamente, como nacionais. Mas é compreendida como um sistema, ancorado em projetos político-culturais, que envolve autores, obras, público e debate estético no âmbito de uma nacionalidade. Seja uma nacionalidade que se articula efetivamente em Estado Nacional, seja em um grupo de ativistas que jamais logrou fazê-lo. Seja em um meio musical nacional que se constituiu de fato, seja em um meio que esteve mais como intenção ou projeto, como pode ser entendido, em muitos aspectos, o caso brasileiro.

---

3   Em *Nações e nacionalismos desde 1780: programa, mito e realidade* (Rio de Janeiro: Paz e Terra, 1998.) Hobsbawm termina por nos demonstrar que, visto que nem língua nem religião, nem etnia, nem cultura, nem história, nem qualquer outro elemento que ele tenha submetido à análise possa demonstrar coerentemente de que se faz uma nação, o único fator de coesão é realmente o Estado nacional, do qual derivam, em última instância, quaisquer elementos secundários usados, então, como justificativas ideológicas.

4   Em *Comunidades imaginadas: reflexões sobre a origem e a difusão do nacionalismo* (tradução Denise Bottman. São Paulo: Cia. das Letras, 2008.), Anderson identifica a importância das línguas escritas mobilizadas pelo capitalismo editorial (jornais e literatura), mas coloca como protagonistas os funcionários *criollos* da América Espanhola como protagonistas. Para o autor, o nacionalismo como movimento político surgiu das guerras revolucionárias de independência no continente, na primeira década do século XIX, e de lá se alastrou para a Europa. Para Anderson, a identidade nacional surgiu para os *criollos* à medida em que o acesso à metrópole estava vedado a suas carreiras, mesmo comungando os mesmos elementos etno-linguísticos. Pode-se derivar os movimentos de nacionalismo musical como decorrentes da impossibilidade de músicos de certas regiões fazerem carreira nos países centrais ou serem reconhecidos como parte do panteão da música ocidental, o que os levava a insistir em particularismos como elementos de identidade.

De maneira complementar, o conceito de modernismo não é usado neste trabalho como um conceito teórico ou analítico. Não se refere a uma teoria do que seja modernidade, em qualquer aspecto, mas apenas está assumido aqui como nome dado a um movimento ocorrido no Brasil, identificado a um conjunto de intelectuais e artistas e suas atividades, especialmente nas décadas de 1920 e 1930. O nome do movimento surgiu a partir dos projetos do próprio grupo, que funcionou por vezes como movimento articulado, mas geralmente como um movimento difuso incapaz de estabelecer qualquer programa teórico identificável ou consistente. Neste sentido, modernismo e modernismo musical não são termos que assumem significado teórico, não significam uma luta pela superação de uma tradição passada ou pela imposição de técnicas de criação inovadoras ou radicais. O modernismo brasileiro não é comparável aos movimentos e as vanguardas europeias.[5]

Tratou-se, no caso brasileiro, de tentativas de estabelecimento de um meio cultural dinâmico, e de criação de uma tradição permanente, e é preciso entender que o conceito de modernismo ou moderno não se estabelece aqui como contraposição a uma tradição musical antiga ou a técnicas ultrapassadas. Trata-se mesmo de tentar estabelecer uma tradição identificada como inexistente ou insuficiente e necessária para que o país advogasse a condição de nação moderna, de país civilizado.

Sendo modernismo um termo que surgiu como projeto de um movimento que se identificou como modernista na década de 1920, ele ficou vinculado aos projetos ideológicos, políticos e estéticos do próprio grupo, condição que faz com que ele não seja um conceito ou categoria teórica "neutro". O modernismo é então entendido aqui como projeto histórico.

O que este trabalho se propõe, é analisar Camargo Guarnieri como sintoma de uma época e as possibilidades e contradições dela. E se insere numa linha de história social da cultura brasileira, na tentativa de compreender as ligações entre a carreira de Guarnieri, seus interlocutores, as práticas musicais e as conexões políticas por elas suscitadas. Como testemunho deste processo histórico que foi o modernismo, como sintoma de seus limites e contradições, a trajetória de Camargo Guarnieri no rumo de se tornar compositor sinfônico se revela um foco privilegiado de pesquisa.

---

5 Arnaldo Contier, em *Música e ideologia no Brasil* (São Paulo: Novas Metas, 1978) defende que do ponto de vista da proposta de inovação estética, entendendo o conceito de modernismo no sentido de vanguarda que se opõe a uma tradição passada, o termo só pode ser aplicado às experiências dodecafônicas realizadas pelos compositores do grupo Música Viva, em meados da década de 1940. O mesmo autor, em sua tese de livre docência (*Brasil novo: música, nação e modernidade: os anos 20 e 30*. FFLCH-USP, São Paulo, 1988.) analisa o modernismo sob a chave de um movimento de orientação política conservadora e autoritária.

PARTE 1:
UMA DISCUSSÃO SOBRE OS COMPOSITORES E A HISTÓRIA DA MÚSICA BRASILEIRA

Camargo Guarnieri na história da música brasileira

Ao lado de Villa-Lobos e Francisco Mignone, Camargo Guarnieri começou a aparecer nas histórias da música brasileira a partir da década de 1950, como fruto do trabalho de intelectuais como Mário de Andrade e Luiz Heitor, que foram amigos e interlocutores do compositor, e que tiveram papel fundamental no processo que fez com que Guarnieri se tornasse reconhecido como um dos maiores nomes da música brasileira. Acompanhar este processo, objetivo deste livro, é seguir as linhas paralelas entre formar a carreira profissional e a obra do jovem compositor, e o registro memorial deste processo entre seus contemporâneos. A formação do compositor e o registro de uma memoria a seu respeito são partes interligadas do mesmo processo.

Os primeiros escritores que deram a Camargo Guarnieri papel proeminente em suas histórias da música foram Luiz Heitor Correa de Azevedo e Vasco Mariz.[1] Ambos escreveram os livros que foram, em sua época de publicação e depois, a base para o estabelecimento de uma memória da música brasileira, e um cânon de compositores reconhecidos como os mais importantes. As duas obras são muito interligadas, porque a de Vasco Mariz foi publicada 25 anos depois, e foi amplamente baseada no trabalho de Luiz Heitor. De certa forma, o livro de Mariz assumiu o papel de obra fundamental ao mesmo tempo em que o de Luiz Heitor saía de catálogo. O livro de Vasco Mariz continuou sendo reeditado sem grandes alterações (exceto para incluir informações sobre os compositores

---

1   AZEVEDO, L. H. C. *150 anos de música no Brasil: 1800-1950*. Rio de Janeiro: José Olímpio, 1956 e MARIZ, V. *História da Música no Brasil*. Brasília: INL/MEC, 1981.

mais recentes omitidos na primeira edição) e mantem-se até hoje como a única história da música brasileira em um volume disponível no mercado editorial.[2]

Ambos os memorialistas comungam do mesmo ideal nacionalista, a partir do qual julgam as obras e as carreiras dos compositores. Ambos adotam o mesmo procedimento metodológico. Poucas fontes documentais consultadas diretamente, muita opinião sobre as obras musicais, que ambos os autores conhecem bem, de partituras e de audição em concerto. Além de usar como base a participação pessoal deles mesmos no meio musical, utilizam também do contato pessoal ou por correspondência com os compositores.

Além dessas semelhanças entre ambos os trabalhos, eles também adotam uma organização estrutural similar. Comentam compositores menores em grupo, e dedicam capítulos individuais àqueles considerados os mais notáveis integrantes de um panteão da música nacional. Merecem esta honraria alguns compositores cuja tradição foi estabelecida nos tempos do Império (José Maurício, Francisco Manuel e Carlos Gomes), outros que trabalharam na virada dos séculos XIX e XX (Leopoldo Miguez, Henrique Oswald, Alberto Nepomuceno e Francisco Braga), complementando o panteão com os três modernistas mais ilustres: Villa-Lobos, Mignone e Guarnieri. O fato de que Guarnieri apareça em capítulo individual no livro escrito em 1950-51 por Luiz Heitor é um sintoma da consagração do músico, da consolidação do seu papel no meio musical brasileiro.

Antes de avançar no que a pesquisa histórica com os documentos de época pode nos revelar hoje sobre Camargo Guarnieri, é interessante perceber como os primeiros biógrafos trataram o compositor. Livros como o de Luiz Heitor e Vasco Mariz se inserem numa tradição clássica europeia, preocupada em estabelecer a importância dos compositores e das obras. Isso servia como importante suporte para o mercado de concertos, que se estabeleceu nos centros europeus no século XIX: o público de concertos passava a contar com literatura especializada para embasar suas escolhas, o que inclui as críticas musicais em jornais diários ou revistas musicais, bem como as biografias dos compositores e os livros de história da música.

Em ambos os livros não há informações muito precisas sobre a biografia de Camargo Guarnieri, como é necessário em histórias da música onde as limitações de espaço impõem uma abordagem mais geral. O compositor aparece já consagrado, com comentários que apontam sua relevância na cena cultural brasileira, e que destacam o valor de suas

---

2   Na verdade, a única obra a tratar da Música de Concerto composta por brasileiros, pois existem também alguns volumes únicos de História da Música Popular Brasileira. Continua sendo uma grande carência um livro capaz de tratar de história da música feita no Brasil sem pretender divisões entre erudito e popular (conceitos pouco operativos e dificilmente definíveis) ou sem discriminar músicas que não se enquadraram nos dois grandes projetos de brasilidade: o modernismo folclorista dos anos 1920-40 na Música de Concerto e a MPB baseada na tradição do samba nos anos 1960-70.

principais obras. Ambos os autores atribuem importância fundamental ao encontro do compositor com Mário de Andrade em 1928, sua atuação no Departamento de Cultura por indicação do escritor (1935-38), sua ida a Paris (1938-39), o afastamento de Mário de Andrade no retorno e a importância dos prêmios recebidos nos Estados Unidos na década de 1940 – histórias que iremos desenvolver com mais cuidado no decorrer deste livro.

Ambos não dizem muito sobre a formação de Camargo Guarnieri, ou os anos iniciais de seu estudo, antes do encontro com Mário de Andrade. Vasco Mariz é o que vai mais longe neste aspecto, afirmando que Camargo Guarnieri já "chegou brasileiro" para Mário de Andrade, pelo fato de ser oriundo do interior de São Paulo, onde o cosmopolitismo da capital não estava presente para estragar essa pureza original que Mariz associa ao interior. Nascido em Tietê, *ergo* imbuído de brasilidade, de folclore. O papel de Mário de Andrade na formação do compositor, segundo aponta Vasco Mariz, teria sido o de lhe proporcionar profundidade filosófica e cultural em compensação ao pouco estudo formal. Luiz Heitor também já tinha ressaltado este aspecto, mencionando que a partir de 1930 Guarnieri frequentou a casa de Mário de Andrade, teve acesso aos seus livros, e pôde discutir questões estéticas. Mário de Andrade aparece como um intelectual de grande influência na obra de Camargo Guarnieri.

Para ambos os autores é importante o estabelecimento de uma comparação com Francisco Mignone e Villa-Lobos. A ideia que eles veiculam, em larga medida aceita e difundida a partir dos dois livros em questão, é de um Villa-Lobos mais velho e maduro, impossível de influenciar pelos intelectuais como Mário de Andrade. O que se parece sugerir é que Villa-Lobos era modernista por si só – tinha nascido modernista, e que Mário de Andrade tinha sido um amigo e aliado de primeira hora.

Em relação aos dois compositores mais novos – Mignone e Guarnieri, Mário de Andrade é apontado como uma influência direta. Ele, intelectual e filósofo da música, é visto como o mentor do modernismo musical. Villa-Lobos, irredutível, de forte personalidade, não estava ao seu alcance de influência, mas também não seria necessário, pois ele já era a representação nata do Brasil. Nascido em 1887, o compositor era um pouco mais velho que Mário de Andrade (nascido em 1893). Mais novos, Mignone (nascido em 1897) e Guarnieri (nascido em 1907) são vistos quase como crianças que precisavam ser tuteladas pelo gênio intelectual de Mário de Andrade.

Camargo Guarnieri já era brasileiro, segundo Vasco Mariz, por vir do interior. Mas não só: ele tinha ficado em São Paulo durante o período de consolidação do modernismo após a *Semana de 22*. Mignone, ao contrário, estava impregnado do ambiente italiano de São Paulo capital, sua brasilidade estava comprometida por este aspecto, agravado pelo fato de ele ter passado o período 1920-27 como bolsista do governo estadual em

Milão. Tanto Luiz Heitor quanto Vasco Mariz passam uma visão de Camargo Guarnieri como um jovem ingênuo mas muito brasileiro, que precisava de Mário de Andrade para complementar sua formação cultural, filosófica e estética, além de discutir suas composições. Mignone é visto por ambos como italianizado, perdido para a cultura brasileira, para a qual precisou ser convertido por Mário de Andrade. Este trabalho teria sido feito pelo intelectual modernista na direção que levava da ópera italianizada, simbolizada por *l'Inocente*, que Mignone estreou em 1928, para a música brasileira, simbolizada pela *1ª Fantasia Brasileira* para piano e orquestra, de 1931.

Sendo os dois principais livros de história da música brasileira que circularam por muito tempo, as obras de Luiz Heitor e Vasco Mariz consolidaram uma visão sobre Camargo Guarnieri, sua biografia e sua formação como compositor. Apontam-no como ligado inicialmente à figura de Mário de Andrade como um mentor intelectual. Ao contrário de outras figuras mais antigas, Guarnieri nunca chegou a merecer uma biografia dedicada à sua figura. José Maurício foi o primeiro compositor brasileiro biografado, pelo Visconde de Taunay, ainda no tempo do Império. Carlos Gomes recebeu inúmeras biografias. E Villa-Lobos teve a primeira obra dedicada à sua figura num livro escrito por Vasco Mariz em 1949. Uma abordagem mais detalhada dos anos de formação de Camargo Guarnieri surgiria somente em dois trabalhos bem posteriores, incluídos em volumes publicados após sua morte em 1994. Os trabalhos em questão são capítulos biográficos para obras com outros propósitos – um foi escrito por Maria Abreu, outro por Marion Verhaalen.[3]

Assim como os livros de Luiz Heitor e Vasco Mariz, as biografias de Abreu e Verhaalen têm muitas semelhanças. Além da coincidência no ano de publicação, há a coincidência de metodologia e de interpretação. Ambos os trabalhos são construídos a partir das memórias do próprio compositor, a partir de suas declarações em entrevistas ou depoimentos, dados em geral depois de ele ter se tornado um compositor consagrado. Por isso estes dois textos merecem ser analisados com maior cuidado, para evitar o que o jargão do historiador classifica como monumentalização: aquela intenção de construir você mesmo a visão que ficará para o futuro a seu respeito. Também são considerados aqui sob o aspecto de trabalhos que são parte desta literatura especializada que apoia a vida de concertos. Ambas as autoras partiram dos depoimentos e da memória de Camargo Guarnieri, e não evitaram

---

3   VERHAALEN, M. "Vida e obra de Camargo Guarnieri". In *Camargo Guarnieri: expressões de uma vida.* São Paulo: EDUSP/Imprensa Oficial, 2001, p. 15-60. ABREU, M. "Camargo Guarnieri – o homem e episódios que caracterizam sua personalidade". In SILVA, F. *Camargo Guarnieri: o tempo e a música.* São Paulo/Rio de Janeiro: Imprensa Oficial/FUNARTE, 2001, p. 33-55.

reproduzir a visão monumental que o próprio compositor tentava transmitir de sua figura, a partir de suas próprias memórias e dos documentos que ele mesmo tinha arquivado.

A biografia de Maria Abreu foi encomendada para um volume que Vasco Mariz planejava lançar pela FUNARTE, em comemoração ao 80º aniversário do compositor. Camargo Guarnieri ainda era vivo. O projeto de Mariz iniciou-se em 1986, mas não ficou pronto a tempo da data comemorativa em 1987. Em 1988 a organização do volume foi assumida por Flávio Silva, e devido a inúmeros contratempos – além da vontade de aprofundar a pesquisa, acabou sendo publicado apenas em 2001.[4] A biografia de Maria Abreu foi escrita neste período do início do projeto – 1986/1987, e se baseou nas memórias da própria autora, que conheceu Guarnieri na década de 1920, além de entrevistas do compositor à imprensa e complementação de detalhes por carta.[5]

A biografia de Marion Verhaalen foi incluída em um volume de estudos sobre a música de Camargo Guarnieri, desenvolvido a partir de uma tese de doutorado nos EUA sobre a obra pianística do compositor. O volume é, na verdade, um catálogo comentado de obras, com listas de elementos musicais de cada obra e a menção a gravações e críticas na imprensa existentes para cada peça. A parte biográfica foi acrescida como texto explicativo e introdutório aos comentários sobre as obras do catálogo. A autora, pianista e musicóloga norte-americana, trabalhou a partir das informações fornecidas pelo próprio compositor, em cuja residência se hospedou nas duas estadias como pesquisadora no Brasil: em 1969-70 para a tese, e em 1988 já para o livro.[6] O livro originalmente tinha em mente o leitor norte-americano, e por isso o capítulo biográfico sobre Camargo Guarnieri veio depois de um capítulo sobre o nacionalismo musical no Brasil.

Os dois textos foram, portanto, partes de obras maiores, fontes de consulta enciclopédica mais do que livros de história. Este tipo de publicação também tem um papel fundamental no estabelecimento da reputação de um compositor: compositores importantes precisam, além das biografias e da posição central nos livros de história da música, um catálogo completo e sistemático de suas composições, e estudos musicológicos de suas obras.

No caso do volume de Marion Verhaalen, há um certo desequilíbrio técnico entre as partes diferentes do livro. Como musicóloga, a autora faz um trabalho bem sistemático sobre a documentação, tanto no estabelecimento do catálogo como nos comentários e análises fundamentadas nas partituras. Como biógrafa, a autora não conseguiu ser

---

4   Conforme explicação do próprio Flávio Silva na introdução do volume por ele organizado, p. 11-12.

5   Em notas acrescidas ao próprio texto, a autora menciona cartas de Camargo Guarnieri escritas em 1986 como fonte de algumas informações.

6   Conforme informações dadas por José Maria Neves no prefácio do volume, p. 11-13.

tão criteriosa, reproduzindo sem critério técnico ou comprovação documental a intenção memorialística presente nos depoimentos que lhe deu o próprio compositor.

No caso do volume de Flávio Silva, trata-se de obra coletiva, onde a biografia é assinada por Maria Abreu, e os textos musicológicos ou analíticos foram escritos por outros autores, compondo um volume bastante desigual tanto pelas datas de escrita dos textos (que vão de 1986, no início do projeto, até 2001 quando finalmente é publicado) quanto pela metodologia de trabalho dos autores.[7] Neste sentido, ambos os volumes em questão se inserem de maneira complexa no conjunto de trabalhos que estudam o compositor Camargo Guarnieri. Como estudos musicológicos, são importantes trabalhos de apoio, bem fundamentados e com rigor acadêmico. Como biografias são trabalhos memorialísticos, sem base documental, assumindo uma intenção monumentalizante e mitificadora.

Uma biografia crítica de Camargo Guarnieri ainda está por ser feita, portanto. E não é o objetivo deste livro. O interesse aqui é investigar o processo de formação do compositor usando as biografias publicadas, mas tentando evitar sua intenção memorialística. Isso é possível comparando as várias biografias e complementando os dados com o que pode ser encontrado em documentos de época disponíveis em alguns arquivos. Partindo dos dados biográficos, este livro vai tentando estabelecer uma relação mais ampla de Camargo Guarnieri com seus colegas contemporâneos, e sua trajetória serve para pensar questões mais amplas sobre a formação do compositor brasileiro e sobre as instituições dedicadas a essa tarefa. A partir disso, pode-se pensar o meio musical brasileiro e sua capacidade (ou não) de formar compositores dentro de um padrão estabelecido pela tradição clássica europeia, com particularidades capazes de fornecer uma identidade percebida como brasileira. Estudar a formação de Guarnieri em particular, e do compositor brasileiro de maneira geral, proporciona uma visão da música nacional a partir de seu principal produto: o compositor. Mais do que as obras ou seus elementos internos de linguagem musical, é a própria existência do compositor que caracteriza uma música nacional: o compositor formado no país, podendo viver e trabalhar nele (ou fora, como exilado) e tendo sua obra reconhecida pela crítica nacional e internacional.

Ambas as biografias do compositor, semelhantes, como já dito, contam a mesma história, com pequenas variações. Primeiro vem a questão das origens: o pai, Miguel Guarnieri, veio ainda jovem com a família ao Brasil, em 1885, saído de uma vila na Sicília. Em Tietê, cidade do interior, se casou, contra a vontade da família dela, com Gécia Ca-

---

7   O volume de Flávio Silva inclui trabalhos muito bem fundamentados escritos pelo próprio organizador, por Lutero Rodrigues e por Flávia Toni, os quais serão mencionados adiante. Além disso, também inclui o catálogo e documentos de época, como a edição crítica da correspondência entre Guarnieri e Mário de Andrade.

margo, da elite tradicional da cidade. Ambos os pais eram músicos: Miguel um músico versátil, flautista e violinista, capaz de trabalhar com conjuntos musicais no mercado de divertimentos populares, além de ter a profissão de barbeiro; Gécia teve educação pianística, como todas as moças de boa família do final do século XIX.

Depois, vem a questão do talento musical precoce. O garoto foi batizado como Mozart Camargo Guarnieri, o primeiro nome a indicar o gosto musical dos pais, que chamaram Rossini o outro filho. O futuro compositor estudou teoria musical com um clarinetista da cidade e piano com outro professor do instrumento. Era incapaz de adequar-se aos métodos antiquados e maçantes, além de muito talentoso, o que o fazia fugir das aulas. O aprendizado musical era complementado em casa, pois os pais músicos serviam como professores informais.

Ainda segundo as biografias, o talento como músico se completou com a vocação precoce para a composição. Em 1918, aos 11 anos de idade, compôs sua primeira obra – a valsa *Sonho de artista*. Esta obra teria protagonizado os eventos que precipitaram a vocação e a carreira do compositor, e a história que se conta em relação à peça, se não pode ser verificada, serve como testemunho desta intenção monumentalizadora: aos 11 anos Guarnieri já estava vocacionado para ser compositor. A peça teria sido dedicada ao seu professor de piano, que ao invés de feliz ficou ofendido. O pai de Guarnieri reagiu tirando o menino das aulas, e apoiando o que identificava como um grande talento, conseguiu a publicação da obra em São Paulo, em 1920. Com intenção de dar melhor formação ao filho, e uma oportunidade de fazer carreira como compositor, mudou-se com a família para São Paulo em 1923.

Até os 16 anos de idade as biografias estão pintando o quadro de um jovem talentoso e precoce, vocacionado para a composição, mas sem professores capazes de orientar corretamente seu talento. O que é compensado em parte pela musicalidade recebida dos pais, num misto de carga genética e convivência musical caseira. Não temos documentação desta época para confirmar as informações trazidas pela memória do compositor sobre este período, exceto pela partitura editada de *Sonho de artista*. Está aí, provavelmente, um pouco de verdade: professores ineficazes e o aprendizado em casa são uma informação que é confirmada em diversos casos da mesma época, mas podemos perceber certo exagero quando ouvimos o compositor já consagrado, que em suas memórias dos anos 1970 e 1980 visualiza o menino de 1918 como já tendo aquela vocação que direcionaria toda sua trajetória. Para problematizar esta questão da vocação, é útil realizar o exercício que sempre deve se propor o historiador – imaginar o que teria acontecido se os fatos não se desenrolassem como foram, mas se os acasos e as questões fortuitas tivessem levado a que Guarnieri não tivesse se tornado um compositor consagrado. Restaria, talvez, um sonho infantil inconsequente, ou uma empolgação paterna excessiva – mais ou menos como teria apontado o ofendido professor.

Uma comparação com as biografias de Villa-Lobos mostra muitas semelhanças. As memórias deste compositor também serviram de base para seus biógrafos, e o caso foi especialmente problemático no que trata do seu período inicial de formação sobre o qual não há documentação. As biografias de Villa-Lobos também reforçam a visão do talento infantil precoce, do aprendizado em casa com um pai rigoroso, da convivência com as tias que tocavam música de Bach e, sobretudo, a questão da vocação para a composição. Sendo 20 anos mais velho que Guarnieri, e tendo estabelecido sua reputação já na década de 1920 a partir de suas estadas em Paris, Villa-Lobos aparece como um modelo evidente para seu colega mais novo, cuja semelhança nas biografias não pode ser considerada mera coincidência.[8]

As biografias seguem adiante retratando o período de estudos de Camargo Guarnieri em São Paulo de forma confusa e imprecisa, como não pode deixar de ser uma narrativa que segue o fio da memória, sem apoio documental. Até o encontro com Mário de Andrade em 1928, as informações, meio desencontradas, são de um jovem que tenta se aperfeiçoar como músico ao mesmo tempo que desenvolve diversas atividades profissionais que se encontram disponíveis. Nesse período, Guarnieri estudou piano com Ernani Braga e Sá Pereira, tentou começar aulas de composição com Agostino Cantú, sem se adaptar ao método do professor italiano, e finalmente encontrou um bom mestre em Lamberto Baldi, o outro italiano com quem seguiu estudando até 1931. Sobre essa parte dos estudos musicais com os professores na capital paulista, voltaremos mais adiante. O que mais chama a atenção no início do período paulistano do jovem músico é o fato de ter trabalhado como pianista em diversos ambientes, onde teve também uma parte muito importante de sua formação musical.

---

8   Sobre a construção da biografia e da reputação de Villa-Lobos, o principal estudo é o de Paulo Guérios, *Heitor Villa-Lobos: o caminho sinuoso da predestinação* (Rio de Janeiro: FGV, 2003). O autor demonstra como a primeira biografia de Villa-Lobos foi escrita por Vasco Mariz em 1949, toda a partir das memórias do próprio músico, expressas em seus depoimentos ao autor. A partir desta obra estabeleceu-se uma tradição reproduzida *ad infinitum* e jamais questionada, apesar do alto grau de fantasia envolvido. Guérios também demonstra como na construção de sua carreira e de sua reputação como compositor, o elemento chave para Villa-Lobos foi a noção de si mesmo como predestinado, como representante pessoal da nacionalidade. Tendo sido a biografia escrita a partir do momento em que o compositor tinha exercido por mais de uma década o cargo máximo da música no regime Vargas e também no momento máximo de sua consagração internacional como compositor e regente, a visão de sua infância aparece sob esta égide do talento precoce e da vocação irresistível, para a qual não existiam os professores adequados. Outro aspecto ressaltado por Guérios é a insistência de Villa-Lobos em negar qualquer influência que pudesse ter tido como compositor – ele se pretendia o marco zero da modernidade musical brasileira.

As biografias informam que neste período Guarnieri, além de trabalhar na barbearia da família, foi pianista da orquestra do Cine Bijou, regida por seu pai, pianista da loja de partituras Casa di Franco, pianista do Cine Rio Branco (segundo Abreu) – ou do Cine Teatro Recreio na Av. Rio Branco (segundo Verhaalen), pianista de um conjunto de baile e pianista de um cabaré noturno. Maria Abreu ainda se lembra de ter conhecido o compositor nesta época, quando ele trabalhou como pianista acompanhador para as aulas de canto que o pai dela ministrava no andar de cima da loja de partituras.

Estas informações são desencontradas e imprecisas em ambos os trabalhos, pois são baseadas em memórias de protagonistas e sem base documental. Por isso não é possível saber corretamente os locais e horários dos trabalhos, nem mesmo em que épocas Guarnieri teria desempenhado tais funções. Ambas as autoras insistem em que o período 1923-28 é marcado por este trabalho como pianista de salão. Provavelmente os trabalhos não foram todos simultâneos, senão não haveria horas suficientes num dia. Também é possível que estas atividades tenham se estendido até períodos posteriores – mas a documentação conhecida ainda não permite saber. Em todo caso, se percebe aqui uma intenção de demarcar fases ou períodos claros da vida do músico: um momento inicial de talento precoce sem formação adequada no interior (até 1923), um período seguinte de aulas com vários professores e simultaneamente o trabalho em múltiplos empregos como pianista de salão. Este período (1923-28) é dado como encerrado pelo momento do encontro com Mário de Andrade, proposto nas biografias como um evento de passagem. Todas as biografias são unânimes em marcar uma divisão clara na trajetória de Camargo Guarnieri em antes e depois de Mário de Andrade. Primeiro um período confuso e de formação incerta. Depois de encontrar o mestre um momento de organizar as ideias, e dar a correta direção estética ao talento musical em estado bruto e ao aprendizado informal e não sistemático.

Esta importância capital dada ao encontro de Camargo Guarnieri com Mário de Andrade pode ser atribuída a uma iniciativa do próprio compositor. No volume IX, de 1943, a *Revista Brasileira de Música* publicou uma série de textos em homenagem ao 50° aniversário de Mário de Andrade. Entre eles, estavam dois textos, um de Francisco Mignone e outro de Camargo Guarnieri.[9] O de Mignone é curto e anedótico, e conta sua aproximação do então colega de Conservatório na década de 1910. O de Guarnieri aponta Mário de Andrade como um amigo próximo, um interlocutor importante, uma pessoa

---

9 MIGNONE, F. "Como conheci Mário de Andrade". *Revista Brasileira de Música*, vol. IX, 1943, p. 17-19. GUARNIERI, C. "Mestre Mário". *Revista Brasileira de Música*, vol. IX, 1943, p. 13-17.

marcante na sua formação cultural, além de uma figura única na vida musical brasileira – pela importância do seu trabalho como crítico e estudioso.

Luiz Heitor e Vasco Mariz tomaram afirmações de Guarnieri neste texto como base para suas considerações a respeito da importância de Mário de Andrade para a formação do compositor. Mas eles fizeram, certamente, uma leitura seletiva. Guarnieri aponta grande importância em sua formação do seu professor Lamberto Baldi, tanto neste como em outros textos. O texto não era uma homenagem a Baldi, e sim a Mário de Andrade – mas as histórias da música retiveram apenas a informação sobre Mário. Pode-se entender aqui o problema que seria para os escritores nacionalistas se assumissem que Baldi, um italiano chegado a São Paulo em 1926, e que se mudou para Montevidéu em 1932, teve importância central na formação de um dos maiores compositores brasileiros. Os livros de Luiz Heitor e Vasco Mariz foram escritos justamente com esta intenção de monumentalizar a experiência do modernismo apontado como um movimento capaz de constituir um meio musical brasileiro maduro e autóctone. Mário de Andrade cabe bem neste tipo de explicação, mas Baldi é um problema.

No decorrer deste livro veremos que a relação com o escritor paulista não foi a única nem a mais importante no estabelecimento da carreira de Camargo Guarnieri. Tampouco houve algum direcionamento tão efetivo por parte de Mário de Andrade em relação ao jovem compositor, como será demonstrado. Guarnieri não diz isso no texto, ou melhor, pode-se tirar isso do texto – mas não é exatamente o que ele diz. Todavia, no projeto biográfico que está em discussão, mesmo em um período tão posterior como o em que estas memórias estão sendo processadas e registradas (década de 1980), a insistência na ligação com Mário de Andrade continua um importante fator de legitimação na formação de Guarnieri. Dizer que ele foi um aprendiz humilde e seguidor fiel do autor de *Macunaíma* torna-se importante como fator de legitimação. Tudo o mais que Guarnieri tivesse feito em termos de experiência musical ou aprendizado, e mesmo as outras alianças que estabeleceu para consolidar sua carreira, precisaram ser eclipsadas pela relação com Mário de Andrade, vista – numa operação intencional – como elemento chave. Como garantia de legitimidade dentro de uma compreensão da figura de Guarnieri como compositor modernista e como símbolo nacional.

As questões sobre a relação de Guarnieri com Mário de Andrade ainda serão tratadas mais adiante neste livro. No momento, é preciso aprofundar a questão de sua atuação profissional como pianista de salão no período 1923-28. Uma frase de Guarnieri, em especial, incluída no texto em homenagem a Mário de Andrade, pode ter servido para este tipo de interpretação. Descrevendo sua situação no momento em que foi apresentado ao escritor, Guarnieri afirma: "Sem ter a menor pretensão de ser compositor, eu escrevia constantemente pecinhas, ora para piano, ora para canto e piano e, assim, ia passando a vida servindo-me daquele instrumento para ganhar o pão nosso de cada dia..."[10]

Escrevendo em 1943, Guarnieri afirmou que em 1928 ele não tinha pretensão de ser compositor. Essa afirmação é contraditória com a visão que ele mesmo passa em suas memórias às duas biógrafas na década de 1980. Como mencionado, ele é descrito nessas biografias como uma criança de vocação precoce, cuja ida para São Paulo já incluía um projeto de tornar-se compositor. Projeto apoiado pelo pai do jovem músico, e direcionado pelas aulas tentadas com os professores de composição disponíveis na cidade, até encontrar em Lamberto Baldi o mestre ideal. Quando conheceu Mário de Andrade, em 1928, Guarnieri já era aluno de composição, e já tinha peças para lhe mostrar. Porque então afirma não ter "a menor pretensão de ser compositor"? Porque as obras eram peças curtas para piano ou canto e piano, e para os efeitos da consagração que ele estava intentando como compositor, precisava ter obra sinfônica. No momento que este texto está sendo publicado, Guarnieri estava nos Estados Unidos, tentando ainda se viabilizar como compositor, não mais de "pecinhas" pianísticas, mas um compositor sinfônico. Ainda não tinha uma obra orquestral definitiva, ou melhor, estava exatamente trabalhando na sua primeira *Sinfonia*. O que está escrevendo em 1943 diz muito não só sobre seu estado em 1928, mas sobre o próprio estado no momento em que escreve o texto.

Essa visão do Guarnieri de 1943 ajuda a complementar as memórias do Guarnieri da década de 1980, que constituíram a fonte de suas biografias. Em todos estes momentos, seja no Guarnieri de 1943, seja no Luiz Heitor dos anos 1950, seja nos demais textos analisados sobre a biografia do compositor, 1928 é visto como um ano chave, como um ano de passagem. Por causa do encontro com Mário de Andrade, sim, mas não só. Olhando retrospectivamente, o compositor e seus biógrafos precisam demarcar uma passagem clara da vida de pianista de salão para a de compositor profissional. O fato de que esta transição tenha sido paulatina, lenta e dolorosa não fica bem no tipo de biografia ou memória que estamos analisando. Identificar um momento claro de inflexão é mais marcante. Por isso o ano de 1928 é tão importante. É um tempo mágico que marca a passagem do jovem talentoso e vocacionado (mas inseguro) ao compositor profissional. Fator que é reforçado pela própria maneira como o compositor organizou seu catálogo de obras. O material produzido antes de 1928 ficou determinado pelo autor como "obra de difusão interdita", que ele proibiu de ser publicada, executada em concerto ou gravada. Mas, contraditoriamente, preferiu preservar ao invés de destruir. Ainda sobre este período

---

10   "Mestre Mário", *op. cit.*, p. 13.

de atuação como pianista de loja de partitura, cinema, salão de baile e cabaré, é possível abrir para uma questão mais ampla: a experiência prática como elemento importante na formação do compositor brasileiro.

A experiência prática e a formação do compositor brasileiro

Em seu estudo sobre a música popular em São Paulo nos anos 1930, Vinci de Moraes demonstra que a profissionalização do músico em São Paulo era incipiente, se comparada à situação do Rio de Janeiro na época.[11] Os músicos tinham que se dedicar a múltiplas atividades: orquestras de cinema, de rádio, conjuntos de baile, acompanhamento de cantores. Não havia especialização em um único estilo, os músicos eram obrigados a transitar entre bolero e samba, canção sertaneja e cançonetas italianas. Muitos migravam para o Rio de Janeiro em busca de melhores oportunidades. O trânsito entre a música erudita e a música popular também era frequente, com as mesmas figuras indo da sala de concertos para os lugares dos divertimentos populares. E muitos ainda conciliavam atividades musicais com outras profissões (pintor, sapateiro, garçom – alguns poucos pequenos funcionários de empresas públicas ou particulares).

Isso ajuda a pensar a questão da formação musical de Camargo Guarnieri e o paralelismo entre seus estudos com professores de música vinculados às salas de concerto (Sá Pereira, Ernani Braga e Lamberto Baldi) e seu trabalho como pianista de salão. Como vimos nas páginas anteriores, as biografias do compositor afirmam esta trajetória dúbia no período 1923-28, mas não há documentação comprobatória. A comparação com o cenário descrito no estudo de Vinci de Moraes ou com as biografias de outros músicos que tiveram carreiras paralelas à de Guarnieri ajudam a complementar a visão deste período,

---

11 MORAES, J. G. V. *Metrópole em sinfonia. História, cultura e música popular na São Paulo dos anos 30*. São Paulo: Estação Liberdade, 2000. Especialmente a seção "A proliferação dos músicos populares profissionais", p. 96-117.

e mostram que, apesar de a memória poder embaralhar muitos dados, ela coincide com a de vários outros personagens, e remete a um cenário provavelmente muito próximo do verdadeiro, em linhas gerais.

Heitor Villa-Lobos, no Rio de Janeiro do início do século, conviveu entre músicos boêmios e chorões, foi violoncelista de orquestra de cinema, viajou pelo Brasil em trupe de música de circo. Francisco Mignone, em depoimento para o MIS-RJ em 1968,[12] conta que seu pai veio da Itália procurando emprego como flautista, mas não conseguiu, pois "não havia teatro, apenas pequenas orquestras e trios tocavam no Guarujá". Por isso o pai, Alfério Mignone, empregou-se como 2° violino em espetáculos no Café Champagne. Como se percebe, a mesma profissionalização incipiente da São Paulo descrita por Vinci de Moraes, que não se limitou apenas a ocupações, gêneros e estilos musicais, mas até mesmo a instrumentos. Segundo conta o compositor:

> Meu pai era músico e tocava muitos instrumentos; ele perdeu o pai muito cedo e entrou numa instituição onde ensinavam vários instrumentos. Ele tocava trompa, violoncelo, violino, um pouco de piano. A flauta era o instrumento principal, e a mim também ensinou a tocar flauta, colocou-me no piano, ensinou teclado e pequenas coisas, e mesmo de trompa ele me deu algumas aulas. Era quase obrigatório conhecer todos os instrumentos naquele tempo.[13]

Segundo Mignone, o pai também tocava em teatros, e levava os filhos para assistir peças francesas no Café Champagne. Além disso, era professor de música no ginásio Ciências e Letras, onde os filhos estudaram.

A semelhança entre a família Guarnieri e a família Mignone é grande. Miguel, pai de Camargo, também era músico vindo da Itália. Camargo Guarnieri, assim como Francisco Mignone, começou a aprender música em casa. Francisco Mignone conta que o aprendizado com o pai era totalmente prático e informal, sem construções teóricas – o aprendizado era direto no instrumento. Depois teve aulas de piano com Silvio Motta, outro italiano que dava aulas de música no Ginásio Ciências e Letras. Do mesmo modo, pode-se deduzir que tenha sido o aprendizado familiar de Guarnieri, afinal o pai dele, também italiano, era um músico que segundo as informações de Maria Abreu e Marion Verhaalen alternou entre flauta, violino e contrabaixo, além de dirigir conjuntos para sala de cinema ou baile. A versatilidade de Alfério Mignone ia um pouco além, pois ele tam-

---

12 MIGNONE, F. *Depoimento a Aloísio Alencar Pinto, Edino Krieger, Guiherme de Figueiredo e Ricardo Cravo Albin*. Rio de Janeiro: Fundação Museu da Imagem e do som, 1991. Coleção Depoimentos.

13 *Idem*, p. 2.

bém foi professor de flauta do Conservatório paulista e organizava orquestras para companhias de ópera italianas em visita à cidade.

Francisco Mignone foi também logo se encaminhando para o exercício profissional da música. Segundo Vinci de Moraes, a profissão de músico era atrativa pelo charme da vida boêmia, a mística dos namoros fáceis, e toda aura que envolvia os artistas. Quem tinha aprendido música em casa já saía em vantagem na disputa por espaços de atuação profissional, ainda mais os que tinham formação tão versátil. Francisco Mignone começou cedo a tocar em grupos de serenata, tocando violão e flauta. E começou também a compor escondido, o que levou seu pai a matriculá-lo no curso de harmonia de Savino de Benedictis, no Conservatório de São Paulo. Novamente a semelhança entre as carreiras dos compositores modernistas: tanto Villa-Lobos como Mignone e Guarnieri revelaram um talento nato para a composição desde a infância, mas não encontram os professores adequados à medida em que sua formação já tinha se iniciado informalmente em casa, com os próprios pais músicos.

Da formação inicial em casa, os três compositores seguiam um caminho parecido: enquanto estudavam com professores de instrumento ou matérias teóricas (exceto Villa-Lobos, do qual não há informação de aulas com professor), eram obrigados pela situação financeira da família a ajudar no orçamento usando seu talento musical precoce em atividades musicais ligadas aos divertimentos populares, exercidas de maneira informal. Os três circularam por este espaço de atuação que incluía as orquestras de cinema (tanto na sala de projeção como na sala de espera), as orquestras de ópera ou de concerto, as lojas de partitura, os salões de baile, os hotéis e confeitarias e até as casas noturnas ou cabarés.

Não apenas Villa-Lobos, Mignone ou Guarnieri viveram esta realidade, mas também diversos músicos. Alguns deles não chegaram a se tornar compositores de renome, mas se tornaram maestros importantes, como Armando Belardi (1898-1989) e João de Souza Lima (1898-1982).[14] Belardi também era filho de um italiano que veio para São Paulo no fim do século XIX ganhar a vida como músico. Aprendeu em casa e logo começou a trabalhar com o pai em conjuntos de seresta. Em paralelo ao estudo do violoncelo como instrumento em que se profissionalizaria antes de se tornar regente, Belardi também tocou bandolim, violão e piano, e trabalhou em orquestras de cinema, confeitarias, casas de baile, cabarés.

O caso de Souza Lima é ainda mais paradigmático. Começou a aprender piano em casa, com o irmão mais velho, que se tornou músico profissional. Quando a agenda

---

14   As informações sobre estes dois músicos se baseiam em suas memórias, publicadas no período final de suas vidas: LIMA, J. S. *Moto perpétuo. A visão poética da vida através da música.* São Paulo: IBRASA, 1982. e BELARDI, A. *Vocação e arte: memórias de uma vida para a música.* São Paulo: Casa Manon, 1986.

do irmão passou a impedir um estudo mais sistemático em casa, o mais novo foi ter aulas com o professor Luigi Chiaffarelli, que aceitou gratuitamente o menino pelo talento diagnosticado. Antes de rumar para Paris como bolsista e iniciar a carreira internacional de concertista de piano, Souza Lima também desenvolveu uma atividade profissional bastante diversificada. Inclusive manifestando o mesmo talento para a composição – mas no seu caso esta atividade não surgiu cedo como vocação, e sua carreira já estava direcionada para o trabalho como concertista de piano. Pelo fato de nunca ter se estabelecido como um compositor importante ou representativo da música nacional, tendo na composição uma atividade secundária e esporádica, Souza Lima teve em suas memórias uma atitude mais reveladora, à medida em que não demonstra tanta intenção de monumentalizar sua trajetória como compositor. Por isso mesmo, ele é capaz de dar pistas sobre fatores que devem ter sido preponderantes nas trajetórias de Mignone, Guarnieri e Villa-Lobos, mas que estes compositores não podiam deixar claro em suas memórias. Estes que passariam à história como gênios da composição, quando mimetizaram posteriormente suas histórias de aprendizado inicial da música estavam lidando com a própria condição de figuras chave da música nacional, de reputação estabelecida. Por isso, nas memórias de Souza Lima é onde podemos perceber melhor a importância que a prática musical nos divertimentos populares teve na formação desta geração de compositores.

Souza Lima conta que pediu para ser aceito como assistente no conjunto que Carlos Pagliuchi organizava para o cinema *Pathé Palace*. Sobre a importância dos conjuntos de cinema para sua formação musical, Souza Lima atesta:

> Adquiri um enorme tirocínio, o que me foi utilíssimo: aperfeiçoei totalmente a minha leitura à primeira vista, iniciei-me no conhecimento detalhado de alguns instrumentos e fiquei com uma enorme prática de manobrar pequenos conjuntos. Mais tarde, fiz dessa atividade uma profissão e dela usufruí algum interesse financeiro.[15]

Depois deste aprendizado inicial, Souza Lima trabalhou em vários cinemas da cidade: Cine Marconi, Cinema Central, Teatro Esperia. Os conjuntos que tocavam no cinema eram vistos por muitas pessoas, e dali surgiam os convites para tocar em casas de família, em bailes, e até para fazer temporadas no salão de refeições do Hotel de La Plage, no Guarujá. Este depoimento de Souza Lima aponta para uma questão muito interessante sobre a formação musical no Brasil. A pouca profissionalização e o ambiente extremamente restrito apontado por Vinci de Moraes faziam com que os músicos tivessem várias

---

15 *Moto perpétuo, op. cit.*, p. 34.

frentes de atuação. Vivendo em São Paulo, praticamente não existia a possibilidade do exercício exclusivo da profissão de concertista.

Aqueles que seriam em décadas posteriores consagrados como os grandes nomes do cânon modernista, não tiveram oportunidade de receber educação formal ou, a educação formal que receberam, no estudo de instrumento ou das matérias teóricas, era apenas parcialmente satisfatória para proporcionar o tipo de habilidade que depois eles precisariam desenvolver com maestria. Não foi nos bancos de uma sala de aula de Conservatório que estes músicos aprenderam a ler partitura, tocar em conjunto, harmonizar, criar melodias, desenvolver o ouvido musical e o senso rítmico. Aprenderam isso informalmente em casa, pois vieram de famílias de músicos, e desenvolveram seus talentos nesse sentido muito cedo para complementar a renda familiar como músicos profissionais nos divertimentos populares. Ali era preciso improvisar, inventar, aprender músicas "de ouvido", harmonizar, reelaborar. O que eles estavam fazendo nestes ambientes era, ainda de modo embrionário, composição musical. Para se tornarem compositores reconhecidos e parte de um *cânon* de música nacional, precisariam trilhar um caminho de especialização e burilamento de sua técnica, mas as habilidades e experiências adquiridas na música de salão, bem como o referencial rítmico, harmônico e melódico adquirido com estas práticas seria fundamental em suas carreiras.

A intenção de monumentalização das trajetórias dos compositores modernistas, com a qual o meio musical brasileiro e os próprios compositores processaram suas memórias, levou-os a escamotear muitas vezes esta parte significativa de sua formação. Suas memórias ressaltam o estudo da composição séria, da orquestração, da harmonia, da prática do piano. As atividades como pianistas de salão e diretores musicais de conjuntos de baile ou de cinema são sempre apontadas como estrepolias juvenis, como atividades sem maiores consequências – coisas que deveriam ser esquecidas diante da produção de concerto que depois lograriam consagrar a partir dos anos 1920 e 1930.

Precisamente Souza Lima, que foi contemporâneo e amigo de Villa-Lobos, Mignone e Guarnieri, teve na composição de música de concerto uma atividade menos importante em sua carreira, tendo atuado mais como regente e concertista de piano. Por não ter o mesmo interesse em monumentalizar sua carreira na composição de música de concerto, é justamente ele o que mais deixa transparecer em suas memórias o quanto esse tipo de prática musical teve importância em sua formação.

Como compositor diletante, Souza Lima conta que trabalhava com as formas da música de salão a fim de adquirir prática, a mesma prática que também tiveram Villa--Lobos, Mignone e Guarnieri:

> Continuei escrevendo outras pequenas peças, com o intuito de conhecer bem as fórmulas musicais: minuetos, gavotas, scherzos, valsas, que não foram outra coisa senão pequenos ensaios, verdadeiros trabalhos escolares, os quais não conservei. Mais amadurecido no conhecimento, não deixei de me lançar no campo popular. Comecei a escrever, então, alguns tangos e maxixes e, principalmente, valsas. Estas, em geral, eram escritas para personalizar as namoradas. Algumas dessas valsas constavam só da primeira parte, outras, completas, foram até impressas. Uma dessas, denominada *Aracy*, chegou a popularizar-se.[16]

"Chegou a popularizar-se" assume um ar positivo nas memórias de Souza Lima. Para os três homens que se tornaram a base do cânon modernista – Villa-Lobos, Mignone e Guarnieri, o efeito de "popularizar-se" poderia causar uma mancha indelével na trajetória como artistas, devido ao valor pejorativo que este tipo de música assumia em relação ao meio musical de concerto. Mas Souza Lima, que não se estabeleceu como compositor no *cânon* modernista, mesmo não tendo guardado ou incluído no catálogo de compositor essas obras juvenis, ainda podia se lembrar delas com carinho em suas memórias, sem vergonha de admitir a popularização.

O próprio Francisco Mignone, que ao contrário de Souza Lima entrou para o cânon modernista por causa de seu trabalho de compositor, também manteve, em alguns momentos uma atitude carinhosa em relação a estas experiências do passado. É curioso, mas pode-se perceber que Mignone é entre os três o que demonstrou menos percepção de si mesmo como um predestinado ou vocacionado para a glória como compositor nacional. Isso transparece no fato de que o compositor não preservou seus materiais em um arquivo organizado, não guardou a totalidade de suas partituras manuscritas ou correspondências. Essa diferença em relação aos colegas talvez tenha lhe permitido manifestar opiniões como essa:

> A música popular sempre me interessou, escrevi muita música popular, mas com o pseudônimo de Chico Bororó, porque naquele tempo escrever com o nome verdadeiro era vergonha. Música popular era de baixa classe, então assinava Chico Bororó e ainda hoje guardo muitas dessas músicas. Algumas perdi, porque quando fui à Europa não me interessei mais por essa parte.[17]

No mesmo depoimento em que conta dessas composições juvenis, informa que Mozart de Araújo possui uma coleção completa das composições de Chico Bororó. De fato, o arquivo de Mozart Araújo, hoje aberto a pesquisadores no Centro Cultural do

---

16   *Moto perpétuo, op. cit.* p. 37.

17   Depoimento, MIS-RJ, *op. cit.* p. 2.

Banco do Brasil do Rio de Janeiro, mantém partituras de Chico Bororó organizadas em pastas. Embora não se saiba se esta coleção é mesmo completa, as pastas de Mignone no arquivo revelam a existência de documentos originais que o compositor não cuidou em guardar, e acabou permitindo que se espalhassem entre amigos. Vários documentos importantes de sua trajetória artística, como cartas e composições manuscritas, estão perdidos ou espalhados em acervos como o de Mário de Andrade ou Mozart Araújo que preservaram seus arquivos pessoais e guardaram informação significativa sobre Mignone.

Mozart Araújo assumiu um papel importante a partir da década de 1950, tornando-se um líder do nacionalismo folclorista e importante interlocutor de compositores cariocas, após a morte de Mário de Andrade e a partida de Luiz Heitor para o estrangeiro.[18] Ele foi um dos mais sistemáticos colecionadores de documentação referente à história da música no Brasil, tanto de tempos antigos quanto dos compositores seus contemporâneos. Seu arquivo pessoal é hoje um dos principais centros de informação sobre a música brasileira. No arquivo Mozart Araújo estão guardadas, ainda sem catalogação ou organização sistemática, várias cartas recebidas por Francisco Mignone de diversos remetentes, entre outros materiais sobre o compositor. Em uma das pastas[19] estão, junto com cartas recebidas por Francisco Mignone na década de 1930, alguns documentos importantes como testemunho do papel que esta música de salão teve na formação da linguagem composicional de Mignone.

Um manuscrito de autoria indefinida explica sobre a série das *valsas-choro*, 12 peças para piano compostas entre 1946 e 1955:

> As 12 valsas-choro, escritas após as valsas de esquina, quintessenciam a parte seresteira da produção musical de Mignone. Pode-se dizer que o burilamento das valsas-choro é um completamento da formação do então jovem Mignone, o pianista dos cinemas mudos de 1913-1918.
>
> Os pequenos conjuntos instrumentais, que acompanhavam o desenrolar dos filmes, era constituído, na maioria das vezes, de flauta, clarineta, dois violinos, violoncelo, contrabaixo e o pianista, que conduzia o conjunto. No fim das sessões, para assistir ao filme, os músicos apagavam as luzes e improvisavam, revezando-se nos solos. Uma das obras mais tocadas era a valsa "Saudades

---

18 Em minha dissertação de mestrado (*O debate no campo do nacionalismo musical no Brasil*, DEHIS-UFPR, 2004), já demonstrei o papel preponderante desempenhado por Mozart Araújo na condução estética de um compositor da nova geração como Guerra Peixe, especialmente p. 116-149 onde trato da importância capital deste musicólogo para as mudanças de opinião estética que levaram Guerra Peixe a se aproximar do folclorismo a partir de 1948.

19 CCBB-RJ. Acervo Mozart Araújo, pasta A 135 14857 - "Francisco Mignone".

de Iguape" que Mignone, de leve, faz aparecer na Valsa-choro n° 4, também, em Sol menor (casual ou intencionalmente? *Chi lo sá?*). O repertório desses rebentos era improvisado sobre obras de Nazareth, Callado, Becucci, Waldteufel e quantos mais autores de operetas apareciam na época.

Curioso é que o público, que assistia ao filme, era levado por essa música e se embevecia, mesmo quando numa cena alegre a música era triste ou, ao contrário quando num episódio triste a música era viva e saltitante.

Nunca me hei de esquecer a famosa Francesca Bertini, derramando-se sobre o "cadáver" de Cavaradossi (Augusto Serena) e a orquestrinha pipoqueando "Apanhei-te Cavaquinho" - em certa ocasião um músico atrapalhou-se e o público prorrompeu na mais solene e estrepitosa das vaias!

Mas voltando às valsas-choro, elas não têm quase nada de folclórico. As valsas de Mignone são tremendamente nacionais e elas alcançam, como dizia o Manuel Bandeira, "todo o Brasil".

Hé dicho.[20]

Este texto serviria de explicação para constar no encarte do disco com a gravação das peças. Na mesma pasta existe um catálogo datilografado das obras de Francisco Mignone até 1958, que parece ter sido preparado pelo compositor para publicação no Boletim Interamericano de Música em 1959. Está também, na mesma pasta, uma fotocópia do encarte do LP das *valsas-choro*, o autor ao piano – gravação de 1961 para o selo *Festa*. As valsas são dedicadas a Manuel Bandeira.

O texto da contra-capa é escrito por Guilherme Figueiredo, no qual o poeta relembra momentos após a morte de Mário de Andrade, quando Luiz Heitor deu um almoço à sua memória, e em cuja reunião Mignone tocou ao piano suas *valsas de esquina*:

> E enquanto interpretava aquele Chopin de violão capadócio, vinha-me à lembrança a imagem de Mário de Andrade, o crítico-por-cima-do-ombro do autor, insinuando polimentos de arestas, cortes, modificações, pequenas sutilezas duma resolução ou duma harmonia, e exclamando ao fim, com seu riso bom de gigante prognata: "Delícia!"

---

20 O manuscrito é assinado, o que poderia confirmar a autoria por um estudo grafotécnico. Parece ser do próprio Mignone, tanto pelo conhecimento de detalhes da época como das características das peças, além dos termos italianos. O uso da terceira pessoa se explica pelo tom de currículo ou *release* de imprensa assumido pelo texto. Há ainda uma anotação na folha, com outra caligrafia, talvez de Mozart Araújo, com a afirmação: "João Batista do Nascimento é o autor da valsa 'Saudades de Iguape' a que se refere Mignone." Isso parece confirmar a autoria.

A menção às *valsas de esquina*, ciclo também de 12 peças compostas entre 1938 e 1943 e gravadas pouco antes pelo autor para o mesmo selo *Festa*, é feita por Guilherme de Figueiredo para ressaltar o que seria a novidade do ciclo das *valsas-choro*: um maior esmero técnico que o poeta reputava à presença espiritual de Mário de Andrade – muito maior agora que ele era uma lembrança do que no período em que foi vivo. O texto de Guilherme de Figueiredo parece largamente baseado nas informações do manuscrito citado anteriormente, pois ressalta a ligação das *valsas-choro* com os conjuntos instrumentais de choro, demonstrando por parte do compositor "um conhecimento dessa nossa desaparecida música de conjunto popular". E comentando sobre a última obra da série, afirma:

> virtuosística, simula as bandinhas do interior, talvez o último refúgio do gênero em que foram mestres Nazarteh, Zequinha de Abreu, Patápio Silva, Eduardo Souto, e tantos outros que a indústria incipiente do disco não preservou satisfatoriamente, mas que Mignone ressuscita, para reatar, num tratamento erudito, mas brasileiro, uma tradição quase perdida.
>
> Essa contribuição do compositor para a glória e a habilitação da música brasileira, é das mais significativas. Ela ficará, para a nossa música, como as peças de Chopin para a música polonesa, as rapsódias de Liszt para a música húngara e, mais recentemente , como certas criações de Kodály, de Enesco, de Britten, dos espanhóis: com as raízes mergulhadas no populário fecundo, e novas folhas vivas na nossa paisagem musical.

Que isso seja dito por Guilherme de Figueiredo na contracapa de um disco de Mignone em 1961 é sintomático. O poeta estava entre os entrevistadores que tomaram o depoimento de Mignone para o MIS-RJ em 1968. A coleção dos depoimentos do MIS-RJ, da qual a fala de Mignone faz parte, inclui vários personagens importantes da música popular. Exatamente no momento em que a ideia de tradição, de uma brasilidade original perdida no tempo (a chamada "velha guarda" dos anos 1920-30) ganhava corpo numa geração de intelectuais cariocas que se dedicaram a pensar e escrever sobre música popular urbana, principalmente em torno e a partir da publicação da *Revista de Música Popular* entre 1954 e 1956. Quando Guilherme de Figueiredo escreve que Mignone está contribuindo "para a glória e a habilitação da música brasileira" ao resgatar essa "tradição quase perdida" de Nazareth, Zequinha de Abreu, Patápio Silva e Eduardo Souto, isso demonstra a continuidade do projeto modernista mas por um viés completamente novo. A música popular urbana, que era vista nos anos 1920 e 1930 como uma ameaça à criação de uma música brasileira culta e sinfônica, aparece nos anos 1950 e 1960 como tradição a ser resgatada.[21]

---

21   Sobre este movimento em torno da música popular, a noção de tradição ligada ao samba dos anos 1930

Essa nova leitura da tradição na música popular empreendida nas décadas de 1950 e 1960 permitiu que esse passado juvenil de Francisco Mignone fosse resgatado sob um viés positivo. Mas note-se que não é o resgate das composições juvenis propriamente, mas uma reelaboração daquela experiência, um reprocessamento daquele conhecimento privilegiado da música feita nos cinemas e nas serestas das ruas, que teria ficado adormecida na lembrança de Mignone para ser resgatado agora pelo viés de "um requinte maior de pesquisa" para usar termos do próprio Guilherme de Figueiredo. A música popular urbana aqui é vista como fonte bruta de uma brasilidade original a ser lapidada pelo trabalho de pesquisa, pela técnica do compositor.

E é este ambiente cultural que permite a Mignone reviver suas memórias sem peso na consciência, na medida em que nessa nova fase, o Chico Bororó da década de 1910, poderia servir como testemunho de autenticidade, relembrado pelo Mignone dos anos 1950-60 não como um passado vergonhoso, mas como um momento de pureza e inocência juvenil. Pureza e inocência que poderiam dar resultados estéticos válidos quando reprocessadas e reelaboradas sob o signo da maturidade, pelas mãos de um compositor que já tinha, nesta altura, um dos catálogos mais significativos da história da composição musical no Brasil. Se estas duas pontas podem ser ligadas após a morte de Mário de Andrade, é licito supor que "aquele Chopin de violão capadócio" esteve presente o tempo todo no Mignone que realizou o projeto modernista, provavelmente naquilo que Mário de Andrade apontava como seu maior defeito: a "facilidade" de compor melodias e de orquestrar, que levavam o mentor intelectual do modernismo paulista a cobrar e exigir sempre apuro técnico, trabalho de composição burilada. Sabe-se lá com que resultado, afinal, o que Mignone tinha como mais moderno em seus ouvidos, em sua formação nata era justamente aquele Chico Bororó dos cinemas e serestas.

Essas qualidades são ressaltadas por Mozart Araújo em texto datilografado encontrado na mesma pasta. Trata-se de um comentário sobre o disco, é de se imaginar que para alguma publicação, apesar de não indicado no texto. Após um histórico da valsa no Brasil, Mozart Araújo chega nas valsas de Mignone, que considera

> arquétipos da valsa brasileira, na sua expressão mais autêntica e legítima, ou seja, da valsa sentimental, seresteira, saudosa, violoneira. Elas nascem das camadas profundas da memória consciente de um mestre que compõe, muitas vezes, como se improvisasse, tal a espontaneidade e a fluência com que saem do teclado.

---

e o estabelecimento de noções como "era de ouro" e "velha guarda", ver Marcos Napolitano e Maria Clara Wassermann, "Desde que o samba é samba: a questão das origens no debate historiográfico sobre a música popular brasileira.". *Revista Brasileira de História*. n. 39, v. 20, 2000. p. 167-189.

O que a geração dos folcloristas urbanos considera qualidades intrínsecas de Mignone, a espontaneidade e a capacidade de compor como se improvisasse, são exatamente as características que Mário de Andrade reputava como defeitos, sempre a exigir do compositor mais pesquisa, mais trabalho de estruturação, menos facilidade, menos espontaneidade. É porque no início da década de 1930, o compositor modernista ainda estava diante do dilema de superar o atraso, a precariedade e a indiferenciação do meio musical brasileiro. Neste sentido, em relação aos colegas um pouco mais velhos, pode-se dizer que Guarnieri aproveitou como vantagem o aprendizado musical mais tardio em relação a Villa-Lobos ou Mignone, pelo fato de não ter publicado suas experiências juvenis, de tê-las mantido como experiências secretas na esperança de superar aquele meio acanhado e tornar-se compositor, quando encontrou-se com Mário de Andrade em 1928. Sua "obra de difusão interdita", guardada no arquivo do compositor no IEB-USP, permanece como um testemunho deste momento de sua formação.

Todos estes desdobramentos posteriores não poderiam ser imaginados por Souza Lima e Mignone no momento em que compunham seus tangos e valsas. Havia os editores e as casas de música, onde se vendiam instrumentos e partituras. Eles pagavam, e os jovens estudantes precisavam de dinheiro. Que mal havia em "cometer" aquelas peças ingênuas? Aliás, é de se supor que, se o mercado de trabalho para o músico em São Paulo não fosse desorganizado e precário, o rumo das carreiras musicais tivesse sido todo outro.

Vinci de Moraes também destaca que músicos de formação mais sólida, com experiência tanto em música erudita como em música popular, como Mignone, Souza Lima, Marcelo Tupinambá ou Armando Belardi eram privilegiados no mercado de trabalho justamente em vista de sua maior versatilidade. Podiam tocar, reger, compor e fazer arranjos para revistas teatrais, operetas, companhias de comédia e conjuntos de baile. Também eram requisitados quando alguma companhia estrangeira precisava arregimentar músicos para espetáculos na cidade.[22] Mas a formação musical exigida para este tipo de trabalho era muito mal remunerada, os direitos trabalhistas e autorais inexistentes:

> Talvez um dos maiores problemas para o músico profissional na década de 1930 continuasse sendo os direitos de autoria sobre as composições. Na verdade, as relações comerciais ligadas aos direitos autorais, entre compositores, editoras e gravadoras, eram problemáticas desde o início do século, principalmente após a expansão dos trabalhos fonográficos e editoriais dos irmão Figner. A precariedade, amadorismo e os abusos contra os compositores eram incontáveis.[23]

---

22 Vinci de Moraes, *Metrópole em sinfonia, op. cit.* p. 103-104.

23 Vinci de Moraes, *op. cit.* p. 104

Vinci de Moraes segue descrevendo as disputas de Chiquinha Gonzaga para fazer valer seus direitos de autor enquanto Figner fazia fortuna com edições de obras suas na Europa sem autorização. Ou a existência de empresas do ramo editorial em São Paulo, como Mangione, Vitale e Tupi, entre outras, a disputar a hegemonia num mercado muito dinâmico e lucrativo, empresariando bailes e orquestras e exercendo influência na programação radiofônica, quase sempre atropelando os direitos de autor – oficialmente inexistentes. A primeira lei a estabelecer o pagamento de direitos foi criada em 1928 a partir de projeto do então deputado Getúlio Vargas.

> De outro lado, alguns músicos faziam questão de manter-se distantes das questões comerciais e financeiras, pois acreditavam serem incompatíveis com as atividades *artísticas*. Marcelo Tupinambá, por exemplo, nunca se preocupou com o recebimento de seus direitos autorais. Por volta de 1918, a Casa Campassi & Camin ofereceu-lhe um piano como pagamento de um contrato de edição de seis músicas, sabendo que o autor não receberia dinheiro por sua produção musical.[24]

Pode-se imaginar que este tipo de atitude tenha tido alguma influência no jovem Camargo Guarnieri, conterrâneo de Tupinambá (ambos vieram de Tietê, no interior paulista). Esta situação precária de inexistência de direitos autorais explica também, em parte, a relação descompromissada dos compositores com esta produção. Mesmo porque, eles não atribuíam a estas obras o mesmo valor estético que davam à música de concerto. O próprio Mignone também praticou certos tipos de "roubo", como narra em suas memórias, mesmo depois de ter voltado de seu período como bolsista na Europa. Em seu depoimento para o MIS-RJ ele conta que assumiu um cargo de diretor da gravadora Parlophon, em 1929, porque "não havia nada para fazer em São Paulo". E ainda:

> Também discos da época, eu pegava músicas do passado, orquestrava e sempre com outros nomes. São músicas que caíram no anonimato e como não havia um grande controle sobre a autoria dessas músicas eles se perderam.[25]

A composição de música de salão nos inícios do século XX era uma terra de ninguém. Importantes habilidades musicais eram mobilizadas para transitar por esse meio. Aprendia-se muito diversas habilidades importantes para um músico, como leitura, percep-

---

24 *Idem*, p. 105. Fernando Lobo (Tupinambá era pseudônimo) era engenheiro, e não pretendia dedicar-se profissionalmente à atividade musical por tratar-se, no seu entender, de coisa de bêbados.

25 Série depoimentos do MIS-RJ, *op. cit.* p. 2.

ção musical (bom "ouvido"), criatividade, capacidade de improvisação, habilidade de tocar em conjunto, prática de composição, harmonização, arranjo e orquestração bem como regência e direção musical de conjuntos. O aprendizado de todas essas habilidades não estava disponível nas cadeiras de algum Conservatório, e além de aprender tudo o que um músico precisava, a participação nos ambientes da música de salão permitia ganhar algum dinheiro.

Mas a produção era coisa de momento, destinada ao limbo do esquecimento. O valor estético era totalmente depreciado – nem Souza Lima nem Mignone incluiriam os "tanguinhos e maxixezinhos" em seus catálogos de obras. Eles foram vendidos a editores por alguns mil-réis, e nunca foram remunerados por percentual de vendas, como o são os direitos de autor nas economias formais estruturadas.

Além do aprendizado e da complementação da renda, a prática musical adquirida em bailes, cinemas, lojas de partituras e cafés, rendeu a estes filhos de famílias pobres um outro dividendo muito mais valioso – a possibilidade de circular no ambiente da elite oligárquica e tornar-se destinatários de seus favores pessoais. Isso compensaria por outros meios, o dinheiro que se deixou de arrecadar com direitos das músicas, e proporcionaria aos jovens músicos os meios de transitar das famílias de classe média baixa onde nasceram para o ambiente dos mecenas que seriam tão importantes em suas carreiras. Mignone era filho de um pobre órfão italiano que veio para o Brasil ganhar a vida como flautista de operetas e cafés. Villa-Lobos era órfão de um pequeno funcionário público, e abandonou os estudos para viver como músico mambembe. Guarnieri era filho de um barbeiro italiano. Os três trabalharam em cafés, cinemas, bailes ou lojas de partituras para ganhar a vida, ao mesmo tempo em que conseguiam superar suas limitações de classe e o acanhamento musical brasileiro para adquirirem uma formação musical sólida e moderna.

Suas habilidades como pianistas improvisadores compositores lhes valeram a entrada nos salões das ricas famílias, onde fizeram os contatos que seriam a chave da sua ascensão profissional nas décadas de 1920 e 1930. Nestes salões o músico profissional desempenhava um papel muito importante, ao fornecer o entretenimento chique que os anfitriões e seus familiares não poderiam prover satisfatoriamente na condição de diletantes.

Souza Lima conta em suas memórias que foi introduzido ao convívio da *Villa Kyrial* – o salão do senador estadual Freitas Vale, por um dos amigos das reuniões da Casa Sotero. O mesmo local onde também foi *habitué* o jovem Francisco Mignone. Foi nesta convivência que surgiu a iniciativa de enviar Souza Lima à capital francesa para aperfeiçoar os estudos. A bolsa do Pensionato Artístico de São Paulo era uma decisão praticamente pessoal de Freitas Valle, que presidia a comissão numa época em que não havia qualquer procedimento público de seleção dos bolsistas. Souza Lima mudou-se para Paris em 1919, como bolsista, caminho que seria trilhado por Mignone em 1920 rumo a Milão, e por Villa-Lobos rumo a Paris em 1923 não como estudante formal.

Ao voltarem ao Brasil, depois de vivenciarem o meio musical europeu custeados pelo mecenato público-privado de uma elite oligárquica, os três músicos tiveram de se deparar com a mesma precariedade e indiferenciação dos tempos em que partiram. Ficaram quase uma década fora: Souza Lima entre 1919-1930, Mignone entre 1920-1927 e Villa-Lobos nos dois períodos de 1923-24 e 1927-30. Ao voltarem tinham que se deparar com uma dura realidade: não tinham como viver profissionalmente no Brasil com as habilidades musicais e o talento que burilaram e do qual tomaram consciência em suas estadas europeias. Eram agora, efetivamente, personalidades musicais, e se possível não se sujeitariam mais ao mesmo tipo de "versatilidade" exigida para sobreviver na década de 1910. Souza Lima conciliaria uma carreira de concertista, regente e diretor musical de estações de rádio e editor de coleções de partituras para a editora Irmãos Vitale. Sua carreira de compositor se tornaria completamente secundária, e seu catálogo permaneceria tímido. Seus colegas iriam se embrenhar na luta pelo estabelecimento de suas carreiras de compositores, uma história na qual Guarnieri tentava se inserir no mesmo momento, mas sem ter passado pelos estudos na Europa.

Essa situação de indiferenciação e de precariedade, em que jovens músicos vocacionados para a composição precisavam exercer atividades múltiplas e variadas nos anos 1920 não era nova no Brasil. Não era uma característica só da geração dos compositores modernistas, e atestava, na verdade, a permanência de dilemas antigos, que o meio musical brasileiro lutava para superar, sem nunca conseguir totalmente. Esta situação remetia ainda aos tempos do Império, e tinha sido apenas parcialmente superada no Rio de Janeiro a partir do fim do século XIX.

Formação de compositores no Brasil: um problema antigo

Segundo Luiz Heitor, até 1870 não havia a separação entre o compositor erudito e o popular no Brasil, coisa que começou a acontecer nesta época. Para o autor, antes de 1870, "os compositores que produziam modinhas e lundus eram os mesmos que faziam missas para a Capela Imperial ou óperas para o Teatro Lírico". Nesta mesma época o musicólogo identifica o surgimento dos elementos de identidade surgindo inconscientes dessa indiferenciação na atuação profissional:

> A fisionomia da música nacional, com suas peculiaridades de ritmo, melodia e harmonia, começa a esboçar-se, em composições impressas, despretenciosas, de índole popularesca, por volta do ano de 1870.[26]

Neste mesmo momento, Luiz Heitor considera que as modinhas e lundus já tinham se estabelecido como tipos reconhecivelmente brasileiros de música, e começavam a ser usados proposital e conscientemente por estes primeiros compositores exclusivamente eruditos. Para ele, estava ali surgindo, ainda de forma imatura, a música brasileira de concerto. Só que Luiz Heitor está escrevendo em 1950, justamente enfatizando uma proposta de música brasileira como tradição evolutiva que já tinha um século e meio de existência. A visão que ele está tentando consolidar, é que os três compositores modernistas que ele mesmo destaca em capítulos individuais em sua obra, seriam o resultado

---

26   *150 anos de música no Brasil, op. cit.*, p. 137.

definitivo de um longo processo de maturação que começara nos tempos da chegada da corte portuguesa, e que agora se revelava completo.

Em sua proposta interpretativa, que é escrita justamente com esta intenção de monumentalizar o modernismo e os compositores que o movimento conseguiu produzir ao longo da era Vargas, Luiz Heitor não vê, ou não menciona, as falhas e descontinuidades neste processo. Os compositores modernistas que ele está apresentando como o cúmulo de uma história de tradições, tinham na verdade sofrido os mesmos dilemas vividos pelos compositores do século XIX, e não puderam usufruir de uma formação especializada necessária para produzir o compositor moderno. Esta dificuldade em encontrar formação adequada foi suprida com as atividades práticas que estavam disponíveis no momento, e as limitações decorrentes dessa formação insuficiente foram sendo contornadas pelos compositores modernistas ao mesmo tempo em que eles se estabeleciam profissionalmente e consolidavam sua reputação. Como participante deste processo de luta pela constituição de um meio musical moderno, ao escrever sua história da música no Brasil, Luiz Heitor estava monumentalizando os compositores modernistas em cujas trajetórias ele mesmo foi um elemento chave de consolidação, à medida em que exerceu importantes e influentes cargos no Brasil na década de 1930 e 1940, e se tornou uma figura internacional após este período.

Quando publicou seu livro, em 1956, Luiz Heitor estava estabelecido em Paris como representante do Brasil na UNESCO. Terminaria a vida nesta cidade, onde exerceu o papel de embaixador da música de concerto brasileira na Europa. Seu livro deve ser entendido neste contexto – e o fato de que Vasco Mariz tenha sido um músico diletante que exerceu a carreira diplomática por toda sua vida aproxima ainda mais a abordagem destes dois autores e amigos. As mais importantes histórias da música no Brasil são, assim, peças de propaganda ideológica de um movimento, importantes no estabelecimento desse meio musical brasileiro, e justamente por esta função é que não assumem uma postura mais crítica ou fundamentada a respeito das biografias dos compositores. Luiz Heitor e Vasco Mariz não estavam estudando essa música, estavam empenhados em sua consagração, estavam produzindo mitos.

A geração de Villa-Lobos, Mignone e Guarnieri tinha que ser apresentada como o coroamento de uma tradição secular, que tinha se constituído com atraso mas que podia se equiparar a seus similares europeus. Para o estabelecimento dessa história teleológica, os detalhes biográficos da juventude dos compositores só poderiam atrapalhar – esse o motivo por que tanto os compositores quanto seus biógrafos e historiadores tiveram tanta dificuldade em lidar com o período de formação desta nova geração. Eles procuram reforçar a ligação com Mário de Andrade e o valor estético das principais obras dos compositores. As experiências juvenis e os múltiplos trabalhos são vistos como uma oportunidade de tomar contato com a brasilidade ingênua e não processada que eles iriam reelaborar como gênios que tinham praticamente nascido prontos. Os dilemas de formação musical enfrentados por estes compositores não podiam aparecer neste esquema ideal.

Mas, longe de ser um processo evolutivo contínuo, que atingiu a maturidade nos anos 1930 e 40, a formação de um meio musical brasileiro foi uma história de avanços e retrocessos, de lutas incessantes e dificuldades que marcam a vida cultural em um país periférico, orbitando sempre em torno da cultura produzida na Europa, e diante da qual se vê como atrasado, como menor. Esta situação nunca foi superada completamente, nem pelo modernismo – persiste até os dias de hoje, apesar do voluntarismo com que memorialistas como Luiz Heitor e Vasco Mariz procuram estabelecer esta tradição, da qual eles veem o modernismo como ponto culminante.

A formação musical de Villa-Lobos, Mignone e Guarnieri se inseriu assim numa longa e persistente tradição de compositores brasileiros obrigados a buscar sua formação na prática, ao mesmo tempo em que estabeleciam suas carreiras profissionais e suas reputações artísticas. Isso pode ser identificado na trajetória de vários compositores de períodos mais antigos, e continuava como um dilema não superado nas décadas de 1910 e 1920.

Luiz Heitor propôs o ano de 1870 como um marco histórico para o surgimento de uma tradição moderna, onde os compositores teriam formação especializada, e se dedicariam apenas à música de concerto. A intenção é de apresentar uma visão evolutiva da música brasileira como um sistema que vai progredindo desde a chegada da corte (1808) até 1950 – quando o modernismo produziu o cúmulo desta tradição. Para oferecer esta visão de continuidade de uma tradição antiga, que conferiria mais respeitabilidade à história da música brasileira, Luiz Heitor precisou desconsiderar o fato de que o Brasil não tinha logrado estabelecer os meios de formação dos compositores em solo local. Para entender esta situação, podemos partir das próprias divisões e hierarquias construídas a partir do livro de Luiz Heitor e reproduzidas por Vasco Mariz.

Suas histórias da música apresentam um traço de continuidade no Brasil monárquico, até 1870, começando por José Maurício Nunes Garcia (1767-1830), passando por Francisco Manuel da Silva (1795-1865) e chegando a Carlos Gomes (1836-1896). Entre estes três compositores, havia uma espécie de "tocha olímpica" da tradição musical brasileira, pois Francisco Manuel iniciou os estudos musicais num liceu mantido por José Maurício, e foi professor de Carlos Gomes no Conservatório Imperial. Todos os três viveram esta realidade profissional da vida musical restrita ao fausto da corte. Os compositores faziam música sacra para a Capela Imperial, ópera para o Teatro Lírico e também modinhas e lundus. Música de concerto no sentido clássico do termo era apenas uma experiência muito esporádica no Rio de Janeiro.

A formação musical destes três compositores foi semelhante: informal, prática, não-sistemática e não institucional. Pode-se dizer que todos eles estiveram ligados às tradições antigas da formação com base na relação pessoal entre mestre e discípulo, uma vez que o Brasil ainda não tinha criado as instituições que se encarregavam de formar os compositores de acordo com os ideais iluministas e da sociedade industrial moderna. Esta instituição que se tornava o padrão do ensino musical dos novos tempos, e que deveria formar os profissionais necessários ao bom funcionamento de um meio musical era o Conservatório, tendo como principal modelo o de Paris – que fora criado na década de 1790 no âmbito da Revolução Francesa. José Maurício e Francisco Manuel não estudaram em um Conservatório, por que em seu tempo ainda não existia um no Brasil.

Mas os primeiros compositores que se formaram no Brasil tendo a oportunidade de estudar no Conservatório Imperial (estabelecido em 1848), ainda não tiveram ali a parte mais significativa de sua formação. O primeiro aluno selecionado como bolsista do Conservatório para estudar no estrangeiro foi Henrique Alves de Mesquita (1830-1906). Ele seria herdeiro de uma tradição que vinha em linha direta de José Maurício, via Francisco Manuel. Sua designação como aluno premiado ocorreu em 1856, e ele rumou para Paris em 1857. Mas Mesquita não foi propriamente um aluno formado pelo Conservatório. Tinha sido aluno de um Liceu mantido pelos imigrantes Gioacchino Giannini e Dionísio Vega, e entrou para o Conservatório no primeiro ano em que foram implementadas outras disciplinas além de teoria e solfejo. A formação de Henrique Alves de Mesquita e sua medalha como aluno, que lhe valeu a bolsa de estudo em Paris, não eram consequência de um sistema de ensino público e institucionalizado. Ele próprio, como compositor premiado, foi mais uma possibilidade de justificação das glórias do Conservatório do que o contrário. Seus espaços de atuação profissional, mesmo depois do retorno de Paris, continuariam muito restritos, devido às características de sua formação e do meio musical que encontrou em 1866, quando retornou à pátria.

Apesar de ter estudado no Conservatório de Paris, com os melhores mestres existentes na época, e de ter mesmo cumprido a função de enviar de lá as informações que seriam fundamentais para a modernização da própria instituição brasileira, a formação de alto nível que Henrique Alves de Mesquita adquiriu em contraponto, harmonia, orquestração e composição não podia ser aplicada como compositor no Brasil dos anos 1860, senão no tipo de trabalho ao qual ele se dedicou. A música ligeira para teatro de revista, primeiro no Alcazar Lírico, depois no Teatro Fênix Dramática. Sua experiência composicional de *status* mais elevado tinha sido a ópera *O vagabundo*, última obra encenada antes de a Ópera Nacional encerrar suas atividades em 1864. A inviabilização de uma ópera nacional, como frustração do projeto de música nacional mais ambicioso que tinha podido ser gerado pelo Império, significou também a inviabilização de uma carreira de compositor para Henrique Alves de Mesquita. Os seus saberes musicais certamente foram mobilizados com maestria para as peças de teatro musical que ele produziu nos anos seguintes.

Mas só sobreviveu desta produção a pequena parte que foi extraída para ser publicada em álbuns para piano, justamente os tangos e peças de dança que constituíram o primeiro mercado de música brasileira. Como compositor, sua carreira se encerrou em 1885, passando a dedicar-se à vida de professor de instrumento no Conservatório Imperial, logo depois transformado em Instituto Nacional de Música pela República, onde se aposentou em 1904, dois anos antes de morrer.[27]

O primeiro compositor nacional a ser premiado como bolsista na Europa, onde chegou a encenar obras com razoável sucesso, retornou à pátria para um ostracismo. Dedicou-se a um gênero considerado menor, que não poderia ser considerado símbolo de uma música nacional moderna. As formas ligeiras que marcaram a produção autóctone de meados do século XIX não seriam jamais assumidas como legítimos produtos culturais. Como sentiria um personagem de ficção de Machado de Assis, era preciso "o esforço de compor alguma cousa ao sabor clássico, uma página que fosse, uma só, mas tal que pudesse ser encadernada entre Bach e Schumann".

Esse dilema do compositor brasileiro, tal como presente no personagem Pestana, do conto *Um homem célebre*, é um testemunho privilegiado de uma época da qual Machado de Assis foi um arguto observador.[28] Ele mesmo tendo sido letrista de modinhas, tendo exercido vários gêneros literários, do conto e da crônica até o romance, tendo sido também bibliotecário da sociedade musical Club Beethoven, era um observador capaz de

---

27 A informação biográfica sobre Henrique Alves de Mesquita ainda é escassa. Tomamos como base o verbete sobre o compositor da *Enciclopédia da Música Brasileira* (2. ed. São Paulo: Art/Publifolha, 1998, p. 507-508). Outras informações estão na dissertação de mestrado de Janaína Girotto de Silva (*"O Florão mais Belo do Brasil": O Imperial Conservatório de Musica do Rio de Janeiro/1841-1865*, IFCS/UFRJ, 2007.), que consultou documentação de arquivo sobre o Conservatório Imperial, que permitiu complementar informação sobre o compositor. Informações sobre peças de Henrique Alves de Mesquita em catálogos de editores do século XIX estão na tese de Carlos Eduardo de Azevedo e Souza (*Dimensões da vida musical no Rio de Janeiro: de José Maurício a Gottschalk e além, 1808-1889*. IFCS-UFRJ, 2003), especialmente p. 221-222. Depois que esta pesquisa foi realizada como tese de doutorado, e antes de virar livro, a carreira de Henrique Alves de Mesquita também foi abordada sob uma ótica semelhante à minha por Cacá Machado no texto "Batuque: mediadores culturais do final do século XIX" (In: MORAES, J.; SALIBA, E. (orgs.), *História e música no Brasil*, São Paulo: Alameda, 2010, p. 119-160), no qual o autor compara Mesquita com Ernesto Nazareth, especialmente a partir dos *Batuques* que ambos compuseram para piano.

28 O conto foi publicado primeiro em jornal, em 1888, e depois incluído em livro na coletânea *Várias histórias*.

legar uma memória social em sua ficção, que vem sendo interpretada pelos historiadores em busca da compreensão do meio cultural da época.

O conto de Machado de Assis apresenta um pianista de formação clássica, que possui os retratos dos clássicos em sua sala de música, onde fica ao piano estudando suas obras por horas. Entre os retratos, os de Cimarosa, Mozart, Beethoven, Gluck, Bach, Schumann. Quase uma lista do repertório dos programas de concerto da Sociedade na qual Machado de Assis trabalhou como bibliotecário.[29] Além desses, o de um padre-músico, dos tempos de Pedro I, referência muito direta a José Maurício, apesar de o conto não lhe mencionar o nome. Pestana seria, por esta descrição, um músico empenhado na formação clássica europeia, de cujo repertório tinha pleno conhecimento, e cujas obras eram tratadas como religião laica: os retratos como santos num altar, a partitura de Beethoven aberta sobre o piano como o evangelho da noite, na descrição do próprio Machado de Assis. Deve-se notar o detalhe de que ele não estava tocando os operistas italianos que simbolizavam o atraso musical do Brasil de sua época, mas um repertório de música absoluta (sonatas, sinfonias, quartetos) – consideradas de teor estético mais elevado que a música programática (ópera, música litúrgica), sendo o repertório pelo qual batalhavam os músicos e intelectuais engajados na modernização do mercado musical brasileiro.[30]

Mas o Pestana, por mais que estude os clássicos, não é capaz de produzir segundo seus moldes: "mergulha naquele jordão sem sair batizado", conseguindo apenas produzir polcas de sucesso, das quais termina por se envergonhar. Mais do que retratar o dilema pessoal de um compositor, o Pestana do conto, "eterna peteca entre a ambição e a vocação", retrata o próprio meio musical brasileiro, que está, na segunda metade do século XIX, muito atualizado em relação aos clássicos europeus, mas incapaz de produzir

---

29 O Club Beethoven foi uma das instituições que marcaram a profissionalização da vida de concertos no Rio de Janeiro. Existiu de 1882 a 1890, e manteve concertos de música da câmera fechados para sócios além de concertos sinfônicos anuais abertos ao público. Possuía uma biblioteca, que passou a ser dirigida por Machado de Assis em 1886, além de uma escola de música, na qual trabalhou como professor de piano Alberto Nepomuceno, logo de sua chegada ao Rio de Janeiro. Os concertos do Club se destacaram pela promoção da música sinfônica clássica, num meio musical até então marcado pela ópera e pelos bailados – como divertimentos de elite, e pelas modinhas e lundus como divertimentos populares. Informações detalhadas sobre as atividades do Club e sua programação de concertos são dadas por Azevedo e Souza, *op. cit.*, p. 164-173.

30 A ópera, aliás, está representada no panteão de Pestana pelo seu principal reformador moderno: Christof Willibald Gluck (1714-1787), que empreendeu as transformações do gênero operístico a partir de 1760, trabalhando em Paris, e desenvolvendo uma maior aproximação do teatro musical com os ideais clássicos de pureza, abandonando algumas características mais puramente comerciais do gênero, como a falta de coerência e ligação entre os números musicais, e o predomínio do interesse nos cantores e em seus dotes vocais ao invés do interesse na música como expressão cultural.

mercado similar para os trabalhos de seus próprios compositores. A carreira de Henrique Alves de Mesquita serve como ilustração perfeita e poderia ter servido como inspiração do conto, apesar de vários comentaristas já terem apontado para outras hipóteses. Quando Machado de Assis publicou o conto pela primeira vez em jornal, Mesquita tinha acabado de encerrar uma carreira de sucesso nos palcos do teatro ligeiro, com obras encenadas tanto em Paris como no Rio de Janeiro. Formado pelo Conservatório de Paris, ele tinha o domínio do padrão clássico de escrita, o conhecimento teórico necessário para produzir obras do mesmo calibre. Criatividade e capacidade de trabalho também não lhe faltava.

Mas o meio musical no qual ele atuou era muito restrito. Não lhe permitia o exercício da composição dentro dos ideais clássicos. O mercado de concertos de música "séria" estava dando seus primeiros passos na cidade na década de 1880, e era fundamental que o fizesse por meio do repertório europeu, a única forma de lhe dar a necessária legitimidade. A própria formação de Mesquita indicava isso. Se ele teve habilidade suficiente para desempenhar o papel como candidato à bolsa em 1856, não era pelo que tinha aprendido no Conservatório Imperial, que estava ainda no seu primeiro ano de pleno funcionamento. Era pela experiência com a prática de música ligeira, onde atuou como trompetista e como empresário fornecedor de orquestras para bailes já a partir de 1853. Seus primeiros lundus e modinhas foram publicados em 1856. O que poderia ser sua experiência consagradora com a Companhia de Ópera Nacional foi o estertor de uma política cultural fracassada e abandonada por um Império em crise.

Levando além as possibilidades de análise do conto machadiano, José Miguel Wisnik demonstra que o exercício das sonatas e dos clássicos europeus, tocadas arduamente ao piano em busca de inspiração própria por Pestana, não eram de todo fracassos, como imaginava o compositor fictício. Era das sonatas praticadas com afinco que surgiam as polcas a escorrer fáceis pelos dedos do pianista. Isso só era possível por que a experiência prática da música deste mercado de divertimentos populares fazia com que tudo fosse natural para Pestana. Segundo Wisnik, Pestana seria o arquétipo do compositor brasileiro, modelo inconsciente a pairar sobre a trajetória de praticamente todos que iriam se dedicar ao ofício da composição no país, tendo que se articular entre os ideais europeus que muitas vezes tinham diante de si e as possibilidades de trabalho e renda que o meio musical brasileiro lhes oferecia.[31]

---

31 *Machado maxixe: o caso Pestana.* (São Paulo: Publifolha, 2008). Tanto Wisnik quanto outros autores tendem a ver Ernesto Nazareth como modelo para o Pestana do conto. Wisnik propõe que o dilema de Pestana é o dilema de praticamente todo o compositor brasileiro, passando por Villa-Lobos e Tom Jobim até chegar em Caetano Veloso. A análise de Wisnik está mais no sentido de demonstrar a originalidade e o valor das peças curtas baseadas na polca, que seriam a base de toda a música popular, não só brasileira, do século XX. Ao

Da mesma geração de Henrique Alves de Mesquita foi o compositor Carlos Gomes. A comparação entre as trajetórias de ambos é muito esclarecedora. Nascido em Campinas, em 1836, Carlos Gomes aprendeu o ofício de músico em casa, com seu pai Manoel José Gomes. As experiências musicais da juventude incluíram o trabalho com banda, dirigido pelo pai, e a composição de modinhas e danças de salão – valsas, quadrilhas e polcas. Quando Carlos Gomes chegou ao Rio de Janeiro, em junho de 1859, Henrique Alves de Mesquita estava em Paris como bolsista. O Conservatório vivia seus dias mais dinâmicos, atuando em parceria com a Companhia de Ópera Nacional, que gerava uma grande demanda pelo trabalho de um músico capacitado. As encenações de óperas bufas e *zarzuelas* traduzidas demandavam também transcrições e orquestrações, bem como ensaios de orquestra.

Carlos Gomes passou a trabalhar nisso imediatamente, ao mesmo tempo em que começou a receber encomendas. Tinha cumprido apenas um semestre como aluno do Conservatório, e já estava compondo a cantata para a cerimônia de premiação da Academia Imperial de Belas Artes, em março de 1860. Ou escrevendo um novo final para *As bodas de Joaninha*, encenada neste mesmo ano na versão traduzida para o português por Machado de Assis. A velocidade com que ele passou a atender a demanda por música que havia na capital do Império, sugere que ele não estava empregando técnicas que tivesse aprendido no Conservatório: seu aprendizado vinha de casa, vinha da prática com música de salão em Campinas e São Paulo. Vinha também, em alguma medida, das aulas de Giannini no Conservatório, e da experiência prática com a Companhia de Ópera Nacional: como seria no caso da formação dos compositores modernistas na década de 1910 e 1920, a possibilidade de escrever partituras e vê-las executadas era uma aprendizado prático e muito mais efetivo do que o disponível no Conservatório.

Em 1861 Carlos Gomes já estava compondo sua própria ópera, encenada pela Companhia Nacional: *A noite do castelo*, além de uma cantata em homenagem ao aniversário da Imperatriz Teresa Cristina, executada na festa do Conservatório, e um oratório executado na Igreja da Santa Cruz dos Militares. Em 1863 ocorreu a composição e encenação de sua segunda ópera para a Companhia Nacional: *Joana de Flandres*. No mesmo ano, Carlos Gomes rumou para Milão como o segundo bolsista do Conservatório.

Em Milão, Carlos Gomes não pode se matricular diretamente como aluno do Conservatório local, pois tinha passado da idade. Tornou-se então aluno particular de Lauro Rossi, o diretor da instituição, e em 1866 prestou exames para obter o diploma, sem o qual não podia trabalhar como compositor no país. Passou a atuar na cena local, sendo o pioneiro da introdução do teatro de revista na Itália, com as peças *Se sa minga* (1866)

---

mesmo tempo em que analisa a dificuldade do meio cultural brasileiro em reconhecer este valor.

e *Nella luna* (1868). Sobre a interação de Carlos Gomes com o meio musical e cultural italiano da época, bem como sobre suas dificuldades com o tipo de técnica que se ensinava nos conservatórios, é interessante a avaliação de Lorenzo Mammi:

> Tecnicamente, Carlos Gomes sempre foi um intuitivo. Nunca se deu bem com o contraponto, e mais tarde se ressentiria dessa falha, queixando-se de não ter aprofundado seus estudos. Em compensação, tinha uma notável capacidade de compor melodias cativantes e a típica sede dos bacharéis brasileiros para tudo que soasse moderno. Aclimatou-se facilmente nos círculos dos *scapigliati* ("despenteados"), jovens intelectuais que estavam tentando, de maneira um tanto confusa, renovar a poesia e a música italiana.[32]

Mammi considera que *Il Guarany*, que estreou em 1870 no teatro *Scala* em Milão, era uma obra que reunia projetos antigos de Carlos Gomes, levados na bagagem quando de sua saída do Brasil. Analisando trechos como *Bailado dos índios*, do terceiro ato, o autor demonstra que Carlos Gomes reaproveitou trechos de danças já publicadas na juventude. O autor compara também a técnica composicional de Carlos Gomes ao padrão estabelecido por Verdi na década de 1850, procurando explicar as razões desta obra ter feito tanto sucesso na Itália. Para Mammi, *Il Guarany* é a primeira tentativa de síntese nacional em música, no sentido de mobilizar intencionalmente material musical percebido como representação da nacionalidade. A ópera de Carlos Gomes seria, então, a inauguração da música erudita brasileira.

Se assumirmos a tese de Mammi, isso nos leva a algumas considerações sobre o meio musical brasileiro. É sintomático que os dois maiores compositores nacionais não pudessem ainda ser formados pelo Conservatório Imperial. Tanto Mesquita quanto Gomes tiveram na sua formação uma importância muito maior da experiência prática e do aprendizado informal do que nos estudos do Conservatório. Quando necessitavam de um diploma legitimador, ele ainda tinha de ser buscado em Milão ou Paris. Ambos trabalharam para o mercado de música ligeira europeu, compondo revistas musicais, numa mostra de que os centros de legitimação não estavam muito abertos às carreiras de compositores sul-americanos. Mas Henrique Alves de Mesquita voltou cedo ao Rio de Janeiro, onde ficou confinado aos gêneros ligeiros, depois do desaparecimento da Companhia de Ópera Nacional. Carlos Gomes conseguiu o imponderável, ao representar no próprio meio musical italiano os sentidos musicais que o público não encontrava mais nas obras tardias de Verdi. *Il Guarany*, de Carlos Gomes é assim um grande paradoxo: a obra de um imigrante

---

32 *Carlos Gomes*. São Paulo: Publifolha, 2001. p. 41.

d'além-mar que consegue extrapolar as barreiras culturais colocando nos palcos italianos uma história de índios tupis, e que consegue ao mesmo tempo ser percebida como suficientemente italiana e interpretada como inauguração da música brasileira.

Carlos Gomes continuou trabalhando na Itália, onde voltou a encenar óperas, conseguiu contratos com editoras locais e construiu uma mansão nos arredores de Milão. Como também era muito comum acontecer nesse meio, teve seus fracassos e terminou falido, ensaiando uma volta ao Brasil, mas morrendo antes de poder assumir o cargo de diretor do Conservatório criado em sua homenagem em Belém do Pará. Como primeira realização da música erudita brasileira, ele só foi possível na Itália, o que demonstra ainda mais a situação periférica do meio musical brasileiro. A própria Itália não era vista como o centro musical mais dinâmico da Europa, possuindo muitas semelhanças com o meio musical brasileiro. O meio musical italiano estava de olho no modelo francês como ideal estético e possibilidade de renovação, e as próprias óperas de Verdi (a partir de *I vespri siciliani*, de 1855) já estavam buscando se adequar às inovações da *Grand Ópera* parisiense. Segundo Lorenzo Mammi, os compositores na Itália se formavam mais na prática profissional do que no conservatório, e o mercado de óperas no país era formado de pequenos teatros de província sem subvenção estatal, o que dificultava os recursos necessários para as grandes montagens ao estilo francês da época.[33]

A própria questão da inabilidade de Carlos Gomes com o contraponto é uma polêmica interessante. A documentação indica que ele não tinha paciência para o estudo de fuga. Isso está indicado nas cartas que escreveu da Itália para o diretor do Conservatório – Francisco Manuel.[34] A inabilidade de Carlos Gomes com o contraponto e a fuga foi muitas vezes interpretada como uma incapacidade sua, ou mesmo como deficiência da formação recebida no Brasil. Mas também se pode interpretar a questão por outro ângulo: Carlos Gomes não era um jovem aprendiz quando chegou à Itália – era um homem maduro, de 28 anos e com duas óperas já estreadas em seu país. A paciência para os estudos de fuga não era muita, ainda mais que as exigências dessa disciplina podiam ser vistas como

---

33 *Carlos Gomes, op. cit.*, p. 42.

34 A *Revista Brasileira de Música* publicou em 1936 um número extraordinário, comemorativo ao centenário de nascimento de Carlos Gomes. Sobre esse assunto, o número em questão traz os exercícios enviados por Carlos Gomes como comprovação dos estudos, e uma análise deles por Paulo Silva. A correspondência com Francisco Manuel é analisada por Luiz Heitor. Um estudo dessa documentação também está na dissertação de Janaina Girotto da Silva (*"O mais belo florão do Brasil"*, *op. cit.*, p. 125-137) acrescida de documentação complementar, depositada no arquivo do IHGB. Com base em cópias dos trabalhos realizados por Carlos Gomes em Milão, depositados no museu Carlos Gomes de Campinas por doação de sua filha, Lorenzo Mammi informa que o compositor, quando prestou os exames para o diploma italiano, não concluiu a fuga, o que não impediu que recebesse o certificado (*Carlos Gomes, op. cit.*, p. 40).

absurdas, excessivamente escolásticas e mesmo desnecessárias. Para o tipo de mercado musical existente no Brasil, ou mesmo na Itália, a habilidade de compor uma *Fuga* era mesmo um luxo desnecessário e um desperdício do tempo que podia ser empregado em práticas musicais de utilidade mais imediata.

Isso nos remete novamente ao dilema de Pestana: para o compositor brasileiro o estudo da fuga era uma erudição inútil. Aqui os compositores estavam voltados para uma formação prática e para o atendimento imediato de uma demanda de mercado para música ligeira, ou, mesmo quando num padrão clássico como as óperas de Carlos Gomes, mais preocupados com uma demanda imediata do público. Outro aspecto da questão da inabilidade de Carlos Gomes com o contraponto e a fuga está também relacionado com uma avaliação negativa que muitas vezes circulou sobre sua técnica de orquestração. Ambas as questões, a falta de habilidade no contraponto e o uso não convencional da orquestra, especialmente pela hipertrofia dos sopros e da percussão, em detrimento das cordas, seriam dilemas constantes na formação do compositor brasileiro, não apenas para Carlos Gomes, mas já século XX adentro, para compositores como Villa-Lobos, Francisco Mignone ou Camargo Guarnieri.

Sem ter tempo de assimilar toda a tradição clássica e construir a erudição caracterizada pelo domínio da fuga, compositores brasileiros trabalharam diretamente com a dificuldade de fazer parte de um meio musical incipiente, de terem de ser modernos sem terem sido clássicos. De não contarem com aquele substrato de passado que formava a cultura musical europeia, mas estarem rapidamente entrando no movimento musical contemporâneo, cuja demanda no Brasil crescia tão rápido que não havia capacidade de formar os músicos na velocidade necessária.

O próprio Mammi dá opiniões de certa forma contraditórias a esse respeito. Sobre a primeira ópera do compositor, *A noite do castelo*, elogia a capacidade verdiana de fazer música em perfeita sincronia com a cena, sem perder-se em efeitos secundários. Mas considera as estruturas harmônicas pobres e sem fôlego para articular os diversos segmentos líricos, e afirma que a pobreza harmônica tentava ser escondida pelo uso excessivo da percussão. Sobre o *Guarany*, em cujo bailado do terceiro ato esses "defeitos" de técnica composicional aparecem ainda mais exacerbados, Mammi sugere uma interpretação positiva:

> O bailado do *Guarany* está longe de ser uma obra-prima, muito pelo contrário: é possivelmente a seção da partitura que mais envelheceu. No entanto, está aqui, pela primeira vez, aquela sonoridade caudalosa e quase amorfa, propositadamente exagerada para representar a pujança pré-histórica da natureza – uma música, enfim, que flerta com o ruído para ser absolutamente selvagem, pré-cultural e pré-lingüística –, que percorrerá mais tarde todas as

composições dos modernistas e encontrará sua colocação exata, via Stravinski, no estilo de Villa-Lobos da década de 1920.[35]

Aqui Mammi abre uma nova proposta interpretativa, que possibilita uma outra chave para a compreensão da música brasileira que estava se formando nas experiências de Carlos Gomes, e que como ele mesmo indica seria um rumo estético seguido por compositores das futuras gerações. A incapacidade técnica não era necessariamente um defeito, uma demonstração de inabilidade, mas uma contingência do próprio meio musical do qual Carlos Gomes se fazia representante. Ao mesmo tempo, ela era usada deliberadamente como forma de acesso a uma linguagem moderna, se pensarmos que o uso inusitado dos sopros e da percussão passaria a ser muito valorizado pelo modernismo do século XX, que abandonaria a discursividade melódico harmônica e o predomínio do naipe das cordas na música clássica. Além dos exemplos citados por Mammi (Stravinski e Villa-Lobos – modernistas do século futuro), já antes de Carlos Gomes tinha ficado estabelecida a inovação estética pela incorporação dos elementos sonoros das bandas militares e seu som estridente. Pelo menos desde que Berlioz escreveu o último movimento de sua *Sinfonia Fantástica*, em 1830, nas quais descreve musicalmente um personagem alucinado com o uso das cordas somente em *pizzicato* e glissandos, ou como seção rítmica, deixando toda a condução melódico-harmônica para o naipe dos metais. A partir desta obra Berlioz se tornava o paradigma da novidade na orquestração, tendo seus procedimentos influenciado largamente os dois compositores mais modernos do século XIX: Wagner e Liszt.[36]

Outro autor que discute a questão da formação musical de Carlos Gomes e sua competência técnica como compositor é Marcos Pupo Nogueira. Em seu estudo sobre os trechos orquestrais das óperas de Carlos Gomes, o autor defende que o compositor brasileiro era profundo conhecedor dos principais debates estéticos que ocorriam na música francesa e na música germânica, nas discussões sobre o papel da música no gênero operístico, o uso da orquestra em relação aos cantores e à cena, e mesmo às experiências formais empreendidas nos centros mais modernos.[37]

---

35 *Carlos Gomes, op. cit.*, p. 50. A opinião sobre *A noite do castelo* está nas páginas 34-35.

36 O manual de orquestração de Berlioz estava no catálogo da *Casa Napoleão* em 1879-1880, conforme indicado por Azevedo e Souza. *Dimensões da vida musical no Rio de Janeiro, op. cit.*, p. 298. Não seria de todo improvável que esse material já circulasse antes pelo Rio de Janeiro. E mesmo que fosse uma mera coincidência, o fato de Carlos Gomes ter tido na prática de música de banda militar em Campinas um aspecto importante de sua formação musical já o habilitava como um hábil manejador deste naipe da orquestra.

37 *Muito além do melodrama. Os prelúdios e sinfonias das óperas de Carlos Gomes.* São Paulo: UNESP, 2006.

A FORMAÇÃO DE UM COMPOSITOR SINFÔNICO

Carlos Gomes era, na visão de Nogueira, um compositor de vocação sinfônica. E o fato de que não existisse no Brasil, e nem mesmo na Itália, um circuito de música sinfônica o levaram a exercer sua vocação nos trechos orquestrais de suas óperas, que assumiram proporcionalmente um valor musical muito superior ao que era de hábito na ópera italiana. Longe de ser um orquestrador inábil, ou um músico de técnica defeituosa, Nogueira propõe pelas análises das partituras, que Gomes era um compositor *up to date* em relação ao drama wagneriano, ou ao novo sinfonismo praticado pelos contemporâneos Dvorak, Tchaikovski, Grieg, Brahms, Bruckner ou Cesar Franck.

Carlos Gomes compreendeu melhor, ou mais cedo do que seus contemporâneos italianos, o fato de que a composição musical sinfônica não se sustenta contando apenas com a mera vocalidade exterior das melodias (em geral estáticas e completas em si mesmas), mas exige um tipo de organização temática mais dinâmica e íntegra, na qual os temas se formam por pequenos fragmentos de contornos tão incisivos que produzem variedade, contraste e transformações. É interessante lembrar que o tipo de transformação temática esboçada por Verdi no prelúdio da ópera *Aida*, citada ao final do capítulo 2, era uma prática já fortemente presente e amadurecida na sinfonia que Gomes escreveu para *Il Guarany*, composta dois anos antes da ópera de Verdi.[38]

Esses estudos permitem afirmar que a formação de Carlos Gomes não era deficiente como se supõe, ou ao menos, o que podia ser visto como deficiências numa formação de erudição clássica, pela falta do domínio do contraponto, da fuga e da orquestração, não impediram que Carlos Gomes se inserisse como um compositor significativo e muito atualizado em relação às questões estéticas do seu tempo. A dificuldade em avaliar essa importância, na medida em que a tese da incompetência técnica de Carlos Gomes permaneceu inquestionada por mais de um século, também nos remete de novo ao dilema de Pestana. O compositor brasileiro, seja um Henrique Alves de Mesquita, condenado a exercer sua formação musical clássica apenas nos gêneros ligeiros, seja um Carlos Gomes, condenado a exercer sua vocação sinfônica em trechos orquestrais de óperas, não é percebido como alguém completo e realizado se não atingir o padrão clássico da música de concerto. Mais do que revelar deficiências de formação dos compositores, essa percepção revela incapacidade de reconhecer o valor e a especificidade das produções voltadas para um meio musical periférico.

Essa característica é muito importante do meio musical que vai se desenhando no Brasil. Por volta de 1860 o Brasil já podia produzir compositores de alto nível, mas não podia sustentá-los como compositores em atividade em seu próprio país. Esses compo-

---

38   *Op. cit.* p. 305.

sitores tinham condições de produzir uma obra significativa e de alto valor estético, mas suas qualidades não seriam percebidas pela falta de um meio especializado capaz de estudar estas obras, analisá-las, perenizá-las num repertório ou como exemplo nos manuais didáticos. De certa forma, os primeiros a tentar atender esta necessidade, fundando uma musicologia brasileira, foram intelectuais modernistas como Mário de Andrade e Luiz Heitor. O próprio fato de que Mesquita e Carlos Gomes nunca chegaram a transmitir seu amplo conhecimento em aulas de composição demonstra o quanto os esforços empreendidos pela sociedade na sua formação, inclusive com longas bolsas de estudo na Europa, ficaram desperdiçados. Henrique Alves de Mesquita, apesar de ter se formado no Conservatório de Paris, e estreado obras teatrais na capital francesa, nunca ensinou composição no Brasil, exercendo no Conservatório a função de professor de instrumentos de sopro.

De Carlos Gomes, quando partiu para Milão, era esperado que retornasse como professor da instituição em que se consagrara para a sociedade imperial. Mas isso nunca chegou a ocorrer. Sua obra foi muito bem recebida pelo público no Brasil, mas a possibilidade de que ele formasse uma escola de composição, como ocorria com os compositores europeus, ficou abortada, especialmente porque quando sua carreira italiana entrou em declínio, e ele passou a considerar a possibilidade de voltar ao Brasil, o país já estava nas agitações da República, e ele era visto como um símbolo muito forte do período monárquico.

De modo que, quando a República foi proclamada, o Brasil já tinha os compositores e a música suficiente para formar um pequeno panteão. De fato, José Maurício, Francisco Manuel e Carlos Gomes (Henrique Alves de Mesquita seria condenado ao esquecimento), compuseram o primeiro e incipiente panteão de heróis da música nacional, que apareceram nas histórias da música pátrias mais como exemplo de nossas limitações que de nossas glórias. A questão da formação, ocupação profissional e consagração crítica do compositor brasileiro permanecia sem solução.

O período de formação dos compositores Henrique Alves de Mesquita e Carlos Gomes se situa, portanto, antes da fronteira traçada por Luiz Heitor: o ano de 1870. Tendo vivido ambos numa época marcada pela indiferenciação entre música erudita e popular, para usar os termos de Luiz Heitor, eles não tiveram sua principal formação em instituições de ensino formal. Como os modernistas de décadas posteriores, aprenderam principalmente com a experiência prática, e o trabalho com música ligeira, onde tinham de ser versáteis: tocar, reger, fazer arranjos e orquestrações, ensaiar conjuntos, e até compor – mas uma composição que estava mais próxima do improviso e da manipulação deste material musical oriundo das modinhas e danças de salão. Quando se depararam com as instituições de ensino formal, tanto o Conservatório do Rio de Janeiro, quantos os de Paris ou Milão, ambos já eram compositores formados, e nunca chegaram a ter uma identificação profunda com aqueles ideais iluministas que viam a composição como um labor intelectual, racional, organizado, sistemático e desenvolvido conforme técnicas aprendidas em manuais. Para Mesquita e Carlos Gomes, a composição era resultado da prática, e a reflexão era substituída pela intuição e pela versatilidade exigida nos meios de trabalho em que eles operaram.

A própria história do Conservatório Imperial do Rio de Janeiro está fundada nesta tensão entre o idealizado por músicos e intelectuais e o vivido na prática profissional e no mercado de bens culturais. O Conservatório surgiu a partir das demandas de um conjunto de músicos que se organizaram para enfrentar o vazio institucional causado pela Abdicação em 1831.[39] Foi da organização dos músicos para enfrentar a diminuição da demanda por seus serviços com o fim da vida musical de corte que surgiram uma série de demandas por modernização da vida musical do Rio de Janeiro – entre elas a solicitação para criar o Conservatório de Música. Desde este momento já começa a se perceber a tensão social entre um ideal iluminista de inspiração europeia, que demandava a construção de uma vida sinfônica que se equiparasse à tradição clássica que tinha como modelos cidades da Alemanha, França e Inglaterra, e uma realidade constituída pelos usos da música como diversão aristocrática, baseado em danças de corte, música litúrgica e ópera. Os músicos sonhavam com sinfonias e quartetos, mas tocavam árias, motetos e danças.

Essas contradições e limitações marcaram a criação de um meio musical *sui generis* no Brasil, com uma hipertrofia das formas ligeiras, o desenvolvimento de uma grande atividade musical e músicos talentosos, mas sem o escopo institucional, sem o apoio de um mecenato central do Estado ou de uma burguesia dinâmica, e sem o aparato intelectual de um mercado de publicações especializadas, crítica, teoria musical, entre outros fatores que marcavam o desenvolvimento do meio musical europeu.

Essas tensões e contradições inerentes ao processo político brasileiro geraram a situação descrita, em que os compositores precisavam realizar sua formação de maneira prática, atuando nos espaços profissionais da música ligeira, sem conseguirem construir uma atuação que idealizavam com a música sinfônica. Foi o movimento organizado dos

---

39   A vida musical no contexto da crise do período regencial é analisada com detalhes na tese de Lino de Almeida Cardoso, *O som e o soberano. Uma história da depressão musical carioca pós-Abdicação (1831-1843) e de seus antecedentes.* Tese de doutorado, FFLCH-USP, 2006. Cardoso contraria o senso comum dos manuais que reportam o período regencial como um momento de crise musical e fim de uma série de práticas musicais mantidas pela corte. Na verdade, Cardoso demonstra que a crise do teatro de ópera e da música litúrgica – que eram as principais produções ligadas à vida da corte, levaram a uma organização maior dos músicos, à promoção dos primeiros concertos privados, ao surgimento das primeiras casas editoras e, principalmente, à fundação da Sociedade Beneficente Musical.

músicos em torno da Sociedade Beneficiente Musical que apresentou, em 1841, uma solicitação à Câmara dos Deputados para criar o Conservatório de Música.

É interessante perceber como desde sua fundação o Conservatório surgiu com uma característica dúbia, que iria marcar profundamente sua trajetória e das demais instituições musicais no Brasil: era uma iniciativa da classe musical organizada, mas solicitava o apoio da Coroa para seu empreendimento. O apoio foi autorizado pelo Governo Imperial, mas as verbas que deveriam ser concedidas permaneceram retidas por longo tempo. O Conservatório iniciou as atividades em 1848, mas elas foram limitadas a uma classe de teoria musical e solfejo, em uma sala emprestada do Museu Imperial. O governo jogou com a solicitação de financiamento por parte da Sociedade dos músicos, impondo um controle sobre a instituição. Paradoxalmente, ela surgia como organização associativa, mas com verbas públicas. Era uma instituição controlada pelo Estado, mas sem a garantia de verbas para funcionamento adequado.[40]

O Conservatório do Rio de Janeiro não teve uma criação muito atrasada em relação a outros países. Mas sua implantação não foi efetiva no início. O modelo estabelecido pelo Conservatório de Paris previa um corpo de disciplinas como orquestração, formas musicais, contraponto, fuga, harmonia, composição, teoria e ditado, solfejo, história da música, estética, idiomas, declamação lírica, acústica, anatomia, além de todos os instrumentos, acompanhamento e improvisação. Este modelo foi seguido com poucas variações, por exemplo, pelo Conservatório do México, mas no Brasil seriam implantados apenas "rudimentos da música e solfejo", "regras de acompanhar e órgão" e algumas classes mantidas com a velha prática de um único mestre para vários instrumentos.

Com isso, ao invés de se estabelecer como uma instituição de ensino moderna, capaz de formar o corpo de especialistas necessário ao desenvolvimento de um meio musical dinâmico, o Conservatório Imperial já surgia marcado pelas práticas antigas, pela inexistência das disciplinas reflexivas, pelo acúmulo de vários instrumentos a cargo de um mesmo professor, pela insistência no modelo da relação pessoal mestre/discípulo ao invés da sistematização do ensino em turmas e com métodos esquematizados. Vimos que esta caraterística do Conservatório significou grandes dificuldades para possibilitar a formação de compositores como Henrique Alves de Mesquita ou Carlos Gomes, que entraram como alunos da instituição pouco depois dela ter ampliado o número de disciplinas em 1855. Este foi o período mais dinâmico da instituição quando o Conservatório passou ao

---

40   O principal estudo sobre o *Conservatório Imperial* é a dissertação de Janaina Girotto da Silva, *"O mais belo florão do Brasil"*, op. cit.

âmbito da Academia Imperial de Belas Artes, e coincidiu com o momento da criação da Companhia de Ópera Nacional, que funcionou entre 1857-1864.

A interação entre o Conservatório e a Companhia de Ópera Nacional durante o curto período em que esta última existiu consistiu no melhor momento de ligação entre a formação teórica e a experiência prática que são necessários à boa formação musical. Foi com a possibilidade de trabalho com a Companhia de Ópera Nacional que se desenvolveu o talento de Carlos Gomes. Ele já tinha vindo de Campinas com a formação musical prática, obtida no aprendizado com o pai músico e com o trabalho com danças de salão, modinhas e música de banda: como já discutido, a formação de Carlos Gomes não veio do Conservatório, e pode-se dizer que a carreira do compositor foi mais importante para instituição do que vice-versa.

O Conservatório seguiu funcionando como uma instituição ineficiente, e marcado por várias dificuldades. Especialmente, vivia sem os recursos necessários para tornar-se uma instituição mais efetiva, e conseguia apenas formar os instrumentistas que iriam trabalhar nas companhias de ópera italianas que visitavam a capital, ou na música ligeira do teatro de revista. Um compositor como Henrique Alves de Mesquita, com óperas e revistas encenadas no Brasil e em Paris, jamais seria aproveitado como professor de composição ou orquestração no Conservatório, onde trabalhou apenas como professor de instrumentos de sopro.[41]

O trânsito de músicos de elevada formação como Henrique Alves de Mesquita fomentou uma dinâmica atividade na música popular, mas ao mesmo tempo, as características elitistas do meio musical não permitiam que a originalidade destas criações fosse reconhecida. Dedicando-se ao mercado do teatro de revista ou da música de salão em cinemas, casas de baile e lojas de partitura, estes músicos estabeleceram um ponto de ligação e uma tradição às avessas, que seria reaproveitada em novas elaborações pela geração modernista, à medida em que foram largamente influenciados por este ambiente musical e conviveram com a mesma realidade de instituições incapazes de lhes dar a formação necessária para uma atuação mais especializada.

---

41   Henrique Alves de Mesquita teve influência na formidável geração de músicos de sopro que circulou entre o Conservatório e depois o Instituto Nacional de Música e participou dos grupos de maxixe e choro e que décadas depois seriam amplamente reconhecidos como pioneiros: Joaquim da Silva Callado, Patápio Silva, Agenor Bens, Irineu de Almeida, Anacleto de Medeiros, Bonfiglio de Oliveira e Pixinguinha. Todos eles foram grandes músicos, improvisadores, compositores e arranjadores que trabalharam de fins do século XIX ao início do século XX. Este é um assunto que começa a ser investigado recentemente. Por exemplo, no livro de André Diniz, *O rio musical de Anacleto de Medeiros: a vida, a obra e o tempo de um mestre do choro* (Rio de Janeiro: Zahar, 2007.), Mesquita é apontado como amigo e professor de Anacleto de Medeiros, o regente da Banda do Corpo de Bombeiros que fez várias gravações para a Casa Edison.

O próprio fracasso das intenções de fundação de um Conservatório moderno levou a novas disputas em torno da instituição que centralizava a vida musical da capital. O Rio de Janeiro desenvolvia também uma vida de concertos, com o funcionamento de clubes e sociedades musicais, lojas de partitura e editoras, teatro de ópera, e a circulação de músicos europeus que vinham realizar concertos e muitas vezes resolviam se estabelecer na cidade, caso do pianista português Arthur Napoleão (1843-1925), que se tornou, além de concertista, professor, editor e um dinâmico empresário da vida musical da cidade.

No âmbito das transformações implantadas com a proclamação da República, ainda durante o Governo Provisório, no início de 1890, foi implantada uma reforma no Conservatório, transformado em Instituto Nacional de Música. A nova instituição se reorganizou em moldes mais modernos, mas continuou padecendo das mesmas incoerências e contradições que marcaram o período do Conservatório Imperial. A República nomeou como diretor encarregado da reforma o compositor Leopoldo Miguez (1850-1902). De família espanhola, nascido no Brasil, ele teve sua educação musical ocorrida durante a infância passada na Europa. Depois de atuar como empresário de música na década de 1870, largou os negócios para dedicar-se à composição, tendo sido um dos principais defensores da "música do futuro" de Berlioz, Liszt e Wagner, que seria brandida como símbolo de uma modernização necessária a um meio musical marcado por gêneros considerados menores, como a ópera italiana e as danças de salão. Entre 1890 e 1902 Miguez abandonou a composição musical para dedicar-se integralmente à direção do Instituto Nacional de Música e implantar sua reforma.

Com apoio do Estado, Miguez implantou suas reformas numa administração personalista centrada na sua autoridade pessoal, muitas vezes entrando em conflito com os professores, que nem sempre tinham os mesmo interesses que os do diretor. Devido a seu estilo de administração, seu período à frente da instituição seria conhecido como "ditadura Miguez".[42] O Instituto Nacional de Música, apesar de conseguir ampliar o corpo de professores e implantar um conjunto mais moderno de disciplinas, continuou marcado pelos conflitos entre alguns músicos e intelectuais defensores de um meio musical moderno e dedicado à música sinfônica. Os interesses de músicos de ópera e solistas virtuoses que normalmente compunham o quadro dos professores de instrumento, e de um outro lado ainda, burocratas e funcionários do Estado forçando por uma maior interferência do governo na gestão.

---

42 As disputas decorrentes da implantação da reforma que transformou o Conservatório Imperial em Instituto Nacional de Música são estudadas em detalhe por Avelino Romero Pereira, *Música, sociedade e política: Alberto Nepomuceno e a República Musical*, Rio de Janeiro: UFRJ, 2007, p. 64-90.

Com a morte de Miguez em 1902, a direção da instituição foi passada a Alberto Nepomuceno (1864-1920) que se demitiu no mesmo ano devido a conflitos internos e com o governo. Entre 1903 e 1906 a direção do INM ficou com Henrique Oswald (1852-1931), e voltou a ser entregue a Nepomuceno para o período 1906-1915. Durante estes anos todos, o Instituto Nacional de Música se aperfeiçoou ainda mais como centro da vida musical, ampliando seu quadro de disciplinas e seu corpo docente, ganhando uma sede própria, com sala de concertos, e constituindo uma biblioteca especializada e uma orquestra. Mesmo tendo significado uma maior dinamização, o INM nunca iria atingir, por exemplo, o nível de especialização e diversificação de disciplinas do Conservatório de Paris.

Se o INM era uma instituição mais moderna e mais especializada que seu antecessor Conservatório Imperial, continuou marcado por conflitos de interesses, falta de verba e ingerência política indevida. Além das rivalidades entre direção e professores, o INM e membros da elite melômana da cidade, direção e funcionários do governo e até mesmo professores e alunos. E mesmo com toda a dinamização por que passou a instituição, ela não chegou a cumprir o papel que se podia esperar de uma grande instituição que centralizava a vida musical do país: o INM não foi capaz de formar compositores. Todos os principais compositores do período, que foram professores e diretores do INM – Miguez, Nepomuceno, Oswald e Francisco Braga (1868-1945) – tiveram sua formação musical na Europa. E diferente dos compositores do Império (Henrique Alves de Mesquita e Carlos Gomes) eles não foram como bolsistas, mas mantiveram-se com recursos próprios, da família ou de amigos. Ao retornarem para o Brasil, além de trabalharem como professores e diretores da instituição, eles atuaram como compositores e regentes, produzindo uma vida musical de concertos bastante moderna.

O grande dilema que se colocava no ocaso dessa geração de músicos e no alvorecer da geração modernista, é que a tradição construída a duras penas não tinha logrado formar uma continuidade. Alunos promissores como Glauco Velasquez (1884-1914), Luciano Gallet (1893-1931) ou Villa-Lobos enfrentaram cada um uma dificuldade diferente. Villa-Lobos, órfão, teve que ganhar a vida desde cedo, trabalhando muito. Ele se matriculou na primeira classe noturna implantada no INM em 1902, mas que foi abolida com a demissão de Nepomuceno. Um jovem ávido por formação especializada, que tinha uma possibilidade de tê-la no INM, não pode usufruir dela pelas limitações de horário dos cursos, incompatíveis com suas necessidades de trabalho. Pelo menos o jovem Villa-Lobos teria o apoio de Nepomuceno, e conseguiu também trabalhar como violoncelista na orquestra da Sociedade de Concertos Sinfônicos regida por Francisco Braga. Desse modo Villa-Lobos tentava contornar como podia a falta do ensino formal.

Velásquez faleceu precocemente aos 30 anos em 1914. Luciano Gallet foi um importante modernista, mais por seus estudos do folclore e por seu trabalho institucional que por suas composições, morrendo também muito jovem, após assumir a direção do INM depois da Revolução de 30. O fracasso institucional do Conservatório Imperial foi repetido às avessas pelo INM: nos tempos do império os compositores se formaram antes de poderem chegar ao curso, e saíram para exercer a profissão na Europa, sem terem voltado para ensinar composição no Brasil; na República, os músicos fizeram seus estudos na Europa com recursos próprios, e vieram trabalhar e lecionar no Brasil, mas não conseguiram transmitir o bastão da formação musical a uma nova geração.

Por isso chegamos novamente a uma situação precária na questão da formação dos compositores modernistas. De modo semelhante à geração de Carlos Gomes, os compositores modernistas, em seu período de aprendizagem, não tinham à disposição um sistema organizado de ensino regular de composição. Tinham dificuldade com mestres conservadores e métodos antigos, e aprenderam o grosso das suas habilidades musicais trabalhando como músicos de salão. Pianistas, no caso de Mignone e Guarnieri, o que lhes deu uma vantagem na aprendizagem prática de harmonia e orquestração, pois o piano é o instrumento de estudo do compositor, do maestro e do musicólogo. É aquele que melhor sintetiza as notas musicais tocadas em um conjunto – o que se chama de redução para piano, que é o principal método de estudo de partituras orquestrais. Pela prática do piano em conjuntos de baile ou cinema, ou pela execução individual em lojas de partituras e cabarés, Mignone e Guarnieri construíram o conhecimento de repertório, o gosto harmônico e a sensibilidade melódica que precisariam quando fossem compor. Também o senso rítmico e o ouvido para o conjunto.

Villa-Lobos, em comparação aos colegas, teria ainda maior dificuldade, pelo fato de não ser pianista. Tendo como instrumentos o violoncelo e o violão, teria sempre maiores limitações para a abordagem da harmonia ou da orquestração, saberes que ficam consideravelmente dificultados para quem não pode praticar ao piano. Villa-Lobos tentaria contornar esta dificuldade prática com o auxílio de sua primeira esposa, Lucília Guimarães, que era uma exímia pianista, e auxiliava o compositor na visualização/audição de sua música ao piano. Todavia, diversos analistas apontam para este aspecto, que no caso de Villa-Lobos tem uma discussão comparável com a questão do contraponto em Carlos Gomes, de que o não saber piano levou Villa-Lobos à uma abordagem inusitada e inovadora tanto desse instrumento quanto da orquestra.

Assim como no caso de Carlos Gomes (também Henrique Alves de Mesquita, apesar deste compositor não ser discutido pela musicologia), pode-se avaliar a formação precária disponível no Brasil no início da carreira dos modernistas como uma limitação que precisou ser superada – e que essa superação se fez pelo uso das habilidades aprendidas de forma intuitiva, não-sistematizada, prática. Essa incapacidade para o exercício da escrita conforme regras estritas e escolásticas seria aproveitada como elemento de modernidade, de inovação. E gerava as particularidades desse modernismo brasileiro feito de compositores que trabalhavam em permanente tensão entre o talento e a criatividade espontânea, e a necessidade de legitimação como compositores sérios, como homens de formação comparável a de seus contemporâneos europeus. Isso cria na atividade musical dos modernistas uma situação de permanente desconforto, uma sensação de que, como compositores, nunca estão prontos.

Seus caminhos estéticos, neste sentido, foram cheios de marchas e contramarchas, discussões sobre os métodos corretos de composição – das quais participaram ativamente os intelectuais seus interlocutores, como Mário de Andrade, Luiz Heitor ou o teuto-uruguaio Curt Lange. Assim, quando Luiz Heitor, em sua história da música, propõe o modernismo como realização dessa teleologia do meio musical brasileiro, como complementação cabal desta lógica evolutiva que caminha da indiferenciação para a profissionalização do compositor, está escamoteando este aspecto conflitivo, está desprezando todas estas dificuldades que tinham se interposto ao caminho dos compositores modernistas, os perigos que tinham feito a música brasileira andar no risco de perder-se. Ele tinha sido personagem destas lutas, e a capacidade de reconhecer que o modernismo tinha alcançado esta consolidação pelos idos de 1950 era mesmo uma indicação de dever cumprido, uma tentativa de culminar o próprio trabalho.

Mas no momento em que os compositores ainda não eram consagrados, ainda eram jovens em busca de formação, de ganhar a vida e de construir uma carreira, a situação não se apresentava nada animadora. Villa-Lobos, Mignone e Guarnieri aprenderam muito como músicos práticos, nos ambientes da música popular e ligeira por onde circularam nos seus primeiros anos como profissionais. Mas estavam em busca de aprendizado formal, de habilidades que pudessem lhes valer uma legitimação, de instituições que pudessem capacitá-los à uma carreira. Estas condições eram muito difíceis no Brasil, e os compositores tiveram que se apoiar em grande parte na experiência prática de música popular como instância de formação musical, que por si só não bastava. Como eles lutaram para contornar a falta de um sistema institucionalizado de ensino da composição é o que se verá no próximo capítulo.

PARTE 2:
FORMAR-SE COMPOSITOR EM SÃO PAULO

O meio musical de São Paulo e as demandas do modernismo

Ao contrário do Rio de Janeiro, que teve uma vida cultural e artística razoavelmente dinâmica ao longo do século XIX, a realidade em São Paulo era bem outra. A cidade estava se consolidando como centro urbano, recebendo imigrantes e se industrializando. Mas os equipamentos culturais, os artistas ativos e o público eram praticamente uma novidade chique num meio provinciano e conservador.[1]

Em torno da organização da *Semana de Arte Moderna*, de 1922, pode-se notar uma série de transformações que retratam um processo agudo de transformações culturais. As primeiras décadas do século XX foram marcadas, em São Paulo, pela transformação dos antigos jornais de província em empresas capitalistas modernas, que funcionaram também como espaço de veiculação das ideias modernistas. Um movimento se articulava numa região geográfica própria: o chamado "triângulo modernista" das ruas São Bento, Direita e 15 de Novembro, onde os jovens intelectuais trabalhavam nas redações (*Jornal do Comércio* e *Gazeta*) e frequentavam livrarias e cafés. Além desses espaços públicos, o modernismo se articulava como sociabilidade privada nos salões de Freitas Valle, Paulo Prado e Olívia Guedes Penteado, ou no ateliê de Tarsila do Amaral e nas casas de Oswald e Mário de Andrade.

---

1   Visões mais abrangentes do modernismo paulista como realidade social podem ser encontradas nos trabalhos de Francisco Alambert (*A semana de 22: a aventura modernista no Brasil*, 3. ed. São Paulo: Scipione, 2004), Sérgio Miceli (*Nacional estrangeiro: história social e cultural do modernismo em São Paulo*, São Paulo: Cia. das Letras, 2003) ou Nicolau Sevcenko (*Orfeu extático na metrópole: São Paulo, sociedade e cultura nos frementes anos 20*. São Paulo: Cia. das Letras, 1992).

O caráter de marco zero que o próprio movimento modernista logrou atribuir à *Semana de 22* pode ser matizado por alguns eventos anteriores muito significativos: a volta de Oswald de Andrade de Paris em 1912, sob impacto do futurismo; exposições de Lasar Segall e Anita Malfatti em 1913 e 1914; o encontro entre Oswald e Mário de Andrade num evento do Conservatório de São Paulo em 1917, quando Mário pronunciou um discurso em nome dos alunos, que foi publicado em jornal por Oswald; a publicação do *Juca Mulato* (1917) de Menotti del Picchia no *Correio Paulistano*; a publicação de *A cinza das horas* de Manuel Bandeira; a nova exposição de Anita Malfatti.

Em 1915, a Sociedade de Cultura Artística, uma entidade associativa dedicada à promoção de eventos culturais criada em 1912, promoveu um ciclo de 5 conferências de Afonso Arinos sobre "lendas e tradições brasileiras". Na primeira conferência da série, em 5 de fevereiro de 1915, Arinos fez menção à destruição da Catedral de Reims num bombardeio pelos alemães dias antes: "Só um tesouro não teme o saque: o fundo de tradições, de ideal, de poesia, que são a alma de uma raça e o documento único de sua identidade entre os seus companheiros de planeta".[2]

Em 1919 um grupo de amadores formado por jovens da elite paulistana, entre eles vários da direção da própria Cultura Artística, encenou a peça teatral *O contratador de diamantes*, publicada postumamente em 1917, pois o autor, Afonso Arinos, faleceu em fevereiro de 1916, logo após encerrar seu ciclo de conferências em São Paulo. Testemunhos da época indicam que a encenação da peça foi um evento muito marcante. Entre os participantes, um jovem aluno de música que mais tarde transformaria a peça em uma Ópera: Francisco Mignone.

A preparação da *Semana* iniciou-se em 1920, e incluiu o envio de uma "missão diplomática" dos modernistas paulistas ao Rio de Janeiro em 1921. Com o objetivo de divulgar suas obras e estabelecer um ponto de contato na capital da República, lá encontraram ressonância num grupo formado por Ribeiro Couto, Manuel Bandeira, Renato Almeida, Villa-Lobos, Ronald de Carvalho e Sérgio Buarque de Holanda. Graça Aranha também estava de volta ao Brasil neste ano, e decidiu colaborar com "os moços", emprestando sua autoridade ao movimento. Mas é preciso relativizar o caráter marginal ou de ruptura que muitas vezes se credita à *Semana de 22*, pois o evento contou com o patrocínio de vários oligarcas. O próprio Graça Aranha conciliou a participação nos eventos artísticos à noite com reuniões diurnas de negócios com seu sócio Paulo Prado. As estadias dos

---

2   Conforme Ivan Ângelo, *85 anos de cultura: história da Sociedade de Cultura Artística*. São Paulo: Studio Nobel, 1998, p. 47-52. A citação de Afonso Arinos está na página 47.

participantes que vieram do Rio de Janeiro foram pagas pelo governo do estado de São Paulo, chefiado à época por Washington Luís.[3]

Sérgio Miceli também ressalta essa face do modernismo como uma expressão estética profundamente ligada às novas sociabilidades da elite surgidas com o rápido desenvolvimento urbano de São Paulo. A força maior da ligação entre a expressão artística e essa sociabilidade de elite estava nas artes visuais. Figuras como Ramos de Azevedo, Adolfo Augusto Pinto, Altino Arantes, Olívia Guedes Penteado ou Freitas Valle eram notáveis colecionadores, e suas encomendas mobilizaram todo o modernismo artístico paulista a partir da segunda década do século.[4]

Renato Ortiz compara o modernismo da década de 1920 ao liberalismo do século XIX no Brasil, que considera um valor ostentatório, uma tentativa de adaptação ao padrão europeu, uma compensação pelo atraso brasileiro em relação aos países centrais. A preocupação que motiva o movimento modernista é a opinião estrangeira, uma tentativa de construir um Brasil condizente com o imaginário civilizado. Assim a noção de modernidade é fora de lugar no Brasil, onde o modernismo ocorre sem modernização. Da mesma forma que em outros países periféricos, o modernismo é uma espécie de "sonho de modernidade", e não o reflexo de uma modernização real.[5]

Analisando a programação musical da *Semana*, Wisnik considera que não houve ambiente para apreciar adequadamente as músicas, em meio ao turbilhão de vaias e à predisposição à polêmica. Os concertos foram realizados pelos pianistas Ernani Braga e Guiomar Novaes, além do conjunto organizado por Villa-Lobos para executar suas obras. As únicas músicas que teriam chamado mais a atenção durante a *Semana* foram o *Quarteto Simbólico* de Villa-Lobos, por causa da formação inesperada de flauta, saxofone, celesta e piano; a peça de Satie tocada por Ernani Braga durante a conferência de Graça Aranha; e o concerto de Guiomar Novaes, que foi talvez o evento mais bem recebido de toda a *Semana*. O interesse em tomar conhecimento mais profundo das obras de Villa-Lobos, e dos músicos que atuaram na *Semana* levou à organização de concertos logo em seguida, com os mesmos intérpretes, durante os meses de março e abril.

---

3   Conforme Alambert, *op. cit.*, p. 44-45.

4   O significado cultural dessas coleções, as relações culturais, econômicas e políticas destes colecionadores com os artistas (Anita Malfatti, Tarsila do Amaral, Lasar Segall, Antonio Gomide, Regina Gomide e John Graz), bem como as ligações deste meio cultural paulistano com o modernismo parisiense são estudados pelo autor em *Nacional estrangeiro, op. cit.*

5   Conforme o livro *A moderna tradição brasileira: cultura brasileira e indústria cultural*. São Paulo: Brasiliense, 1988, p. 32.

Diante da questão patente da inexistência de uma música moderna capaz de corresponder às propostas estéticas já desenvolvidas nas artes plásticas e na literatura, Wisnik aponta para o desenvolvimento do que chama de "um modernismo didático", nos artigos sobre música veiculados em revistas como *Klaxon* (que circulou entre janeiro de 1922 e janeiro de 1923 e na qual Mário de Andrade exerceu crítica musical), *Ariel* (outubro de 1923 a outubro de 1924 – periódico todo dedicado à música), *Estética* (1924-25) e *Revista do Brasil* (1925).

Mareia Quintero Rivera também considera o período pós *Semana de 22* como um momento de definição de propostas estéticas por Mário de Andrade, analisando as críticas musicais do escritor nos mesmos periódicos comentados por Wisnik.[6] Ambos os autores explicam que os textos em que Mário de Andrade comenta os intérpretes e as obras musicais nos concertos ocorridos em São Paulo na década de 1920 são uma oportunidade de desenvolver seu pensamento estético e o que seria um programa musical do modernismo.

Também é muito importante ressaltar o forte contato entre o modernismo paulista e as vanguardas francesas. Os mecenas que patrocinariam a ida de Villa-Lobos a Paris eram os mesmos que tinham apoiado a *Semana de arte moderna*, e que eram intimamente ligados às trajetórias pessoais, sociais e artísticas dos modernistas. Vários deles viviam entre São Paulo e Paris, possuindo residência na capital francesa, fosse por necessidade de negócios fosse por luxo e ostentação. As casas desses brasileiros em Paris também eram centros por onde circulava a vida artística da vanguarda francesa, especialmente a casa do casal Oswald de Andrade e Tarsila do Amaral. Esses modernistas em Paris seriam um importante ponto de contato entre Villa-Lobos e a vida musical francesa, à qual ele seria rapidamente introduzido.

Segundo Paulo Guérios, as duas estadas de Villa-Lobos em Paris, em 1923-24 e 1927-1930 foram fundamentais no processo de construção da figura de compositor moderno. Lá ele tomaria contato com as experiências estéticas mais recentes de Stravinski e Bártok, substituindo a influência de Debussy à qual ele tinha se associado para construir a imagem de compositor respeitável no Brasil.[7]

As atividades profissionais ligadas à música, como já comentado nos capítulos anteriores, eram ainda muito incipientes em São Paulo, ainda mais do que no Rio de Ja-

---

6   *Repertório de indentidades: música e representação do nacional em Mário de Andrade (Brasil) e Alejo Carpentier (Cuba). (décadas de 1920-1940).* Tese de doutorado, FFLCH-USP, 2002.

7   *Villa-Lobos. O caminhos sinuoso da predestinação. op. cit.*

neiro. O movimento modernista não vinha causando muita transformação em relação a este aspecto, pelo menos até o início da década de 1930.

Os regentes de São Paulo, no início do século eram figuras como João Gomes de Araújo (1846-1943) ou Alfério Mignone, um misto de músicos dedicados às atividades de entretenimento existentes na capital bandeirante, professores de instrumento e arregimentadores de conjuntos variados para diversos tipos de ocasião (desde sinfonias e óperas sérias, até operetas e música de baile). O fato de fazerem a direção musical destes mesmos conjuntos – que funcionavam de forma precária, ocasional e instável, não permitiu que desenvolvessem a necessária especialidade profissional. Os primeiros regentes profissionais vistos em São Paulo, no sentido de homens que tinham na condução da orquestra uma atividade profissional especializada e geralmente exclusiva, eram os italianos que vinham com as companhias de ópera ou opereta. Alguns deles decidiram se fixar na cidade, onde pareciam existir boas oportunidades de atuação profissional.

Ao descrever sua atividade como violoncelista de orquestra, em companhias de ópera que atuaram na cidade, Armando Belardi destaca a experiência que adquiriu, tanto da prática orquestral no instrumento, como da observação da atuação dos cantores solistas e dos maestros. Foi esse aprendizado prático que lhe deu a experiência para que, em 1935 começasse a trabalhar ele mesmo como regente nessas companhias, de onde se alçou para posições mais importantes no meio musical da capital. Belardi conta em suas memórias que o empresário organizador das orquestras que atendiam às companhias italianas era Alfério Mignone, em cujo grupo o jovem violoncelista sempre atuou. Entre os regentes com os quais tocou, de passagem pela cidade, com companhias italianas, e cujo desempenho foi observado como exemplo pelo jovem músico, Belardi cita Arturo de Angelis, Gino Marinuzzi, Tulio Serafin, Eduardo Vitale, Angelo Questa, Alceu Toni, Umberto Berratoni, e "o austríaco Polak".[8]

Este conjunto de artistas dedicou suas vidas à atividade de reger companhias de ópera itinerantes, entre a Itália e a América do Sul, pelo que não passaram a ocupar os pedestais de glória destinados aos regentes de música sinfônica com sobrenomes alemães, que transitavam entre Alemanha, Inglaterra e Estados Unidos. Ou outros do leste europeu, que fizeram o circuito passando por Paris e também chegando aos EUA. Além desses mencionados, alguns dos quais parecem ter se fixado em São Paulo, outros também são comentados por Belardi em outras partes do livro como tendo vindo morar em São Paulo após terem passado pela cidade como regentes de companhia de ópera. É o caso de Lamberto Baldi.[9]

---

8   *Vocação e arte, op. cit.*, p. 30.

9   Como esses maestros estiveram ligados a um gênero menor, numa região geográfica periférica do mundo

Os contatos de Belardi com o meio musical da cidade, principalmente a partir das relações dentro da comunidade italiana, e a atividade no Centro Musical São Paulo, lhe valeram o convite para lecionar no Conservatório Dramático e Musical de São Paulo. Além, é claro, de seu desempenho como violoncelista, e do diploma italiano que tinha conquistado. Belardi foi professor de violoncelo na instituição entre 1916 e 1937, pois no início de 1938 pediu demissão para assumir a regência de uma empresa de ópera no Rio de Janeiro.

Todo este panorama da cena cultural e musical paulistana aponta para uma cidade em crise, onde os velhos modelos de atuação tanto da elite dirigente quanto dos artistas já estavam visivelmente esgotados. Mas o surgimento de novas formas de atuação, realmente modernas, beirava a impossibilidade, e muitas vezes estava mais no discurso do que na realidade prática. Um dos problemas centrais para a modernização da vida musical era a necessidade de estabelecer uma instituição de ensino de música, capaz de formar os profissionais habilitados a trabalhar sob as novas demandas. O meio musical paulistano procurava se equiparar ao existente no Rio de Janeiro, cujo Conservatório tinha sido fundado há bastante tempo, mas a criação mais tardia do Conservatório da cidade acaba tendo um papel dúbio. Por um lado São Paulo tinha uma instituição muito pequena e recém-fundada, por outro lado poderia ser mais fácil desenvolver uma instituição ainda pequena do que reformular outra que já tinha mais de meio século de tradição – e o apego a esta tradição se demonstrava um problema.

A fundação do Conservatório Dramático e Musica de São Paulo aconteceu apenas em 1906. Em um estudo sobre a criação da instituição, Ailton Pereira Morila situa sua fundação em meio às disputas pela profissionalização do músico, da organização desse espaço de atuação profissional, e da defesa dos direitos e dos interesses desses profissionais.[10] O autor considera que a fundação do CDMSP simbolizou o fim de uma era de indiferenciação, entre música sacra, música popular e música erudita, marcando o início da era do profissio-

---

da música, encontrar informações biográficas ou sobre suas trajetórias profissionais é uma tarefa inglória. Mesmo os que se fixaram no Brasil, dificilmente recebem reconhecimento, devido ao anti-italianismo mobilizado durante o auge do nacionalismo na Era Vargas ou durante a 2ª Guerra. Arturo de Angelis, por exemplo, não tem verbete da Enciclopédia da Música Brasileira, apesar de ser nome de rua em São Paulo, e ter regido 73 espetáculos de ópera em 64 dias, na temporada lírica de 1918 (segundo informa Bruno Kiefer em *Villa-Lobos e o modernismo na música brasileira*. Porto Alegre: Movimento, 1981, p. 87.) Alférío Mignone, apesar de ter sido um dos mais importantes professores e organizadores da vida musical da cidade, também tem parca informação disponível, mesmo tendo sido pai de Francisco Mignone, que seria erigido como um dos maiores compositores nacionais. Lamberto Baldi, que foi um importante regente em São Paulo, como veremos, e depois em Montevidéu e no Rio de Janeiro, também é um personagem pouco estudado.

10 "Antes de começarem as aulas: polêmicas e discussões na criação do Conservatório Dramático e Musical de São Paulo". *Per Musi*, n°21, jan-jul 2010, p. 90-96.

nal especializado. Na verdade, essa profissionalização e especialização, e a consequente valorização do músico profissional com a criação de um meio musical dinâmico, ainda estava em fase inicial do processo. A criação do CDMSP seria uma iniciativa marcada pelas intenções de modernização mais do que o marco de uma modernização ocorrida de fato.

Segundo este autor, as reuniões e discussões para a fundação de uma instituição oficial de ensino capaz de organizar e sistematizar a vida musical de São Paulo já vinha desde a década de 1890, mas esbarrava sempre nas dificuldades causadas pelas disputas e rivalidades entre os músicos, e até mesmo pela dificuldade de comunicação entre os profissionais. Eles eram todos imigrantes recentes, e falavam o português carregado com sotaque luso, italiano ou alemão, o que às vezes até inviabilizava que se entendessem, como exemplifica nos relatos da revista *A música para todos*, que circulou entre 1896-1899. Quando finalmente o Conservatório paulista foi implantado, ele partiu da iniciativa de políticos ilustres, da elite tradicional, os únicos capazes de superar as disputas e rivalidades internas do meio musical.

A iniciativa partiu do vereador Pedro Gomes Cardim, que apresentou projeto à prefeitura, de criação de uma instituição pública. O projeto foi alterado, sem o interesse da prefeitura em manter a instituição com recursos públicos. Ele acabou surgindo como entidade associativa, juntando os apoiadores entre políticos da elite e os principais profissionais em atuação. A prefeitura entraria apenas com uma subvenção. Pedro Gomes Cardim foi o diretor, e o primeiro caixa da instituição foi formado com bilheterias cedidas por companhias teatrais e líricas, bem como uma quermesse – devido à proibição constitucional de extração de loterias, que tentou ser contornada sem sucesso.[11]

Note-se que o processo foi semelhante ao que levou à criação do Conservatório do Rio de Janeiro, nas décadas de 1840-1850, e também à sua reformulação pelo governo provisório republicano em 1899-1890. Em épocas diferentes, tanto no Rio de Janeiro como em São Paulo, a existência de uma grande quantidade de músicos em atividades profissionais diversificadas, levou à criação de organizações associativas da categoria. Essas entidades de classe, ao mesmo tempo em que se preocuparam em defender o espaço de atuação profissional do músico, e a melhoria dos rendimentos de sua atividade, também se preocuparam em empreender ações que colaborassem no desenvolvimento do próprio meio musical local. Eles eram os maiores interessados no incremento da atividade musical, na maior especialização, na melhor remuneração, e no maior *status*. Isso só podia ser obtido com a criação de meios musicais modernos, com alto nível de institucionalização, e bem articulados, tanto em relação à elite política e

---

11   Ailton Pereira Morila, *op. cit.*, p. 93.

econômica e seu mecenato, quanto em relação ao próprio Estado e às políticas públicas que poderiam ser criadas.

Armando Belardi também conta sobre a fundação do Conservatório em suas memórias, atribuindo a iniciativa a "homens públicos em evidência e amantes da música", entre os quais inclui o Senador Lacerda Franco, o Deputado Carlos de Campos e Pedro Gomes Cardim, que segundo Belardi formaram o Conselho Superior da instituição. Os professores viriam como convidados, escolhidos entre os melhores então em atividade na cidade. Belardi considera que antes da fundação do Conservatório, a situação do ensino musical na cidade era precária, baseada em professores particulares vindos da Itália: Giulio Bastiani, Luigi Chiaffarelli, Guaglietta, Guido Rocchi, Luigi Provesi, Alfério Mignone. Mas parece que a simples fundação do Conservatório não mudaria muita coisa neste sentido, uma vez que os mesmos professores que configuravam o tal "ensino precário" anterior passaram a compor o quadro docente da instituição, do qual Belardi cita: Luigi Chiaffarelli, João Gomes de Araújo, Guido Rocchi, Felix Otero, João Gomes Jr., Paulo Florence "e muitos outros".[12]

Em 1909 o Conservatório passou para sua sede definitiva, no prédio de um antigo hotel adquirido por 100 contos de réis (segundo informação de Belardi), recursos obtidos a partir de um empréstimo público garantido com a hipoteca do imóvel. Nesse prédio passou a funcionar também uma sala de concertos, que foi a única da cidade durante algum tempo. O Teatro São José, reformado pelo Conselheiro Antonio Prado, em 1896, foi destruído num incêndio no ano seguinte (segundo informação do próprio Belardi). Um novo teatro com o mesmo nome foi erguido em 1909 no Viaduto do Chá, mas não era usado para concertos. A principal sede para este tipo de atividade iria surgir em 1911, com a inauguração do Teatro Municipal.[13]

O pioneiro na organização de concertos em São Paulo vinha sendo o prof. Luigi Chiaffarelli, com a dupla função de oferecer experiência de palco aos seus alunos e criar uma cultura musical na cidade. O trabalho de Luigi Chiafarelli pela vida artística da cidade foi de grande importância, segundo diversos testemunhos. O professor usou primeiro sua própria casa, depois o auditório do Conservatório, e nos concertos que promovia ajudava a criar um público capaz de ouvir além da ópera e do virtuosismo espetaculoso, as grandes obras clássicas do pianismo, as sonatas onde os compositores mais profundos

---

12   A parte sobre o CDMSP nas memórias de Belardi está em *Vocação e arte, op. cit.*, p. 32 em diante.

13   São Paulo possuiu diversos teatros em fins do século XIX e início do século XX. Mas eles não funcionaram como salas de concerto, entendendo o termo como um evento onde apenas se ouve música. Os eventos musicais na cidade eram em sua totalidade espetáculos de ópera ou teatro ligeiro, onde a música funcionava como complemento – esses eventos eram entendidos como entretenimento, e não música séria.

desenvolviam as experiências harmônicas e formais que exigiam ouvidos melhor preparados, pelo acúmulo de erudição e experiência musical.[14]

Luigi Chiaffarelli chegou primeiro a Rio Claro, cidade progressista do interior paulista, contratado como professor particular de piano para os filhos dos ricos fazendeiros da região. Decidindo mudar-se para a capital, estabeleceu a principal escola de piano no país, sendo capaz de dar a seus jovens alunos a base da formação necessária para que eles chegassem como favoritos às provas de admissão no Conservatório de Paris, de cujo diploma tendo posse encetaram brilhantes carreiras de solistas internacionais – caso de Guiomar Novaes, Antonieta Rudge e Souza Lima. A escola pianística de Chiaffarelli foi o primeiro sinal da formação de um meio musical importante em São Paulo, e os concertistas formados por Chiaffarelli foram os primeiros personagens a colocar a cidade no mapa do mundo da música.

Tendo em seu quadro professores como Chiaffarelli, o Conservatório de São Paulo se tornou um novo centro dinâmico da vida musical da cidade. Ele se tornava o primeiro centro de formação institucional, ainda não capaz de atender totalmente às demandas do meio musical ou de oferecer a formação completa necessária à criação dos compositores paulistas, mas já com uma importante função dinamizadora. Assim como o Conservatório do Rio de Janeiro, depois transformado em Instituto Nacional de Música, também não foi capaz de formar uma geração nova de compositores, o Conservatório de São Paulo não seria capaz de proporcionar tudo de que a vida musical de São Paulo carecia. Pois para formar um compositor não bastam as aulas de harmonia, contraponto e orquestração. É preciso a experiência prática de assistir a concertos, tocar em orquestra, poder ver seus exercícios tocados por um conjunto. É preciso a convivência com uma vida musical, com compositores mais experientes, com uma crítica musical nos jornais, onde se pudesse estabelecer uma discussão estética.

Num primeiro momento, o Conservatório de São Paulo ficou restrito às mesmas limitações diante das quais se viu o do Rio de Janeiro: era uma instituição voltada para formar instrumentistas para um mercado de grande demanda, formada principalmente pelos divertimentos populares: óperas e operetas, conjuntos de dança de salão, música incidental para cinemas, confeitarias e hotéis de luxo. Uma vida dinâmica de concertos clássicos, sinfônicos e camerísticos, ainda não estava estabelecida – senão pelos solistas de piano que

---

14   Belardi afirma que "conta-se" que o prof. Chiaffarelli ia para a rua chamar os transeuntes a prestigiarem os concertos, tão entusiasmado pela divulgação da arte e de suas alunas. A coleção de Mário de Andrade no IEB tem um volume com os programas dos concertos de alunos promovidos pelo professor nas primeiras décadas do século XX. O material foi digitalizado e está disponível em http://143.107.31.150/biblioteca-Pdf/Lt-1009_Original_WEB.pdf.

o Conservatório formava às pencas, alguns de maior destaque, outros constituindo uma vida musical normal que Mário de Andrade atacou em 1922, num artigo para *Klaxon* que ficou clássico: "Pianolatria".

O próprio Mário de Andrade, ao tempo em que era o poeta do modernismo, ganhava o pão como professor do Conservatório: primeiro de piano, e depois história da música e estética. Foi a partir do trabalho com suas classes que formou grande parte da sua cultura musical e da base de suas pesquisas. Das aulas preparadas para suas turmas é que surgiu o material datilografado em 1925, que recebeu postumamente a edição crítica de Flávia Toni: *Introdução à estética musical*.[15] Nessa obra Mário de Andrade foi elaborando os primeiros esboços do que seria o seu pensamento estético, especialmente uma reflexão sobre a dinamogenia e o papel socializador do ritmo, assunto que voltaria de forma mais sucinta no *Ensaio sobre a música brasileira* de 1928, e que se revelaria de fundamental importância nos conselhos e nas parcerias com Mignone e Guarnieri nos anos 1930.

Mário de Andrade se formou no Conservatório em piano em 1917, e no ano seguinte foi convidado a ser professor. Segundo Quintero Rivera,[16] a carreira de pianista de concerto era planejada pela mãe para os dois filhos, mas com a morte do irmão na adolescência, Mário de Andrade não teve a estabilidade emocional necessária para enfrentar o palco. A vocação para a carreira musical se desloca para o trabalho intelectual e a pedagogia da música. E Mário de Andrade se tornou uma figura *sui-gêneris* no Conservatório paulista: um filósofo da música, um modernista polêmico, alguém que tentou transformar, por dentro, uma instituição vocacionada para a prática irrefletida, instilar a cultura da música nacional numa cidade que não tinha ligações com a tradição criada no Rio de Janeiro. Trabalhando numa instituição que era dominada pelos imigrantes italianos, cuja carreira típica era simbolizada por Armando Belardi: sem tempo para grandes reflexões filosóficas, exímio instrumentista, dedicado a todas as atividades práticas que se achavam disponíveis, e com uma cultura musical impregnada pela ópera italiana do século XIX.

Na década de 1920, quando Guarnieri dava seus primeiros passos rumo a uma formação como compositor, já o fez sob orientação de notórios modernistas (Ernani Braga, Sá Pereira e Lamberto Baldi). Mignone e Souza Lima tiveram uma formação diferente, em um período anterior. Pode-se dizer que Guarnieri ganhava a vida nas atividades que podia realizar em meio a este ambiente musical precário e indiferenciado. Mas ao mesmo

---

15 Publicada pela HUCITEC (São Paulo, 1995). Com a extinção da cadeira no Conservatório, Mário deixou o material incompleto e abandonou o projeto de publicá-lo. Aqui se vê o quanto a contingência da atuação profissional direcionou muitos dos seus trabalhos. Não dando mais o curso de Estética no Conservatório, não lhe sobrou mais tempo para se dedicar ao assunto em estudos sistemáticos.

16 *Repertório de indentidades: música e representação do nacional, op. cit.*

tempo iniciava sua formação para a composição já influenciado pelo projeto modernista, e, portanto, neste sentido, muito consciente da contradição que era ser pianista de música ligeira enquanto idealizava o projeto de ser compositor.

Souza Lima e Mignone estudaram composição e matérias correlatas com Agostino Cantú no Conservatório de São Paulo. Cantú tinha estudado em Milão com Vicenzo Ferroni, o mesmo que seria professor de Mignone na década de 1920. Ferroni foi aluno de Jules Massenet, professor do Conservatório de Paris e um dos principais nomes do academicismo francês. Era justamente por esse academicismo francês que o meio musical italiano tentava civilizar-se, rompendo com uma tradição de ópera ligeira, muito mal vista dentro dos cânones modernos europeus. Muito interessante para pensar o grau de ruptura que São Paulo vivia em relação à tradição musical criada no Rio de Janeiro é o fato de que um ilustre discípulo de Massenet era Francisco Braga, em atividade como compositor, professor e regente na capital da República. Mas aos paulistas a informação musical que vinha da Itália estava mais próxima talvez do que a do Rio de Janeiro.

Francisco Mignone e Souza Lima tiveram, ao que tudo indica, treinamento musical teórico e composicional dentro da tradição da harmonia tonal e das formas seccionadas. Neste sentido, Cantú não oferecia um ensino de composição moderno e flexível como o que Guarenieri teria com Lamberto Baldi. Mas todos estes músicos da nova geração tiveram em comum as mesmas dificuldades em lidar com a formação disponível nas principais instituições: o Instituto Nacional de Música do Rio de Janeiro e o Conservatório Dramático e Musical São Paulo. Villa-Lobos superou estas dificuldades diretamente pela experiência musical parisiense, onde aprendeu como observador, não como aluno. Mignone foi estudar em Milão. E Guarnieri teve seus estudos com Lamberto Baldi, apesar de não por tempo suficiente. Todos estes três músicos, que se tornariam os grandes nomes do modernismo, tiveram que lidar com as dificuldades de obter formação musical como compositores, nas décadas de 1910 e 1920.

Sem terem conseguido completar sua formação da maneira ideal, sem estarem prontos, foram colhidos pela demanda que o movimento modernista produziu por uma música que pudesse soar atual e como símbolo de identidade nacional. Tiveram que trabalhar para viabilizar suas carreiras profissionais, ao mesmo tempo que tinham que ganhar a vida, e produziam sua música sem a necessária base técnica formal, além de participarem da construção das novas instituições musicais que se desenharam no período Vargas. Todos eles tiveram um período agitado nos anos 1930. Principalmente Guarnieri, que ficou "órfão" de seu professor de composição em 1932, antes de se considerar pronto para a empreitada que tinha pela frente.

As décadas de 1910 e 1920 foram marcadas, para os jovens músicos que se tornariam os principais compositores modernistas, pela luta contra as dificuldades de aprendizado e formação musical. Cada um dos compositores resolveu isso da maneira que foi possível: Villa-Lobos teve sua formação em composição quase totalmente como autodidata, e teve importante aprendizado durante seus períodos em Paris (1923-24 e 1927-30); Mignone contornou as limitações da formação disponível em São Paulo obtendo bolsa do Pensionato Artístico, estudando em Milão entre 1920-27; Guarnieri encontrou em aulas particulares com Lamberto Baldi (e em menor medida com Ernani Braga e Sá Pereira) a formação especializada e moderna que não estava disponível no Conservatório.

A partir de 1930, todos eles passariam a lidar com novos dilemas. Depois de terem conseguido superar algumas das limitações impostas à sua formação por um meio musical pouco institucionalizado, os três compositores passaram a ser vistos como os jovens talentos que deveriam assumir a responsabilidade sobre a construção da música brasileira moderna. Esse chamado à responsabilidade partia de um conjunto de intelectuais engajados em projetos de desenvolvimento de um meio artístico e musical no Brasil, e passava a ter profunda ligação com as transformações políticas que ocorriam com a Revolução de 30. Se na década de 1920 o modernismo pode ser considerado como um movimento de contestação, de denúncia da pobreza cultural e do atraso do Brasil, na década de 1930 os modernistas mudam sua atuação. Quase todos os intelectuais que fizeram o movimento na década de 1920 saíram de uma fase de contestação política e experiências estéticas para uma fase de ação política direta, engajando-se em partidos e movimentos políticos e assumindo tarefas burocráticas em novos órgãos de Estado, ou mesmo atendendo novas demandas culturais que iam se colocando pela ampliação das massas urbanas e pelo surgimento, ainda que incipiente, de um público mais amplo para as atividades culturais que até então tinham sido no Brasil o privilégio de uma elite.

Para os músicos e compositores, as décadas de 1910/1920 tinham sido o momento chave na busca pela formação, no enfrentamento das dificuldades legadas por estruturas institucionais pouco organizadas e construídas em bases culturais e pedagógicas que passaram a ser consideradas obsoletas. Tinha sido o momento de encontrar trabalho no dinâmico mercado de diversões urbanas (cinema, baile, música de salão) – e de sonhar com o maior reconhecimento artístico que poderia vir da criação de uma música sinfônica. Apenas sonhar, porque o circuito de música sinfônica no Brasil existia de forma muito incipiente – compositores e obras tinham existido na Primeira República, concertos também, pelo menos no Rio de Janeiro. Mas a formação contínua de compositores capazes de herdar aquela tradição não foi possível, assim como também não havia literatura especializada, editoras dedicadas à música sinfônica, corpos estáveis (orquestras, companhias de balé), circuito permanente de concertos.

Maestro Lamberto Baldi, professor

Para todos os efeitos, a carreira de compositor sinfônico era um sonho que podia ser acalentado pelos jovens que olhavam para o exemplo de Miguez, Nepomuceno, Oswald e Braga. Mas a tarefa se mostrava quase impossível diante das dificuldades impostas pelo meio musical brasileiro.

Como vimos nos capítulos anteriores, a formação de compositores no Brasil era um problema antigo quando a família de Camargo Guarnieri se mudou para São Paulo capital. Era um problema grave na capital do Império e da República, e mais grave ainda na capital da província do café. Apesar de a cidade estar em rápido processo de urbanização, industrialização e modernização, as instituições culturais ainda não funcionavam à altura da importância política e econômica que a cidade assumia.

Por isso, antes de 1928, Guarnieri andou às voltas com diversos trabalhos como pianista de salão, que desempenharam um papel importante na sua formação como compositor, como já tinha sido para seus colegas Mignone e Villa-Lobos, e para compositores de gerações passadas, como Henrique Alves de Mesquita e Carlos Gomes. Este ano de 1928 é apresentado nas histórias da música e nas biografias do compositor como um momento de inflexão na carreira, marcado por dois aspectos fundamentais: foi o ano do encontro com Mário de Andrade e foi o ano escolhido como marco inicial de seu catálogo de composições.

A importância do encontro com Mário de Andrade, como já foi discutido nos capítulos anteriores, deve ser matizada, devido aos vários tipos de reelaboração que este momento sofreu antes de se tornar o evento marcante que as biografias apontam. A importância do encontro com Mário de Andrade não deve ser exagerada, nem desprezada, à medida em que o escritor se afirmava como uma importante liderança intelectual do modernismo musical enquanto movimento. Mas mesmo tendo como base o texto escrito por Camargo Guarnieri para a *Revista Brasileira de Música* em 1943, pode-se perceber que Mário de Andrade não foi o único nem o principal apoiador ou interlocutor com o qual Guarnieri estabeleceu relações significativas para sua carreira e seu aprendizado. No mesmo texto em que fez um tributo ao amigo por ocasião de seu 50° aniversário, Guarnieri não deixou de apontar o nome de Lamberto Baldi como seu professor de composição.

Mais do que o encontro com Mário de Andrade, o que podemos interpretar como marco na formação de Camargo Guarnieri é sua determinação em avalizar suas composições a partir desta data. As obras anteriores foram classificadas sob a categoria de "obras de difusão interdita", que o compositor guardou em seu acervo, mas deixou registrado em testamento que não deveriam ser jamais executadas ou publicadas. Ficavam guardadas apenas como possível material de estudo.

A possibilidade de encarar como obras dignas de perpetuação as que produziu a partir deste marco, indicam que este é o momento em que Camargo Guarnieri se sentia minimamente seguro como compositor. Seu próprio juízo crítico o levava a considerar o que tinha produzido antes de 1928 como obras sem valor, como experiências imaturas, como exercícios de aprendizagem. Isto está demonstrado na frase já citada, quando Guarnieri afirma que antes de conhecer Mário de Andrade não tinha pretensão de ser compositor: compunha apenas "pecinhas" para piano ou canto e piano. Já foi comentado que essa opinião está marcada por um momento da carreira (1943) em que Guarnieri tenta se afirmar como compositor sinfônico. Em 1928 não era exatamente assim que o compositor se via, pois as obras compostas a partir deste ano passaram a ser publicadas e o compositor se empenhou muito em fazê-las conhecidas, executadas em concerto. Até mesmo algumas destas peças ele mostrou para Mário de Andrade quando do encontro entre ambos, e foi nelas que o crítico viu o potencial de um grande compositor nacional.

Mas como tinha sido o aprendizado de Camargo Guarnieri até o momento? Além da importância da prática de música popular como pianista, que foi um fator muito importante na sua formação, quem foram seus professores? Que tipo de técnica de composição ele estudou? Que métodos? Que teorias?

Não é possível ainda saber muita coisa pela documentação disponível. O material que compõe o conjunto da "obra de difusão interdita" inclui diversos esboços e alguns exercícios de composição, mas não constitui um acervo sistemático do material trabalhado por Guarnieri no período.[17] O que está arquivado junto com o restante do material do composi-

---

17 Durante sua arguição desta tese como banca de doutoramento, o professor Celso Loureiro Chaves chamou

tor em seu arquivo no IEB-USP é o que sobreviveu dos processos de destruição do passado que caracterizam a produção de memória. Como muito já se discutiu entre os historiadores, mais do que uma seleção de lembranças, a memória é uma seleção de esquecimentos.[18]

Submetidas a um olhar superficial, as obras incluídas nessa coleção revelam que a técnica composicional de Guarnieri vinha de modo geral da sua atuação como pianista de música ligeira. As obras são tonais, acordes construídos em forma de tríades ou tétrades sobre graus da escala diatônica, essencialmente os acordes de Tônica, Subdominante e Dominante – este último usando às vezes a sétima. Este tipo de construção indica que nas primeiras peças escritas na década de 1920, a harmonia era para Guarnieri uma construção prática – não vinha do estudo teórico. Construção prática a partir de um repertório simples, de pouca inovação ou elaboração musical, pois complexidades harmônicas de diversos tipos (modulações, cromatismos, acordes alterados) já vinham sendo experimentados há quase um século no repertório de concerto. Outro indicativo é a predominância do compasso ternário simples, derivado da rítmica da valsa, que constituía o principal domínio de um músico do salão em São Paulo. A rítmica desenvolvida nas peças de Guarnieri deste período, em geral, tratam o ritmo de forma a enquadrá-lo dentro da pulsação básica, e dos acentos do compasso ternário: não há mudanças de compasso, deslocamentos de acento ou figuras irregulares, como já era usual nas composições que vinham do uso de técnicas mais elaboradas.

A única parte destas peças que me chamou a atenção – pela diferença em relação ao restante do material, é o caderno de exercícios em que Guarnieri realizou as tarefas propostas

---

a atenção para o fato de que o que se estudava na época não era propriamente composição musical, mas disciplinas de apoio, como harmonia, contraponto, orquestração. Parte de suas reflexões sobre o processo de ensino de composição estão em seu texto "Por uma pedagogia da composição musical" (In: FREIRE, V. (org.). *Horizontes da pesquisa em música*. Rio de Janeiro: 7 Letras, 2010, p. 82-95).

18 Poucos dias antes da defesa desta tese que agora está em livro, ocorreu a defesa da dissertação de mestrado de Judie Kristie Pimenta Abrahim (*Obra de difusão interdita de Camargo Guarnieri:catálogo comentado dos manuscritos*, ECA-USP, 2010). Esta pesquisadora trabalhou sistematicamente sobre a coleção específica do acervo do compositor, primeiro como bolsista de iniciação científica – quando elaborou o catálogo que hoje serve de material de consulta para os pesquisadores do acervo, depois como mestranda, quando produziu uma reflexão mais sistemática sobre o material, dentro dos limites permitidos pelo estágio atual dos estudos musicológicos no Brasil. A autora especula em seu trabalho, por exemplo, quanto se poderia avançar no entendimento deste material se houvesse um estudo sobre os papéis de música fabricados e/ou vendidos no Brasil. Ao contrário do trabalho sistemático realizado ao longo de anos sobre esta parte do acervo do compositor por Judie Kristie Pimenta Abrahim, a pesquisa que resultou neste livro fez apenas rápidas consultas a parte do material, durante poucas visitas ao IEB, quando foram consultados muitos outros materiais. A observação superficial que fiz como pesquisador, entretanto, acaba sendo confirmada, em linhas gerais, pelo trabalho meticuloso feito por Judie Abrahim.

por Lamberto Baldi, seu professor de harmonia, contraponto, orquestração e regência (disciplinas consideradas à época como prévias ao aprendizado de composição). O início dos estudos com Lamberto Baldi foi o grande diferencial na formação musical de Camargo Guarnieri, pois o maestro italiano foi um personagem muito importante para o meio musical latino-americano.

Apesar de ser um importante personagem da vida musical no Cone Sul, ainda não existem estudos específicos sobre Lamberto Baldi, o que nos obriga a recolher informações sobre ele espalhadas em vários estudos sobre outros assuntos. Pelas memórias de Armando Belardi podemos saber que Baldi chegou a São Paulo como regente de uma companhia de ópera italiana, decidindo se estabelecer na cidade. Belardi era diretor, na época, da Sociedade de Concertos Sinfônicos de São Paulo, primeira iniciativa de uma programação efetiva de concertos orquestrais na capital paulista. A Sociedade foi iniciada por Belardi em 1921, e Lamberto Baldi se estabeleceu na cidade em 1926.[19] Baldi se tornou o principal regente fixo da orquestra da sociedade, que até então vivia de maestros convidados. Além de manter-se como regente efetivo da Sociedade de Concertos Sinfônicos, a partir do contato com Belardi o maestro também foi introduzido ao trabalho no Conservatório de São Paulo e como diretor musical da Rádio Educadora Paulista, à época em que a rádio mantinha o hábito de transmitir concertos.

Todos os testemunhos a respeito de Baldi são que ele era um músico muito atualizado, conhecedor das principais obras modernas, especialmente as do modernismo francês e italiano, as quais introduziu na programação de concertos em São Paulo. Este tipo de atuação era muito marcante na vida musical da cidade, até então dominada pelo repertório das óperas italianas oitocentistas. Nas críticas musicais incluídas por Mário de Andrade em seu volume *Música, doce música* (publicadas no Diário Nacional entre 1928 e 1932) Lamberto Baldi é apontado como um regente diferenciado, o único na cidade capaz de manter a vida musical minimamente atualizada em relação à produção contemporânea europeia.

Lamberto Baldi permaneceu na cidade entre 1926 e 1931, ao final de cujo ano mudou-se para Montevidéu. Uma série de crises na vida musical de São Paulo levaram à dissolução da Sociedade de Concertos, e à demissão de Baldi na Rádio Educadora. Coincidiu com esse momento a forte política de fomento cultural empreendida pelo governo uruguaio. O país do sul estava criando por esta época seu Serviço Oficial de Difusão Rádio-Elétrica (SODRE), que usou o expediente de taxar a música radiofônica e de disco, como forma de obter recursos para financiar uma orquestra estatal com ambiciosa programação de concertos. A direção destas iniciativas cabia ao musicólogo Francisco Curt Lange, diretor do SODRE, e foi sob sua direção que Baldi foi trabalhar como regente da

---

19   Armando Belardi, *Vocação e arte, op. cit.*, p. 46-47.

orquestra da instituição. O maestro ficaria em Montevidéu até a morte, em 1979, quando foi avaliado pela imprensa local como o mais importante elemento de ligação da vida musical uruguaia com a música moderna.[20] Baldi voltaria a reger no Brasil: no período 1949-51 viveu entre Rio de Janeiro e Montevidéu, e foi um dos regentes titulares e diretores artísticos da Orquestra Sinfônica Brasileira, onde foi considerado o regente preferido dos músicos – "excepcional ensaiador de meticulosidade legendária", temido apenas pela dificuldade do repertório moderno que gostava de programar em oposição ao repertório oitocentista ao qual o regente anterior tinha acostumado a orquestra.[21]

Além das biografias e dos depoimentos e entrevistas em que Guarnieri sempre gostou de ressaltar o papel de Lamberto Baldi em seu aprendizado, ele também guardou em seu arquivo vasta correspondência do antigo professor e permanente amigo. A maior parte da correspondência foi enviada a partir de 1947, quando o compositor ainda gostava de pedir conselhos ao velho mestre. Em uma carta sem data, Baldi faz sugestões de orquestração para a partitura de *Prólogo e Fuga*, composição de 1947. Mesmo nessa época, em que já era um compositor experiente, de vasto catálogo sinfônico, reconhecido inclusive nos Estados Unidos, Camargo Guarnieri continuava recorrendo à opinião abalizada de Baldi, que o recomenda não escrever tão agudo um trecho para o fagote – mera filigrana, mas que revela a importância da colaboração entre ambos.

O grau de importância das aulas com Lamberto Baldi é atestado pela observação do caderno de exercícios incluído entre as partituras da "Obra de difusão interdita". Os trechos musicais constantes neste caderno demonstram que, sob orientação de Lamberto Baldi, Guarnieri começou a estudar contraponto, e desenvolver uma concepção harmônica mais livre, desvinculada das regras restritivas do sistema tonal. Em contraste com as peças anteriores desta mesma série, a escrita musical vai passando do uso da harmonia para o contraponto. De uma escrita pianística convencional, em que a mão direita toca a melodia principal, e a mão esquerda complementa com acordes formados em tríades, a partir do estudo com Baldi o compositor passa a desenvolver a técnica de combinar linhas melódicas independentes, numa textura mais elaborada, e numa linguagem harmônica que passa a fugir das funções básicas (tônicas e dominantes).

Lamberto Baldi prescrevia exercícios a Guarnieri e os corrigia. Os exercícios consistiam em criar uma segunda melodia a partir de uma dada pelo professor, ou criar

---

20 Os textos saíram em *El Paiz*, em 17/10/1979, e em *La Nación*, em 21/10/1979. Ambos estão fotocopiados nos anexos da dissertação de mestrado de Alex Sandra de Souza Grossi (*O idiomático de Camargo Guarnieri nos 10 improvisos para piano*. ECA-USP, 2002).

21 Esta avaliação é feita por Sérgio Nepomuceno Alvim Correa, *Orquestra Sinfônica Brasileira 1940-2000*. Rio de Janeiro: FUNARTE, 2004, p. 52.

uma harmonia a várias vozes a partir de uma voz dada pelo compositor, ou ainda transcrever música para diferentes formações instrumentais.[22] O domínio da escrita contrapontística se mostraria primordial na construção da técnica composicional de Camargo Guarnieri. Quase toda a sua obra é marcada por essa característica do uso da textura contrapontística, no que se pode observar uma coincidência da técnica aprendida com Baldi.

As possibilidades de fazer análises mais aprofundadas dos exercícios prescritos por Baldi ficam limitadas pelo fato de Guarnieri ter interditado a publicação e execução destas obras. Será necessário um estudo musicológico mais aprofundado, que continue de onde parou a pesquisa de Judie Kristie Abrahim para que possamos saber mais sobre o aprendizado composicional de Camargo Guarnieri. Por ora só podemos destacar como foi significativa a decisão do compositor de não destruir as obras e fragmentos agrupados sob o signo da difusão interdita. Se a circulação comercial desta produção atrapalharia a aura de compositor e a intencional monumentalização que ele desde cedo empreendeu à sua produção, a conservação desta música para fins de estudo potencializava esta intenção. Quando, a partir de 1928 Guarnieri começou mais efetivamente a dar passos rumo a uma profissionalização como compositor, e a uma organização sistemática de seu acervo pessoal, a decisão de não destruir estas obras demonstra o quanto ele tinha certeza de que seus trabalhos mereceriam ser estudados algum dia.

Uma maneira de contornar estas dificuldades de análise mais profunda da documentação, é observar as práticas de Guarnieri quando se tornou professor de composição, a partir da década de 1950. A maneira como ele procedeu com seus alunos nos sugere, sem muito medo de errar, procedimentos que devem ter sido praticados por Lamberto Baldi, e que foram decisivos para a formação de Guarnieri, e para as possibilidades de superar as limitações institucionais de um meio musical como o brasileiro – especialmente em São Paulo.

Um dos alunos a dar este testemunho é o compositor Osvaldo Lacerda. Em um texto incluído no volume de Flávio Silva,[23] o compositor conta ter sido aluno de Guarnieri entre 1952 e 1962. Neste texto Lacerda ressalta o rigor de Guarnieri na seleção dos alunos, a preocupação em realizar concertos com as obras criadas por eles (ele menciona um em 1953 e outro em 1962), e o ensino a partir da escrita de exercícios corais e temas com variação. As melodias usadas como base para os exercícios, segundo informa Lacerda, eram sempre

---

22   No caderno mencionado há vários exercícios desse tipo, entre eles uma transcrição da *Missa Mater Amabilis* de Filippo Capocci. Este compositor viveu entre 1870-1911, e foi organista e mestre-de-capela da Basílica de São João Latrão em Roma. A transcrição de Guarnieri era para flauta, clarinete e cordas. Provavelmente a obra original fosse para coro e solistas, sem acompanhamento instrumental.

23   LACERDA, O. "Meu professor Camargo Guarnieri". In: SILVA, F. *Camargo Guarnieri. O tempo e a música, op. cit.,* p. 57-67.

tiradas das melodias folclóricas incluídas por Mário de Andrade nos anexos do *Ensaio sobre a música brasileira*. Além disso, o ensino da orquestração era feito por Guarnieri a partir do exercício de orquestrar as próprias obras pianísticas produzidas pelos alunos.

Essa prática de orquestrar a partir das próprias composições pianísticas foi uma constante na própria carreira de Guarnieri. O compositor demorou muito a se sentir seguro para compor direto para orquestra. Seus estudos com Lamberto Baldi foram interrompidos prematuramente quando da ida do maestro para Montevidéu, antes que o estudo de orquestração estivesse completo. Em vários momentos Guarnieri se mostraria inseguro diante da tarefa de compor para orquestra, preferindo primeiro as transcrições de obras para piano, depois a composição de obras para instrumento solista e orquestra. O catálogo orquestral de Guarnieri foi sendo construído todo a partir destas transcrições de peças originais para piano: *Suite infantil* (1929), *Toada* (1929), *Dança brasileira* (1931), *Dança selvagem* (1931), *Ponteios n° 1 e n° 2* (1931), *Toada triste* (1936). Todas estas peças para orquestra foram não composições originais, mas transcrições de peças para piano solo, e foram estreadas em concertos que o próprio compositor regeu com a Orquestra Sinfônica Municipal no período em que trabalhou no Departamento de Cultura de São Paulo (1935-38).[24] As composições originais para orquestra começaram a aparecer somente na década de 1940, no contexto das encomendas feitas a partir dos Estados Unidos.

A única obra composta direto para orquestra por Camargo Guarnieri antes de 1940 é *Curuçá* (1930), composta ainda no tempo em que tinha aulas com Lamberto Baldi, e estreada no mesmo ano em concerto regido por Villa-Lobos para a Sociedade Sinfônica de São Paulo. Todas as outras peças são obras curtas, de duração entre 3 e 7 minutos. *Curuçá* é uma obra de um pouco mais fôlego, em movimento único, com 12 minutos. Mas deve-se considerar também, em 1931, sob orientação de Lamberto Baldi obra de maior fôlego: *O concerto n° 1 para piano e orquestra*. Tendo o apoio do solo de piano, neste tipo de obra ainda não se vê a orquestra desenvolver sozinha todo o discurso musical, o que pode esconder certa insegurança com a orquestração. *O Concerto n° 1 para piano e orquestra* tinha 3 movimentos, e duração aproximada de 18 minutos, ainda uma obra não muito longa. Foi estreado apenas em 1936, também sob regência de Guarnieri na Sinfônica Municipal, e tendo Souza Lima como solista.

As informações de Osvaldo Lacerda sobre a prática de Guarnieri como professor, e as informações de seu catálogo orquestral demonstram um compositor que desenvolvia segurança como melodista, aprendia as técnicas do contraponto, mas ainda não era

---

24   As informações sobre as obras, data de composição e estreia estão todas no catálogo organizado por Flávio Silva (*Camargo Guarnieri. O tempo e a música, op. cit.*, p. 502-569.)

seguro das aplicações orquestrais. O uso das transcrições revelava um procedimento de pouco risco, ao usar obras já prontas como exercício de orquestração, que podiam ser estreadas em concerto pelo próprio compositor quando teve uma orquestra à sua disposição. Assim ele testava os resultados, e tentava chegar ele mesmo às próprias conclusões à medida em que não tinha mais seu professor. A quase totalidade dessas peças foi, na verdade, orquestrada ainda no tempo em que Baldi estava em São Paulo (1929-1931), exceto a *Toada triste*, orquestrada em 1936. Mas a única delas que foi executada em concerto neste período, ou seja, cujo resultado sonoro da orquestração pode ser efetivamente avaliado pelo compositor nesta época foi *Curuçá*. As demais foram estreadas todas no período após 1935, quando Guarnieri teve suas primeiras experiências como regente.

A execução de *Curuçá* deveria ter recebido comentário detalhado de Mário de Andrade, que por esta época era crítico profissional do Jornal *Diário de São Paulo*. Mas o escritor ocupou quase todo o espaço de sua crônica no veículo em comentários sobre a regência de Villa-Lobos, os conflitos dele com os músicos da orquestra e os conflitos entre duas orquestras rivais que atuavam neste ano em São Paulo. Sobrou pouco espaço para o comentário da obra de Guarnieri, da qual Mário de Andrade afirma apenas que era "um bocado prolixa não tem dúvida, mas com momentos deliciosos de invenção, e equilíbrio polifônico excelente".[25]

O rápido comentário de Mário de Andrade destaca duas habilidades importantes: a inventividade e inspiração melódica ("momentos deliciosos de invenção"), e o domínio do contraponto ("equilíbrio polifônico excelente"). As deficiências da peça estariam no âmbito da estrutura formal ("um bocado prolixa"), mas o comentário de Mário de Andrade não permite averiguar como foi percebida a qualidade da orquestração. As dificuldades para pensar uma estrutura formal capaz de sustentar uma grande obra sinfônica iriam perturbar a mente criativa de Guarnieri por mais de uma década, oferecendo desafio que ele só consideraria resolvido com a conclusão da *Sinfonia n° 1*, em 1944.

A fortuna crítica de *Curuçá* permite inferir que a obra não foi considerada um resultado artístico satisfatório, uma obra bem acabada. Ao contrário do que aconteceria com a obra de Guarnieri de maneira geral, esta nunca foi editada, nem gravada, nem consta que tenha sido executada novamente. O desinteresse em promover a peça demonstra que Guarnieri não a considerou como uma obra de valor. Isso pode ser contrastado com as outras experiências de orquestração realizadas pelo compositor na mesma época: as transcrições orquestrais da *Dança brasileira* e da *Dança selvagem* foram executadas pelo próprio Guarnieri em concertos que regeu entre 1935 e 38, e foram publicadas nos Estados Unidos na década de 1940, onde se tornaram peças de razoável

---

25   Texto de 29 de julho de 1930, incluído em *Música, doce música* (São Paulo: Martins, 1963, p. 146-149).

sucesso, recebendo diversas gravações. A versão da *Dança Brasileira* gravada por Leonard Bernstein com a Filarmônica de Nova York em 1963 é seguramente a gravação mais tocada dentre as obras do compositor.

Outro documento que permite descobrir algo sobre a importância de Lamberto Baldi na formação composicional de Camargo Guarnieri, é o texto publicado por Sá Pereira no jornal *Diário de São Paulo*, em 8 de setembro de 1929, a propósito da publicação da *Sonatina* para piano, composição de 1928.[26] Neste texto o professor elogia a brasilidade nata da música de Guarnieri, creditando-a ao fato de o compositor ter passado a infância no interior (ideia que seria mais tarde amplamente reproduzida, por exemplo, como já dito, na *História da música no Brasil* de Vasco Mariz). Comenta também as belezas da peça, o "dengoso" do movimento lento, que é uma *modinha*, a técnica de composição muito pessoal e caracteristicamente nacional, "fincando raízes nas canções e nas danças do povo" - a propósito do movimento final, um *samba*. Sá Pereira atribui a qualidade e a personalidade da música de Guarnieri ao fato de o compositor estar estudando com Lamberto Baldi.

Sá Pereira atribui ao professor de composição de Guarnieri a qualidade de dar a necessária disciplina técnica, mas sem "tiranizar o espírito" com a "idolatria estéril pelas coisas feitas", respeitando o estilo pessoal e a tendência nacionalista do aluno. Para Sá Pereira, se Baldi não tivesse vindo morar em São Paulo, não existiria o compositor Camargo Guarnieri, que estaria ainda "como amador sem mestre a compor tanguinhos", ou "como pretensioso e mal-guiado a escrever rapsódias burlescas e polonesas internacionais". Neste tipo de comentário se percebe a opinião deste importante intelectual e pedagogo modernista (que aliás foi professor de piano de Guarnieri) sobre as restrições do meio musical paulistano. O "amador sem mestre a compor tanguinhos" era uma referência pejorativa àquele ambiente no qual Guarnieri tinha forjado sua experiência prática, como pianista de salão. Baldi é apontado como o libertador do jovem músico desta má sina. A brasilidade, que Guarnieri desenvolveu nesta música de salão da prática cotidiana, Sá Pereira atribui a fatores ambientais do interior onde o músico passou a infância. As possibilidades de formação como compositor em São Paulo, antes da chegada de Baldi, estão contidas na afirmação sobre o "pretensioso mal-guiado" e suas obras de virtuosismo internacional, ou nas considerações sobre a "tiranização do espírito" com o ensino baseado nos exercícios muito rigorosos e escolásticos.

Sá Pereira está justamente descrevendo a demanda dessa nova geração de compositores, por uma formação que fosse prática, ao invés de exercícios intermináveis cor-

---

26 "Mozart Camargo Guarnieri – uma esplêndida afirmação da música brasileira". In: SILVA, F. *Camargo Guarnieri. O tempo e a música, op. cit.*, p. 21-24.

rigidos conforme regras antigas. E que respeitasse a liberdade e a inventividade de quem já vinha construindo uma linguagem pessoal na prática da música popular. Era o caso tanto de Guarnieri, quanto de Mignone e Villa-Lobos. Guarnieri encontrou em Lamberto Baldi este professor instigante, inovador e de espírito livre, capaz de desenvolver no aluno a técnica do contraponto e da orquestração (aprendizado incompleto pela interrupção das aulas) como elementos que não esterilizavam sua linguagem pessoal. Pelo contrário, davam-lhe recursos para levar sua inventividade a um esmero técnico e de construção musical que tornariam Guarnieri um compositor reconhecido internacionalmente.

É importante de se notar que, no texto de 1929, Sá Pereira credita todos os méritos da formação de Guarnieri ao trabalho de Lamberto Baldi, e o que se pode perceber pela documentação é que Mário de Andrade só passou a exercer uma papel mais efetivo na condução estética de Guarnieri quando da viagem de Lamberto Baldi para Montevidéu, na virada de 1931 para 1932. Na verdade, apenas a partir de 1932 é que Guarnieri foi buscar em Mário de Andrade a referência crítica e o juízo sobre suas composições que antes teve em Lamberto Baldi. Mas a orientação de Mário de Andrade só poderia envolver aspectos mais gerais da estética, da organização formal das obras, das possibilidades de alcance de público. Os elementos internos de construção musical, os detalhes de harmonia, contraponto ou orquestração, constituíam uma área que não estava no domínio de Mário de Andrade, e em relação a estes aspectos Guarnieri ficaria órfão com a partida de Baldi. Seu próximo professor de composição seria Charles Koechlin, durante a estadia parisiense de 1938-39. A partir de 1932 ele teria que partir da experiência adquirida com Lamberto Baldi e dar os próximos passos como auto-didata, aprendendo por tentativa e erro, pela observação de obras em concertos, pelo estudo de partituras e livros da biblioteca de Mário de Andrade. Pela oportunidade de reger ou ver executadas as próprias obras, o que é sempre o principal exercício para qualquer compositor.

Além da experiência das aulas com Lamberto Baldi, que terminou abruptamente antes que Guarnieri se considerasse um compositor preparado, Guarnieri teve outros professores de música, anteriormente ou ao mesmo tempo em que foi aluno de Baldi (1926-1931). Eram professores de piano, e não composição: Ernani Braga e Sá Pereira. Segundo as biografias, Guarnieri tomou contato com Ernani Braga, seu primeiro professor em São Paulo, por indicação de Marcelo Tupinambá, que viu o rapaz tocando piano na Casa Di Franco. Deve ter sido nesta mesma loja de partituras que Guarnieri travou contato com Sá Pereira, que seria seu próximo professor (mas as biografias não precisam quando). Pois no mesmo edifício funcionava o escritório de redação da revista musical *Ariel*, que Sá Pereira dirigiu entre 1925-26 e que tinha entre os colaboradores o próprio Mário de Andrade.

A FORMAÇÃO DE UM COMPOSITOR SINFÔNICO

Foi a partir de seus dois professores de piano, ambos músicos que desenvolveram carreiras musicais importantes no período Vargas, que Guarnieri tomou contato com a estética modernista, e foi provavelmente a partir da influência destes professores modernos e bem informados que Guarnieri se sentiu atraído para o estudo mais aprofundado, e para um direcionamento mais efetivo à carreira de compositor. Na verdade, não só a orientação técnica de Baldi tinha livrado Guarnieri da sina de "amador sem mestre a compor tanguinhos", ou de "pretensioso e mal-guiado a escrever rapsódias burlescas e polonesas internacionais". Certamente este tipo de orientação estética lhe veio pelos dois professores de piano, que na década de 1930 mudaram-se ambos para o Rio de Janeiro. Ernani Braga foi desenvolver uma carreira de concertista de piano, e estabeleceu reputação como compositor de peças para canto e para piano baseadas em temas folclóricos. Sá Pereira assumiu o cargo de diretor do Instituto Nacional de Música na capital federal durante o Estado Novo.

Do entusiasmo destes professores com o talento promissor de seu aluno surgiram os contatos que se tornaram primordiais para que a música de Guarnieri pudesse extrapolar as restrições do meio musical paulistano. A partir de Lamberto Baldi surgiu o contato com Curt Lange, que seria um dos mais importantes apoiadores da música de Guarnieri, proporcionando ao compositor atingir as fronteiras da América do Sul. A partir de Sá Pereira e Ernani Braga, a informação sobre Guarnieri chegou ao Rio de Janeiro despertando o interesse de Luiz Heitor. A partir dos cargos chave ocupados por Curt Lange no Uruguai, e Luiz Heitor e Sá Pereira no Rio de Janeiro, Guarnieri chamaria a atenção do meio musical norte-americano, por ocasião das gestões da política de boa vizinhança, a partir de 1940. Lá nos EUA é que ele iria finalmente consolidar-se, obter reconhecimento e oportunidade de trabalho composicional – construindo ao mesmo tempo seu catálogo sinfônico e sua reputação internacional como compositor. Tudo isso, como se pode perceber das dificuldades obtidas desde o início da formação de Camargo Guarnieri, seria um longo processo de luta pessoal e de alianças estratégicas com intelectuais proeminentes do movimento modernista, que permitiriam ao compositor superar as limitações que eram impostas pela precariedade e pela falta de estrutura institucional do meio musical brasileiro.

Essas condições difíceis nas quais um compositor se formava no Brasil ficam demonstradas pela trajetória de Camargo Guarnieri. Seu estudo de música não se fez pelas vias institucionais. Ele não foi aluno de um Conservatório, onde pudesse aprender teoria e solfejo, harmonia e contraponto, orquestração e composição. Não teve ao alcance uma vida de concertos onde pudesse ouvir as obras dos grandes mestres, não pôde exercer a prática de orquestra, não pôde experimentar seus exercícios. Tudo isso teve que ser contornado. A formação inicial veio dos pais, a experiência prática veio do trabalho com música de salão,

103

o aprendizado formal veio com professores particulares em cursos incompletos, a orientação estética veio do convívio pessoal com intelectuais interessados nas possibilidades de, investindo num jovem promissor, colherem a música brasileira que idealizavam.

Mário de Andrade, orientador estético

Ao ficar sem o professor que tinha orientado seus primeiros passos como compositor, com a fixação definitiva de Lamberto Baldi em Montevidéu a partir de 1932, Camargo Guarnieri passou a se aproximar mais de Mário de Andrade, e a buscar na relação com este intelectual as possibilidades de complementar sua formação. Por outro lado, Mário de Andrade, como intelectual participante do movimento modernista, se interessava na aproximação com os jovens compositores e com as possibilidades de direcionar os rumos estéticos de suas carreiras.

Produzia-se uma relação complexa entre músicos e intelectuais modernistas. Os músicos como homens sem formação institucionalizada, fragilizados diante de intelectuais de peso e ampla erudição, além de serem homens que ocuparam cargos de importância nas novas estruturas que o governo Vargas estava criando. Mas que tinham uma personalidade artística a afirmar, o que não se faria sem conflitos. Ambos, intelectuais e músicos se dedicavam a atividades complementares e que se apoiavam mutuamente, mas também tinham interesses e ideais muitas vezes conflitantes.

Estes intelectuais modernistas eram um importante sinal de uma modernização e do surgimento de carreiras mais especializadas. Assim como os compositores, eles também tiveram que contornar as dificuldades com a formação musical disponível no Brasil, mas pelas suas origens familiares puderam se dedicar mais ao estudo a à pesquisa, puderam contar com vastas bibliotecas particulares e puderam usar suas relações pessoais para construir suas carreiras. Esses intelectuais tinham se formado como músicos nas mesmas décadas iniciais do século XX, mas direcionaram suas carreiras não para o concerto ou para a composição, mas para a pedagogia, a pesquisa, o magistério, a crítica. Eram homens como Mário de Andrade, Luiz Heitor Correa de Azevedo, Andrade Muricy, Sá Pereira e vários outros. Homens que iniciaram e desenvolveram no Brasil atividades tão importantes para a vida musical moderna: musicologia, folclorismo, pedagogia musical, crítica musical, história da música, análise musical. Ao mesmo tempo foram homens práticos, homens de ação, trabalhando na publicação de revistas, na edição de partituras, na organização de concertos, nas relações internacionais capazes de fazer a música brasileira circular mundialmente.

Eles também viveram em tensão com as limitações institucionais e o escolasticismo muito inflexível que dominava instituições como o Conservatório de São Paulo ou o Instituto Nacional de Música do Rio de Janeiro. A antropólga Elizabeth Travassos já propôs, num estudo comparativo entre a realidade brasileira e a do leste europeu deste início de século XX, que a pesquisa etnográfica e as teorizações sobre o uso das falas populares na composição musical moderna foi derivada, em grande medida, da situação de insatisfação com o ensino musical disponibilizado pelos conservatórios do Brasil ou da Hungria.[27]

Das alianças entre os músicos e esses intelectuais, da interação entre os interesses culturais e profissionais de ambos os grupos, é que surgiu a dinâmica do modernismo musical. Podemos estudar esta dinâmica a partir da documentação de Camargo Guarnieri, que na década de 1930 desenvolveu um trabalho muito significativo em colaboração com Mário de Andrade, especialmente no âmbito da vida musical paulistana e nos projetos pioneiros que ambos implantaram pelo Departamento de Cultura (1935-38).

Apesar de o ano de 1928 ser considerado um marco na trajetória musical de Guarnieri, tanto pelo aspecto da fronteira catalográfica, como pelo encontro com Mário de Andrade, somente a partir de 1932 a parceria entre ambos se intensificaria significativamente. A partida do professor Lamberto Baldi foi o que levou o músico a buscar em Mário de Andrade a orientação estética que passava a lhe faltar.

Talvez o ano de 1928 tenha sido mais importante para marcar uma inflexão na trajetória intelectual de Mário de Andrade: a mudança do escritor modernista e agitador cultural para o pesquisador, ensaísta e crítico que assumiria também cargos importantes na estrutura das instituições culturais de São Paulo.

Para ambos, 1928 é um ano que marca um surgimento: em Guarnieri o surgimento do compositor, que antes era o pianista de salão e criador de "pecinhas"; em Mário

---

27 Em seu livro *Os mandarins milagrosos: arte e etnografia em Mário de Andrade e Béla Bartók*. Rio de Janeiro: Zahar, 1998.

de Andrade o surgimento do intelectual engajado, figura pública, homem de ação – deixando pra trás a vocação de escritor ou de criador artístico.

Em 1927 Mário de Andrade fez uma viagem à Amazônia, e em 1928-29 outra ao Nordeste, momentos em que a observação de manifestações musicais populares teve significativo impacto nos ideais do principal líder do que passava a ser o modernismo musical. Destas viagens o escritor produziu relatos detalhados, quase um diário, publicando parte em jornal, e guardando este material em seu arquivo, que acabou virando a edição póstuma de *O turista aprendiz*. Maréia Quintero Rivera, com base em correspondências enviadas por Mário a amigos como Manuel Bandeira, Carlos Drummond de Andrade, Luciano Gallet e Lorenzo Fernandes, indica que o escritor estava trabalhando em um projeto ambicioso de estudo sobre as particularidades melódicas da música popular no Brasil, mas o projeto foi modificado para outro de menor fôlego, tornando-se o *Ensaio sobre a música brasileira* de 1928, uma obra mais pedagógica destinada a jovens compositores e que incluía de forma não-sistemática as observações da estrutura da música popular feitas até então por Mário de Andrade.[28]

Além do abandono do estudo sistemático da melódica popular para publicar mais rapidamente suas reflexões sobre o tema em forma de ensaio, a estrutura dos cantos populares já vinha sendo estudada pelo escritor e tinha sido aproveitada como ferramenta construtiva da sua forma literária em *Macunaíma*, último romance do escritor, publicado também em 1928.[29] Pode-se considerar o *Ensaio* e *Macunaíma*, obras publicadas em 1928, como indicativos de um ponto de inflexão na trajetória intelectual de Mário de Andrade. É a mudança do escritor modernista para o autor da "obra de circunstância", conceito que o próprio Mário formulou para explicar o tipo de produção ao qual passaria a se dedicar com maior atenção: seu epistolário, trabalhos ensaísticos, crítica cultural. A partir de 1928 Mário consideraria que era mais importante a tarefa que se propunha de desenvolvimento da cultura brasileira, do que a criação de uma obra artística. Era o momento, para usar outro conceito formulado pelo escritor, de abandonar a "arte desinteressada", de alto valor estético, para dedicar-se à "arte interessada", o tipo de texto de ocasião, voltado às questões mais urgentes do seu tempo, que passariam a ser a principal produção do escritor.[30]

---

28   Conforme demonstra a autora em *Repertório de indetidades, op. cit.*

29   A música popular como fonte da estrutura criativa do *Macunaíma* é apontada no estudo de Gilda de Mello e Souza, *O tupi e o alaúde: uma interpretação de Macunaíma*, 2ª ed., São Paulo: Editora 34, 2003.

30   A análise destes aspectos da trajetória intelectual de Mário de Andrade está na tese de Sidney Pires Jr., *Embates de um intelectual modernista. Papel do intelectual na correspondência de Mário de Andrade*. FFLCH-USP, 2004.

O que podemos chamar de modernismo musical, como uma vertente do modernismo literário e artístico articulado em torno da *Semana de Arte Moderna* de 1922, foi basicamente ligado à atuação de Mário de Andrade como crítico e ensaísta, e a tentativa deste como teórico de conceber uma estética da música brasileira, ao mesmo tempo em que atuava diretamente na disputa por uma maior profissionalização do meio musical paulistano e pela formação de uma nova geração de compositores brasileiros capaz de expressar o novo tempo e os novos ideais. Assim, Mário de Andrade se bate como crítico musical, primeiro nas revistas modernistas ao longo do período 1922-1927, depois como crítico profissional do jornal *Diário Nacional*, ligado ao Partido Democrático de São Paulo (PD), no período 1927-1932.[31]

Este período coincide também com o lançamento dos primeiros estudos dedicados ao estabelecimento de uma estética da música brasileira, a qual pode ser entendida como uma reflexão teórico estética, mas também uma normativa para uma nova geração de compositores que estava em formação. Este período pós 1928 é marcado pelo início de uma colaboração entre Mário de Andrade e os dois principais compositores de São Paulo que estavam surgindo por esta época: Francisco Mignone e Camargo Guarnieri. Ao mesmo tempo em que se esgotavam as possibilidades de trabalhar em conjunto com Villa-Lobos. Esse é um processo que se pode perceber na trajetória de Mário de Andrade, no período entre 1928-1931.

No *Ensaio sobre a música brasileira*, publicado em 1928, aparecem as divergências entre o pensamento musical de Mário de Andrade e a personalidade artística construída por Villa-Lobos. Quando o *Ensaio* foi escrito, Mário de Andrade acompanhava as notícias de consagração de Villa-Lobos na capital francesa. A colaboração entre o intelectual e o compositor já vinha dos tempos de atuação na *Semana de 22* – Mário como conferencista e organizador do evento, Villa-Lobos como único compositor brasileiro representado. No período seguinte à *Semana*, ao contrário do que apontam analistas como Vasco Mariz ou José Maria Neves, a influência do pensamento estético de Mário de Andrade sobre as obras de Villa-Lobos foi intensa.[32]

---

31 Quintero Rivera (*Repertório de identidades, op. cit.*), estudando a crítica de Mário de Andrade nas revistas modernistas da década de 1920 aponta ali a gestação de uma estética da música brasileira que apareceria de maneira um pouco mais articulada no *Ensaio sobre a música brasileira*.

32 Vasco Mariz (*História da música no Brasil, op. cit.*) aponta Villa-Lobos como uma personalidade forte e não influenciável, reproduzindo, em grande parte, como aponta Paulo Guérios (*Villa-Lobos: o caminho sinuoso da predestinação, op. cit.*) a mística criada em torno de sua figura pelo próprio compositor. José Maria Neves, em sua tese de doutorado orientada por Luiz Heitor na Sorbonne, que depois virou livro (*Música contemporânea brasileira*, São Paulo: Ricordi, 1981), reproduz também esta visão – de um Villa-Lobos de

Entretanto, em 1928, Mário de Andrade está lamentando a forma como melodias indígenas estavam sendo usadas por Villa-Lobos na criação de obras como algumas da série dos *Choros* (o maior exemplo é o nº 10, para coro e orquestra) que o compositor produziu nesta época. Em entrevistas concedidas a jornais e revistas parisienses, Villa-Lobos chegou a estimular lendas sobre naufrágios de canoa na amazônia, onde perdeu as partituras que tinha anotado e quase foi devorado por canibais por causa de sua música.[33]

Nas formulações que articulou no *Ensaio sobre a música brasileira*, Mário de Andrade se distanciou deste modelo proposto por Villa-Lobos, do mesmo modo que se distanciou de Oswald de Andrade por suas propostas de antropofagismo.

> Mas no caso de Villa-Lobos por exemplo é fácil enxergar o coeficiente guassú com que o exotismo concorreu pro sucesso atual do artista. H. Prunières confessou isso francamente. Ninguém não imagine que estou diminuindo o valor de Villa-Lobos não. Pelo contrário: quero aumentá-lo. Mesmo antes da pseudo-música indígena de agora Villa-Lobos era um grande compositor. A grandeza dele, a não ser pra uns poucos sobretudo Arthur Rubinstein e Vera Janacopulos, passava despercebida. Mas bastou que fizesse uma obra extravagando bem o continuado pra conseguir o aplauso. (…) por causa do sucesso artístico mais individual do que nacional de Villa-Lobos, só é brasileira a obra que seguir o passo dele? O valor normativo de sucesso assim é quase nulo.[34]

Villa-Lobos é visto no *Ensaio* como compositor sem ligação com a tradição musical brasileira recente, que não pretende representar como figura pública, mas superar como gênio individual, como predestinado.[35]

---

forte personalidade e impossível de influenciar. Quintero Rivera (*Repertório de indentidades, op. cit.*) aponta Villa-Lobos como um compositor profundamente influenciado, na década de 1920, pelas ideias de Mário de Andrade.

33 Paulo Guérios (*Villa-Lobos: o caminho sinuoso da predestinação, op. cit.*) demonstra que estas histórias de viagens foram baseadas em testemunhos de um cunhado que trabalhou na Amazônia, e as melodias indígenas usadas pelo compositor vieram dos fonogramas da exposição de Rondon no Rio de Janeiro, e das anotações de Jean de Léry. Anaïs Flechet (*Villa-Lobos à Paris: un écho musical du Brésil*. Paris: L'Harmattan, 2004) analisa o papel que a visão do selvagem cumpriu na inserção de Villa-Lobos no meio musical parisiense, quando as vanguardas locais tinham no primitivismo uma importante referência. Em todos os artigos publicados sobre o compositor na capital francesa, nos quais a autora baseia seu meticuloso estudo, o compositor aparece sempre visto como um representante musical do índio ou das florestas da América do Sul.

34 ANDRADE, M. *Ensaio sobre a música brasileira*. 3ª ed. São Paulo/Brasília: Martins/INL-MEC, 1972, p. 14.

35 Sobre as diferenças que o projeto de brasilidade modernista passa a assumir nas visões de Mário de Andrade e Osvald de Andrade, ver MORAES, E. *A brasilidade modernista: sua dimensão filosófica*. Rio de Janeiro: Graal, 1978. Este autor indica que o projeto de Mário preconizava a pesquisa sistemática do folclore como

Diante da insatisfação com o papel representado por Villa-Lobos, Mário de Andrade passa a buscar novas possibilidades de representação de uma brasilidade moderna na música e nas carreiras de Mignone e Guarnieri, que vão se afirmando como novos interlocutores musicais do projeto modernista.

Outra questão importante é o fato de que os projetos aos quais o compositor passaria a se dedicar depois de 1932, no âmbito da implantação do canto orfeônico, primeiro no Distrito Federal (Rio de Janeiro, na época) e depois em todo o país – eram de grandes dimensões. Ou seja, a dedicação exigida do compositor como articulador de um amplo projeto nacional de educação musical passaria a absorver todas as energias e o tempo disponível de Villa-Lobos. O compositor, após 1932, teria de se dedicar integralmente à missão cultural que se propunha, passando a direcionar até mesmo seu trabalho de composição para atender estes objetivos. Da mesma forma que Mário de Andrade a partir de 1928 optava por ser autor de uma "obra de circunstância", e não mais de uma literatura de alto valor estético, Villa-Lobos abandonava sua fase de compositor modernista – figura construída principalmente nas obras do período 1924-1930, e passava a ser o Villa-Lobos do canto orfeônico, disponível apenas para compor obras diretamente ligadas ao projeto cívico-ufanista que ele passava a encampar, caso das séries das *Bachianas brasileiras* (1931-1945) e do *Guia prático*.

O interesse e o investimento de Mário de Andrade na parceria com Villa-Lobos ainda se estendeu até 1930, quando a Sociedade Sinfônica de São Paulo organizou uma série de oito concertos regidos em São Paulo pelo compositor. Os concertos foram acompanhados de perto por Mário de Andrade como crítico do *Diário Nacional*. A princípio, largamente entusiasmado com as possibilidades que se apresentavam à vida musical da cidade, com a presença de um Villa-Lobos que vinha como um compositor e regente muito atualizado em relação à modernidade musical parisiense. Mas ao final da temporada de 8 concertos, Mário de Andrade se mostrou decepcionado com a atuação de Villa-Lobos, vista como um motivo para o fracasso da Sociedade Sinfônica de São Paulo.

Nos comentários de Mário de Andrade aos concertos regidos por Villa-Lobos transparece a insatisfação com a vida sinfônica existente em São Paulo e no Brasil.[36] Os músicos dessa orquestra (e em geral de todas as outras orquestras mantidas anteriormente em São Paulo e no Rio de Janeiro), não têm estabilidade profissional, dão aulas, tocam em orquestras de ópera e orquestras de cinema. Sua atuação no repertório ligeiro, sem

---

base para a construção de uma linguagem nacional moderna. Enquanto Oswald valorizava a intuição no seu projeto antropofágico, que as críticas de Mário encontram personificado no Villa-Lobos "índio em Paris".

36   "Luta pelo sinfonismo", *Música, doce música*. São Paulo: Martins, 1963. p. 219-248.

muito ensaio, é vista pelo crítico como empecilho para o esmero artístico esperado na execução de música sinfônica. São membros de uma orquestra que não é estatal, e onde não recebem salários. Ambas as sociedades sinfônicas de São Paulo se constituíram em entidades associativas com a contribuição de sócios. Os músicos da orquestra, não apenas não recebiam salário, como eram os próprios mantenedores da temporada de concertos, como sócios constituintes da orquestra.[37]

Nos anos seguintes, quando Mário de Andrade daria a Guarnieri a oportunidade de iniciar as experiências como regente na orquestra do Departamento de Cultura (1935-38), ele faria uma nova tentativa neste sentido. Villa-Lobos se mostrava um mau regente, um músico inventivo mas de temperamento difícil – incapaz de comandar a orquestra, de estabelecer um relacionamento musical maduro com os músicos. Camargo Guarnieri, ao contrário, se mostraria um regente capaz de ficar longos anos à frente de uma mesma orquestra, ganhando o respeito dos músicos e sabendo trabalhar em conjunto com eles. A diferença de temperamento, de estilo pessoal e de capacidade de trabalho conjunto, foram levando vários intelectuais a se desentenderem com Villa-Lobos, ao mesmo tempo em que se aproximavam de Guarnieri pela mesma época.

A relação de Villa-Lobos com os músicos da orquestra da Sociedade Sinfônica remete a uma questão que é fundamental para pensar a difusão da música brasileira e da música moderna. Para executar suas obras, os compositores precisavam dos intérpretes. E os intérpretes no Brasil não estavam interessados em música moderna, de difícil execução, especialmente porque não dispunham de modalidades de financiamento de sua atividade musical que permitissem a dedicação a este tipo de obra. Eram obrigados a ganhar a vida tocando o que aparecia. E a música moderna se faria por idealismo, o que complicava muito a relação com compositores e maestros. Os conflitos entre Villa-Lobos e a orquestra se acentuaram a tal ponto que Mário de Andrade chegou ao fim da série avaliando a experiência de ter o compositor como regente como tendo sido um fracasso total.

O episódio da temporada do compositor como regente em São Paulo mostra o esgotamento da parceria de Mário de Andrade e Villa-Lobos. Os métodos de direção que

---

37 Segundo as informações de Armando Belardi em suas memórias (*Vocação e arte, op. cit.*, p. 43), os músicos da Sociedade de Concertos Sinfônicos pagavam 5 mil-réis mensais, como "sócios efetivos". Havia ainda a categoria dos "sócios assistentes", que contribuíam com 10 mil-réis, e recebiam ingressos para os dois concertos mensais. Esse tipo de organização associativa, com sócios contribuintes, vinha sendo a principal estratégia de promoção de concertos sinfônicos no Brasil, desde o século XIX. Para constituir sua orquestra, Belardi se inspirou na de mesmo nome que foi mantida por Francisco Braga no Rio de Janeiro entre 1902-1933. Mas as primeiras iniciativas neste sentido remontam ao Club Beethoven, que funcionou no Rio de Janeiro entre 1882-1890. É de se notar, e não é coincidência, que as orquestras terminam em momentos de agitação política.

Villa-Lobos implantou na SEMA a partir de 1932 podem ser explicados, em parte pela própria personalidade do compositor, em parte pela experiência do fracasso na temporada paulista. Nos projetos musicais que implantaria no Rio de Janeiro, Villa-Lobos teria o cuidado de trabalhar sempre sozinho, de ser sempre a autoridade máxima, de não se cercar de colegas ou colaboradores que não lhe fossem inferiores ou subordinados. Quando implantou o Conservatório de Canto Orfeônico – que formaria os professores, foi ele mesmo o diretor, o elaborador dos programas de ensino e o professor. O Orfeão dos Professores, conjunto vocal formado para participar dos eventos cívico patrióticos promovidos pelo governo Vargas, era dirigido pelo próprio Villa-Lobos, bem como a orquestra formada para também participar destes eventos – que seria chamada "Orquestra Villa-Lobos".[38]

Essa marca do estilo Villa-Lobos de se relacionar profissionalmente, de maneira autoritária e personalista, deu muito certo nas instâncias do regime varguista, e foi mesmo necessária para a rápida implantação de um projeto tão ambicioso como o que o compositor coordenou. Mas afastou os colaboradores e os interlocutores que o compositor possuía entre os músicos e intelectuais modernistas. Villa-Lobos passava a ser visto como uma personalidade difícil, alguém com quem não se podia trabalhar em parceria. Mário de Andrade, um dos primeiros a perceber essa característica no compositor que acabava de voltar ao Brasil, passou a investir na parceria com Mignone e Guarnieri.

O trabalho de Mário de Andrade com Francisco Mignone foi muito próximo em termos de parceria artística, pois Mário forneceu o argumento literário para diversos bailados que Mignone escreveu, e pode ser atribuído ao aconselhamento estético de Mário de Andrade e ao trabalho conjunto entre ambos, o fato de que o italiano Mignone tenha sido, na década de 1930, o grande inventor de um sinfonismo afro-brasileiro, em peças como *Maracatu do Chico Rei* (1933), *Babaloxá* (1936), *Batucajé* (1936) e *Leilão* (1941).

A colaboração com Guarnieri também seria estreita, a partir de 1932. Da parte de Mário de Andrade, a decepção com as possibilidades de trabalho com Villa-Lobos o levaram a investir nos dois compositores que via como os valores mais promissores. Da parte de Guarnieri, a partida de Lamberto Baldi o deixava em uma situação difícil – sem considerar sua formação musical completa, sendo um homem de grande talento e habilidade musical prática, o compositor se ressentia ainda mais de uma formação estético filosófica. Neste sentido, se Mário de Andrade não poderia prescrever os exercícios de contraponto como Baldi fizera, poderia ser uma consciência crítica das obras de Guarnieri, avaliá-las

---

38   A atuação de Villa-Lobos no regime Vargas é bem analisada, a partir de documentos administrativos arquivados na Fundação Getúlio Vargas, pela pesquisadora Analía Cherñavski, em sua dissertação *Um maestro no gabinete: música e política no tempo de Villa-Lobos*, IFCH-UNICAMP, 2003.

quando prontas, discuti-las, fazer observações e recomendações. Além de abrir sua casa para discussões, e franquear o acesso ao seu acervo de livros e partituras, e discutir ideias estéticas a partir do comentário de obras de outros compositores.

Este tipo de discussão, e o aprendizado estético ocorrido na relação de Guarnieri com o escritor, é um dos aspectos da parceria entre ambos, concentrada especialmente no período 1932-1938, ou seja, entre a partida de Baldi para Montevidéu e a viagem de Guarnieri como bolsista a Paris. Neste período, e em menor medida em algumas cartas depois de 1938, ambos foram importantes interlocutores, numa interação cuja maior parte não aparece na documentação, pois feita em discussões orais, e contato pessoal. Mas Mário de Andrade também gostava de registrar algumas opiniões e embates, naquela percepção que ele tinha de estar fazendo "obra de circunstância" em suas críticas, ensaios e também na correspondência.[39]

O caráter de direcionamento estético que Mário de Andrade procura imprimir a suas críticas aparece já num comentário feito a respeito da *Sonatina n° 1* de Guarnieri. A peça foi composta em 1928, e é a terceira peça do catálogo de composições para piano do compositor, que no mesmo ano teve antes a *Canção Sertaneja* e a *Dança Brasileira*. Todas essas peças foram comentadas por Mário de Andrade na imprensa, numa disposição que o crítico tinha de acompanhar o que saía publicado de compositores brasileiros. A mesma peça tinha recebido um comentário muito elogioso de Sá Pereira, no *Diário de São Paulo*, conforme já mencionado. Na crítica de Sá Pereira, a peça é apresentada como um grande índice de brasilidade, que o texto aponta como uma característica inata, que Guarnieri trazia da sua vivência no interior.

Esta peça tem 3 movimentos, e assume um desenho formal que vai ser a marca do trabalho composicional de Guarnieri. Parece que ele já está ali com seu estilo pronto, vai apenas desenvolvê-lo depois para a escrita orquestral, à qual ele só conseguirá se dedicar a partir da década de 1940. Mas as soluções criativas, em termos de forma musical, inventividade melódica e técnica de contraponto, já estão bem delineadas nesta peça. O 1° movimento, *Molengamente*, é uma melodia longa e sem pontuação, sem cadência, como seriam sempre as melodias do compositor. A mão direita do piano toca o que parece uma cantiga, só que a mão esquerda contrapunteia, indecisa entre acordes arpejados e uma linha melódica diversa e contrastante.

---

39 Em seu estudo sobre o papel da correspondência de Mário de Andrade, Sidney Pires Jr. (*Embates de um intelectual modernista, op. cit.*) afirma que o escritor considerava suas cartas como obra literária, e como espaço privilegiado de liberdade intelectual e troca de ideias. Nesse sentido, o "Mário das cartas" estava mais à vontade com seus interlocutores do que pessoalmente, quando se mostrava tímido, apesar de a correspondência incluir o dilema de ser ao mesmo tempo profundo e sincero apesar de escrever "posando", ao saber que preservaria suas cartas para a posteridade, como um tipo de literatura.

Este primeiro movimento tem uma característica que também será muito usada por Guarnieri ao longo de sua obra. Assim como a peça inteira é dividida em três partes de caráter contrastante, o movimento tem a mesma divisão interna, pois no meio do "molengamente" tem uma seção curta em andamento rápido, antes de voltar ao material musical inicial. A opção pelo uso deste tipo de forma A-B-A parece ser uma vocação natural do compositor desde o início de sua produção. É uma forma muito funcional para estas obras curtas para piano - mas vai se mostrar uma grande dificuldade a ser superada para produzir obras sinfônicas de maior duração.

Além desta assinatura formal bem característica, Guarnieri já define alguns traços da sua personalidade como criador, que certamente derivaram do trabalho com Lamberto Baldi no estudo do contraponto. As melodias são sempre ambíguas, do ponto de vista de que não tem cadências, não finalizam claramente, não estão enquadradas em frases e semi-frases com quadraturas. São longas e expressivas, assumindo um caráter quase improvisado. Lutando para superar os estigmas da música de salão onde teve sua formação inicial, na *Sonatina* e nas peças a partir de 1928 o compositor evita a obviedade, tanto ao não pontuar o discurso melódico com cadências claras, como por não optar por uma harmonia tonal, e também por trabalhar o ritmo sempre contra os acentos naturais do compasso, e optando por uma dialética rítmica entre mão esquerda e mão direita.

O segundo movimento, *Ponteado e bem dengoso*, parece criado a partir de sugestões de Mário de Andrade no *Ensaio sobre a música brasileira*, pois parte da linha de baixo bem ao estilo dos conjuntos regionais, estilo musical que Guarnieri devia conhecer bem de sua atuação em conjuntos de cinema e baile.

O terceiro movimento, *Bem depressa*, atende à demanda tradicional por um final virtuosístico, em velocidade, empolgante. Mas ao contrário das peças pianísticas mais clássicas, o virtuosismo final não se faz por velocidade de escalas, ou melodias em oitavas como no pianismo tradicional. A peça é em ritmo de maxixe ou samba, mas com aquela textura complicadíssima de acordes pesados e pouco pianísticos, cruzamento de mãos e outros efeitos inusitados que claramente remetem ao tipo de linguagem pianística desenvolvida por Villa-Lobos em obras como as *Cirandas* de anos anteriores.

Mário de Andrade escreveu uma crítica sobre esta peça em 1929 – ano da publicação da partitura, depois incluída em *Música, doce música*.[40] Nesta crítica, que fez a partir do estudo da partitura publicada, e não da audição da obra, o escritor saúda um Camargo Guarnieri em rápido avanço da sua formação técnica, ressalta a inventividade melódica e a habilidade com o contraponto. Aponta influência das *Cirandas* de Villa-Lobos, mas não no

---

40 "Camargo Guarnieri (Sonatina)", *Música, doce música, op. cit.*, p. 182-184.

terceiro movimento, e sim no uso de uma melodia "bem brasileira" para caracterizar a peça e familiarizar o ouvinte naquela seção rápida do meio do primeiro movimento. Mário também aponta a semelhança do tema do terceiro movimento com um *Lundu* recolhido por Spix e Martius. E faz uma censura: acha um "defeito" o compositor se dedicar a artifícios complicados de contraponto, o que dificulta a execução da peça e a compreensão do público.

Aqui também se desenha a linha geral do que vai ser sempre a mesma tecla batida insistentemente por Mário de Andrade em relação à música de Guarnieri. O crítico tinha o hábito, como afirmou depois o próprio Guarnieri,[41] de criticar só pra fazer o interlocutor pensar. Obrigá-lo a um esmero, a uma justificativa estética. Este tipo de crítica Mário de Andrade desenvolveria em uma linha geral para cada compositor. Em Villa-Lobos, está sempre apontando a falta de organização, estrutura, coerência discursiva – num compositor que prima pela inventividade, pela pesquisa dos timbres. Talvez possa se ver na obra de Villa-Lobos a partir da década de 1930 (coisa que o compositor jamais admitiria), uma tentativa de resposta a este tipo de demanda de Mário de Andrade, quando Villa-Lobos abandona seu estilo mais rapsódico do período parisiense, e procura estruturas mais clássicas – marca das suas *Bachianas brasileiras*.

Em Francisco Mignone, Mário de Andrade insistiria sempre no perigo da facilidade com que o compositor criava melodias e combinações orquestrais. A facilidade, no entender de Mário de Andrade, embutia o risco sempre iminente da música de Mignone cair no banal, no óbvio. Por isso o crítico insistia no esmero, na revisão, na programação das obras com Mignone. Evitar o caráter improvisado, compor de forma mais estruturada. Talvez por isso as parcerias de ambos tenham levado para um ambiente tão distante da realidade de Mignone: os assuntos afro-brasileiros como uma tentativa de obrigá-lo à pesquisa, à elaboração.

Já com Guarnieri, a insistência de Mário de Andrade será pela tentativa de afastá-lo dos rigores da lógica estrutural e do contraponto. Insiste sempre para que o compositor componha mais fácil, se aproxime do público, dê um tom de mais familiaridade à sua obra. Isso aparece com muito mais força na discussão que ambos travaram por carta a respeito da *Sonata n° 2 para violino e piano*, composição de 1933. As cartas foram trocadas em agosto de 1934, a partir da impressão que Mário de Andrade teve da obra pela leitura do manuscrito, ainda sem as indicações de dinâmica. Nas cartas que escreveu sobre a obra, ele ampliou esta linha de crítica que começou ainda tímida no comentário à *Sonatina n° 1* para piano. Mário de Andrade considera a *Sonata n° 2 para violino e piano* uma peça hostil, áspera, atonal. Re-

---

41 "Mestre Mário", *op. cit.*, 1943.

preende o compositor e o chama de volta a um caminho de brasilidade mais eficiente, mais próxima do público.[42]

Essas críticas de Mário de Andrade às obras de Guarnieri, no período, acabavam assumindo um tom dúbio, entre o apoio a uma jovem promessa modernista, e a tentativa de influenciar o próprio compositor. Sendo baseados nas partituras das obras, uma vez que as peças de Guarnieri eram pouco executadas em concerto, os comentários tendiam a ser desfavoráveis. Mário de Andrade tinha boa formação em piano, e boa leitura musical, mas as críticas feitas sem a audição das obras, baseadas apenas na partitura, tendiam a conferir às peças um caráter excessivamente áspero e cerebral, o que muitas vezes não se confirmaria quando houvesse oportunidade de audição das obras.

Um intérprete capaz poderia imprimir maior vivacidade às obras, diluir os efeitos de estranhamento que apareciam na partitura e numa execução de leitura à primeira vista, onde as dificuldades técnicas de uma peça se sobressaem muito mais do que quando se ouve uma obra em concerto. Uma crítica escrita para o *Diário de São Paulo* em 13 de julho de 1933, a propósito de um concerto de Lavínia Viotti, indica isso. O concerto foi no Clube dos Artistas Modernos, e a executante, esposa de Guarnieri na ocasião, é reputada na crítica de Mário de Andrade como a melhor intérprete de música moderna em São Paulo, não apenas pelos programas das obras, mas principalmente pela interpretação anti romântica, despojada, sem afetação. Ou, nas palavras de Mário, Lavínia tinha "honestidade diante do objeto, que liberta o intérprete dos afetos intempestivos".[43]

Nas mãos desta intérprete especializada, com a peça bem preparada para apresentação em concerto, e, como esposa do compositor, sendo uma intérprete "autorizada" ou ao menos conhecedora das intenções musicais que o marido impunha às obras, Mário de Andrade não encontra restrições a uma eventual aspereza ou dificuldade de audição. Na ocasião foram estreados os três primeiros *Ponteios*, da série que nas décadas posteriores evoluiria a um total de 50, constituindo a maior coleção pianística do compositor, além do *Choro torturado*. Mário de Andrade faz elogios ao que considera uma evolução de Guarnieri, do "brasileirismo exterior bastante fácil" à "intimidade nacional muito forte e já nenhum verdeamarelismo de indumentária". Afirma que as peças do marido, tocadas por Lavínia, "são das melhores obras que já

---

42 A análise das discussões sobre a peça é feita por Lutero Rodrigues, "A música, vista da correspondência". In: SILVA, F. *Camargo Guarnieri: o tempo e a música, op. cit.*, p. 321-335. A discussão causou uma oposição bastante dura entre as opiniões de ambos, e Guarnieri nunca chegou a concordar com a opinião de Mário de Andrade sobre esta peça.

43 ANDRADE, M. "Lavínia Viotti". *Música e jornalismo: Diário de São Paulo*, organização de Paulo Castanha, São Paulo: HUCITEC, 1993, p. 30-31.

possui o piano nacional". Apesar de fazer apenas uma restrição, no aspecto formal, ao *Choro torturado* – o segundo movimento (lento) era muito longo, e os movimentos rápidos (1° e 3°) desenvolviam pouco os temas.

Em meio a louvores e críticas, Mário de Andrade se torna um importante legitimador da música de Guarnieri. Ele era um crítico importante, e já vinha sendo reputado como o principal musicólogo em atividade no Brasil. Um elogio seu, uma consideração de uma peça de Guarnieri como "das melhores que já possui o piano nacional" não era pouca coisa, em termos de legitimação. A relação de Mário de Andrade com a obra de Guarnieri, entretanto, era sempre uma relação tensa, a elogiar as conquistas do jovem músico, a apontar defeitos e sugerir caminhos, numa tentativa de assumir um papel de direcionamento estético bastante direto. Guarnieri não aceitaria passivamente este tipo de interferência, sempre tentando se equilibrar entre a importância que dava às opiniões de Mário de Andrade e aos comentários sobre suas obras, que muitas vezes achava injusto. As divergências musicais vão se acentuando entre ambos, e culminam com um afastamento daquela colaboração mais estreita que chegaram a praticar na década de 1930.

Do ponto de vista da criação musical, a colaboração mais próxima foi a ópera *Pedro Malazarte*, composta por Camargo Guarnieri em 1932, sobre libreto de Mário de Andrade. Guarnieri usou muitas vezes as poesias do escritor como base para suas canções, e isso foi também uma parceria importante. Mas a composição de uma canção erudita, como foi o caso das peças que Guarnieri escreveu sobre texto de Mário de Andrade, se dá num trabalho do compositor a partir de uma poesia já publicada. Não é exatamente uma colaboração direta. Foi diferente no caso do *Pedro Malazarte*, cujo texto foi escrito por Mário de Andrade 1928, mas cuja composição, por Guarnieri, ocorreu no momento em que ambos estavam no seu período de convivência mais próxima. Essa parceria criativa teve também uma marca muito forte: foi uma obra realizada apenas parcialmente. Saiu das ideias do libreto de Mário e da música de Guarnieri, para uma partitura e depois uma gaveta. Apenas a *Abertura* foi executada em 1935, na primeira temporada de concertos promovida por Mário de Andrade como diretor do Departamento de Cultura.

O restante da peça ficou aguardando oportunidade de ser encenada, e só foi estreada em 1952, depois de passar por revisão profunda na orquestração e até mesmo uma mudança no tipo de voz associada aos personagens. A execução só foi obtida na ocasião em que Francisco Mignone era diretor do Teatro Municipal do Rio de Janeiro. Guarnieri tentou executar a obra nos EUA, onde teve vários trabalhos publicados e executados a partir de 1942. Mas naquele país a demanda por uma ópera deste tipo não era favorável, já que o momento norte-americano era para a música sinfônica. A obra de

Guarnieri e Mário de Andrade era cheia de referências culturais muito peculiares, talvez de pouco apelo num país estrangeiro.

A história é uma adaptação de um conto tradicional, o Pedro Malazarte sendo o estereótipo do sertanejo malandro, contracenando com a Baiana, que mora em Santa Catarina e é casada com o Alamão, a quem Malazarte engambela. Esta ópera cômica em um ato, para 3 vozes solistas, coro e orquestra, hoje desperta mais interesse pelo fato de ser uma parceria com Mário de Andrade ou por ter uma temática nacional do que pelo interesse musical. A obra foi encenada poucas vezes, e as gravações existentes demonstram uma orquestração insegura e pesada, assim como os coros. Também apresenta dificuldades de resolver o problema da dicção lírica – um assunto que Mário de Andrade considerava tão sério que chegou a organizar um Congresso da Língua Nacional Cantada para tentar uma sistematização das regras de prosódia no canto lírico em língua portuguesa. Esta obra se insere no contexto do Guarnieri ainda inseguro da técnica de escrita orquestral, pois sua única obra orquestral até então executada era *Curuçá*, regida por Villa-Lobos em 1930, em meio à disputa com os músicos da Sociedade Sinfônica de São Paulo.

Neste momento, pode-se dizer que o domínio de Guarnieri como compositor ainda estava restrito ao piano, instrumento sobre o qual ele já tinha domínio musical, inclusive por ser pianista, mas também pela facilidade maior de ver as obras para este instrumento publicadas e executadas em concerto. As dificuldades em fazer executar as obras levam a outro aspecto do trabalho em parceria com Mário de Andrade: as gestões para fazer executar as obras, dentro do contexto do trabalho conjunto no Departamento de Cultura.

Assim que assumiu a tarefa de criar e dirigir a instituição municipal, dentro da gestão do amigo Fábio Prado na prefeitura, Mário de Andrade passou a dar várias incumbências a Guarnieri, levando o compositor a ter experiências que seriam fundamentais para completar sua formação. Como já comentado, Guarnieri sentia falta da experiência no manejo da orquestra, bem como de ouvir suas obras orquestrais executadas, possibilitando o importante retorno do resultado sonoro das partituras.

Que isso era importante para o aprendizado da composição, fica demonstrado por um depoimento de Kilza Setti, aluna de Guarnieri décadas depois, quando comentou sobre a pedagogia de ensino de composição de seu mestre:

> Ele tinha um mérito muito grande: nos fazia sempre ouvir as peças. Ele regia nossas peças – não só as minhas, de vários alunos. Regia as peças, punha no quarteto de cordas, para que nós fizéssemos uma consciência crítica, também, do nosso trabalho.[44]

---

44 A afirmação consta em depoimento dado pela compositora no documentário *Notas soltas sobre um homem*

Se Guarnieri, quando professor de composição, nos anos 1950-1960, fazia questão de possibilitar que seus alunos ouvissem o que estavam escrevendo, podemos saber que ele considerava essa possibilidade como um procedimento fundamental ao aprendizado da composição, ainda mais porque ele próprio não contou com essas possibilidades. Quando ele começou a escrever suas primeiras obras orquestrais, em 1929, ainda como transcrições de suas obras para piano, ele viveu a difícil realidade de aprender a compor para orquestra numa cidade que praticamente não tinha uma.

A experiência que Camargo Guarnieri pôde desenvolver a partir do trabalho no Departamento de Cultura de São Paulo foi fundamental em relação a esta questão. Ao assumir a direção, Mário de Andrade se preocupou em criar corpos estáveis no âmbito da instituição. Entre os corpos estáveis que passaram a ser mantidos pelo DC, estiveram um quarteto de cordas e um trio com piano, além do Coral Paulistano. Este conjunto vocal ficou sob incumbência de Camargo Guarnieri, e deveria se dedicar à música à capela, preferencialmente compositores brasileiros – numa preocupação de desenvolver uma tradição coral que o Brasil ainda não tinha (um interessante paralelo com o trabalho de Villa-Lobos no Canto Orfeônico). Mas a principal experiência para Guarnieri foi a iniciativa de tentar reativar uma orquestra em São Paulo, cuja vida sinfônica estava interrompida desde o fim de 1931 e a partida de Baldi para Montevidéu.

Isso foi feito em 1935, com uma parceria entre a Sociedade de Cultura Artística (entidade associativa de caráter privado, da qual Mário de Andrade também fazia parte) e o Departamento de Cultura do município. A SCA tinha organizado uma primeira temporada com Ernest Melich, maestro alemão exilado no Brasil, em 1934, e procurou parceria com o município para a orquestra continuar funcionando em 1935. A parceria deu certo, sendo aproveitados os mesmos músicos que já tinham participado da experiência de 1930-31. E resultaria, alguns anos depois, na criação de uma orquestra permanente no âmbito da prefeitura e ligada ao Teatro Municipal. Nesta orquestra do Departamento de Cultura Camargo Guarnieri teve as primeiras experiências como regente, e as primeiras oportunidades de ouvir suas obras orquestrais.[45]

Além dessa parceria profissional no âmbito do Departamento de Cultura, certamente foi muito importante também, para a experiência estética do compositor, o acesso

---

só, direção e edição Carlos Mendes. In: *Camargo Guarnieri – 3 concertos para violino e a missão*. DVD, Centro Cultural São Paulo.

45 As peripécias da contratação de Melich e da organização da primeira temporada da orquestra é narrada por Ivan Ângelo, *85 anos de cultura, op. cit.*, p. 111-126. A informação sobre a criação dos conjuntos fixos (quarteto e trio) do Departamento de Cultura, bem como sobre os convites para experimentar Guarnieri como regente, são dadas por Souza Lima em suas memórias, *Moto perpétuo, op. cit.*

às partituras e discos de Mário de Andrade. Pela correspondência entre ambos, sabe-se que Guarnieri teve acesso e usou este material como fonte de estudo e cultura musical. O arquivo de Mário de Andrade no IEB não permite acesso às partituras. Sabe-se que Mário de Andrade mantinha-se muito atualizado em relação à música contemporânea europeia, tanto por livros e revistas especializadas que importava, como por partituras e discos. Mário de Andrade tinha em sua coleção de discos obras de Albéniz, Carrillo, Debussy, Delius, De Falla, Milhaud, Prokofiev, Ravel, Rimsky-Korsakov, Florent Schmitt, Schoenberg, Strauss, Stravinsky e Wagner.[46] Uma lista que é um verdadeiro mapa do modernismo europeu das primeiras duas décadas do século XX. A coleção de partituras de Mário de Andrade não está catalogada.[47]

Mas pode-se imaginar que as discussões entre Mário de Andrade e Camargo Guarnieri envolvessem questões a respeito dos músicos contemporâneos europeus e seus dilemas composicionais. E não há dúvida que em todas as conversas haveria um forte cunho pedagógico de Mário de Andrade a respeito do que seria um padrão estético ideal para a música brasileira. Parte dessas discussões pode ser vista em correspondência trocada por ambos, quando em várias oportunidades eles discutem os modelos estéticos representados por Stravinski (que Guarnieri admirava e Mário não), e Shostakovich (que Mário de Andrade reputava como modelo estético e Guarnieri considerava banal).

Esta ânsia de completar a formação, que se resolvia apenas em parte pelo contato com Mário de Andrade e pelas experiências de trabalho no Departamento de Cultura, levou Camargo Guarnieri a se interessar na possibilidade de uma temporada como bolsista do Estado na França. Tendo em mente o modelo de Villa-Lobos, que tinha tido em Paris na década de 1920 suas experiências fundamentais de formação (pela observação da vida musical da cidade, conversa e amizade com músicos importantes, frequência a concertos), Guarnieri aproveitou as oportunidades que se apresentaram neste sentido, apresentando-se como candidato à bolsa em concurso. Ele esperava obter em Paris o complemento de sua formação, que não pudera terminar com Baldi, e que não podia obter na relação com Mário de Andrade.

---

46 Os compositores listados são os que possuem discos na coleção de Mário de Andrade depositada no IEB--USP, conforme catálogo da série discos. Não temos informação sobre as datas de aquisição dos discos, o que não permite saber ao certo se e quando Guarnieri pode ter tido acesso a essas gravações.

47 No IEB-USP há uma divisão do arquivo. Um setor guarda material pessoal, e é nesse que estão os manuscritos, correspondências, recortes de jornal e a coleção de discos de Mário de Andrade. Já as partituras estão na Biblioteca do IEB, onde ficam as obras publicadas – livros e revistas. As diferenças de tratamento dado ao arquivo em cada um dos setores determina o tipo de acesso que o pesquisador pode ter. No caso dos discos, o material está catalogado e acessível a pesquisas, o que não acontece com as partituras.

As tensões na relação com Mário de Andrade também levavam ao interesse em ampliar os contatos com outros intelectuais. A partir da segunda metade da década de 1930, Guarnieri começou a dar esta inflexão à sua carreira. Passou a buscar formar uma nova rede de alianças e parcerias de trabalho, que o levariam a conseguir executar e publicar suas obras, completar sua formação e estabelecimento como compositor sinfônico, percebendo que para conseguir tudo isso, ele não poderia ficar restrito a São Paulo.

PARTE 3:
EXTRAPOLANDO SÃO PAULO: VIDA PROFISSIONAL E REPUTAÇÃO ARTÍSTICA

Charles Koechlin, Paris

Desde a partida de Lamberto Baldi para Montevidéu, em 1932, Guarnieri sentia falta de um professor. Avaliava que sua formação ainda não estava completa, especialmente nas técnicas de orquestração e na estruturação de formas musicais mais longas. A produção sinfônica de Camargo Guarnieri era restrita a uma obra curta (*Curuçá*, 1930), um *Concerto para piano* (1931) e algumas transcrições de peças pianísticas. Além de serem poucas obras, era difícil estreá-las, coisa que o compositor só conseguiu fazer quando teve oportunidade de reger a Orquestra Sinfônica de São Paulo nos tempos em que ela esteve no âmbito do Departamento de Cultura (1935-38).

A possibilidade de ir à Paris como bolsista passou a ser considerada como um meio de completar a formação em composição, bem como mostrar as obras e talvez viabilizar-se como compositor reconhecido no meio musical francês, como tinha feito Villa-Lobos na década de 1920.

As biografias de Maria Abreu e Marion Verhaalen apontam para a importância do contato com o pianista suíço Alfred Cortot para a decisão de Camargo Guarnieri ir à Paris.[1] Cortot tomou conhecimento da música de Camargo Guarnieri em 1936, por indicação de Lamberto Baldi, com quem teria solado em concertos em Montevidéu. É interessante que as duas biografias de Guarnieri tentam glamourizar a importância de Cortot para a carreira do compositor brasileiro, provavelmente tentando reproduzir uma situação anteriormente acontecida com Villa-Lobos, cujo entusiasmo de Rubinstein por

---

1   Alfred Cortot (1877-1962), concertista internacional, professor do Conservatório de Paris e um dos principais pedagogos do piano.

sua música teria sido a chave para o ingresso no círculo de amizade dos Guinle e que teria resultado, em última instância, no período parisiense do compositor. Segundo Maria Abreu e Marion Verhalen, foi o célebre pianista que instigou Guarnieri a planejar uma temporada na Europa. A opinião favorável de Cortot aos *Ponteios* chamou a atenção para um possível reconhecimento musical europeu, o que poderia significar um grande impulso para uma carreira de compositor profissional.

Ambas as biógrafas narram um episódio em que Cortot escreveu uma carta ao governador do estado, sugerindo uma bolsa de estudos a Guarnieri. Para ambas, a carta teria motivado a bolsa, que permitiu a estadia do compositor em Paris em 1938-39.[2] Ambas as autoras ligam diretamente a bolsa à carta, creditando o hiato de dois anos entre a mesma e a viagem à demora nos trâmites burocráticos. Informação divergente é dada por Flávio Silva, mas ao contrário das duas biógrafas, este autor baseia suas afirmações em documentos.[3] Segundo este autor, a carta de Cortot não teve qualquer influência na concessão da bolsa, e a mesma não dependia em nada da vontade pessoal do governador. Decreto de 11 de abril de 1931 tinha criado o Conselho de Orientação Artística, como órgão responsável pela concessão de Prêmio de Aperfeiçoamento Artístico no exterior, mediante seleção por concurso público.

A regulamentação para a concessão de bolsas foi aprovada em 1936, ano em que se realizou o primeiro concurso. Segundo Flávio Silva, neste primeiro ano, Guarnieri decidiu não concorrer por estar muito atarefado com as atividades de regente do Coral Paulistano e, principalmente, por estar separado da primeira esposa, sem disposição para morar longe da família. Como nenhum candidato tinha sido aprovado em 1936, nova vaga abriu-se em 1937, sendo que agora Guarnieri já tinha a idade limite para prestar o concurso (30 anos de idade), e estava em vias de se casar com Anita, que seria sua segunda esposa. As provas terminaram em 6 de outubro, e a viagem deveria ocorrer ainda em 1937. Mas, além de atrasos na oficialização dos resultados das provas, outras questões ainda fizeram com que a viagem só se realizasse em 26 de junho de 1938.[4]

---

2   Marion Verhalen, *Camargo Guarnieri. Expressões de uma vida. op. cit.*, p. 33-34 afirma que carta foi escrita em 11/6/1936, e Maria Abreu, "Camargo Guarnieri – o homem e episódios que caracterizam sua personalidade", *op.cit.*, p. 43, transcreve a carta.

3   "Invitation au voyage". In: *Camargo Guarnieri – o tempo a música. op. cit.*, p. 73-93.

4   Flávio Silva narra as peripécias da vitória de Guarnieri no concurso, presidido por uma banca que lhe era totalmente favorável: Samuel Arcanjo, Mozart Tavares de Lima, João Gomes de Araújo, Fúrio Franceschini, Agostino Cantú e Mário de Andrade. O compositor superado por Guarnieri no concurso, Mário Farinello, não aceitou o resultado das provas, e pediu sua anulação, o que teria atrasado mais o processo. Outra questão que atrasou a viagem, segundo o autor, é que nesta época ainda não havia legislação de divórcio,

A solução encontrada partiu de Mário de Andrade, então diretor do Departamento de Cultura, que obteve uma licença remunerada para Camargo Guarnieri se aprimorar como regente do Coral Paulistano. A situação ficou ainda mais tumultuada porque, antes da partida de Guarnieri, o prefeito Fábio Prado foi substituído, e Mário de Andrade foi demitido do Departamento de Cultura. Guarnieri partiu em situação bastante insegura, sem saber ao certo se poderia manter o acúmulo da bolsa do pensionato com o salário para aperfeiçoar-se pelo DC. Pela correspondência do compositor com a família, estudada por Flávio Silva, percebe-se que a estadia de Guarnieri ainda teve inúmeros contratempos. Apesar da demora para viajar, o compositor ainda foi despreparado, precisando escrever ao pai para solicitar o envio de partituras de suas obras para execução em Paris. Lá em Paris também demoraria para Guarnieri iniciar efetivamente as aulas, conseguir contato com o professor, arranjar uma indicação de professor de regência coral e, além de tudo, escrever os relatórios que se exigiam do bolsista, o que se percebe pelas cartas que o compositor escreveu de Paris a Mário de Andrade.

A primeira carta de Paris, escrita em 1° de janeiro de 1939, dá relatos precisos de como estava sendo a adaptação ao meio parisiense, os contatos que estava fazendo no meio musical, a observação, o aprendizado e também as oportunidades de divulgar sua música.[5] Na carta Guarnieri comenta ter iniciado as aulas com Charles Koechlin, e a partir de indicações deste professor, estava tendo aulas de regência com François Rühlmann, da Ópera de Paris. Além disso, sua esposa Anita estava tendo aulas de canto com Andrée d'Otemar, que ouvia com interesse as composições que Guarnieri lhe mostrava e se propunha a colocá-lo em contato com personalidades do meio musical.

Além do contato com estes professores, Guarnieri também observava a tudo com atenção, e comenta com Mário de Andrade os concertos que ouviu em Paris. Pelo pouco tempo das aulas com Koechlin, e as diversas atribulações que enfrentou na estadia parisiense, Guarnieri provavelmente aproveitou mais o aprendizado pela experiência na vida de concertos da cidade do que propriamente nas aulas.

Um pouco das atribulações desse período parisiense podem ser deduzidos da correspondência que Guarnieri preservou de seu professor, Charles Koechlin.[6] São bi-

---

portanto, perante a lei Guarnieri era casado com Lavínia Viotti, e não poderia viajar em companhia de sua atual esposa Anita. Devido a isso, a sogra do compositor teve de viajar junto, aumentando os custos, que já eram pesados por Guarnieri ter de pagar pensão ao filho de dois anos do primeiro casamento.

5   Publicada em SILVA, F. *Camargo Guarnieri: o tempo e a música*, *op. cit.*, p. 228-232. Na verdade não é a primeira carta que Guarnieri enviou, mas a primeira que chegou a Mário de Andrade. Pelas reclamações que faz de não receber contato de ninguém do Brasil, percebe-se que algumas cartas se extraviaram.

6   A correspondência faz parte do fundo Camargo Guarnieri do Arquivo do IEB-USP. Um estudo da relação

lhetes manuscritos em francês, alguns sem data. A primeira carta recebida por Guarnieri data de 17 de setembro (sábado), e foi enviada por Koechlin de sua residência de verão no balneário de *Viller sur mer*.[7] A carta trata de combinar a primeira aula para terça dia 20, mas informa que não sabe se conseguirá chegar a Paris dia 19, pelo fato de os trens estarem momentaneamente suspensos. Tendo chegado em julho à capital francesa, Guarnieri pegou exatamente os meses de férias de verão, quando a vida musical estava parada. Até conseguir marcar a primeira aula, passaram-se quase dois meses.

Entre 17 de setembro de 1938 e 15 de fevereiro de 1939 Guarnieri recebeu mais 7 pequenas cartas manuscritas de Koechlin, escritas de forma lacônica, indicando o envio de exercícios e combinando horários de aulas. O estilo das cartas muda muito a partir da carta de 19 de fevereiro de 1939. Nesta, Koechlin indica a impressão muito favorável que teve ao assistir a um concerto com obras do compositor brasileiro, informando sobre uma crítica entusiasta que seu amigo Saguet contou que escreveria para o jornal *Le Jour*. Pelos dados fornecidos no catálogo de obras produzido por Flávio Silva,[8] sabemos que houve um concerto na *Sale Pleyel*, em 12 de fevereiro. Teve entre as obras executadas o ciclo *Três poemas para voz e orquestra*, em transcrição para voz e piano. A obra foi composta (na versão original e na transcrição) neste mesmo mês de fevereiro. A execução foi com a cantora Cristina Maristany e o compositor ao piano. Sabemos também de outro concerto promovido no auditório da *Révue Musicale* em 7 de fevereiro, no qual foi executada a canção *Vai azulão*, composta em janeiro do mesmo ano.[9]

Pela análise da correspondência, é notável a mudança na relação entre os dois a partir deste momento. A impressão causada em Koechlin pela audição das obras no concerto levou o professor, a partir de então, a tratar Guarnieri como um igual. As primeiras cartas eram formais e denotavam uma superioridade professor-aluno. A partir de fevereiro Koechlin torna-se amigo pessoal de Guarnieri. Entre 19 de fevereiro e 29 de

---

entre Guarnieri e Koechlin foi feito por Flavia Toni a partir da correspondência enviada pelo professor ao aluno, e pelos meticulosos registros de atividades que Koechlin mantinha em seus diários. A documentação do compositor está hoje na *Fondation Gustav Mahler* em Paris. Cf "*Mon chér élève*: Charles Koechlin, professor de Camargo Guarnieri", *Revista do IEB*, nº 45, set. 2007, p. 107-122.

7   É uma região entre Caen, Le Havre e Rouen, na Normandia, às margens do Canal da Mancha. É um dos pontos litorâneos mais próximos de Paris, até hoje ainda uma região calma e pouco urbanizada. Há no vilarejo uma rua atualmente com nome de Charles Koechlin, próxima ao mar, provavelmente no seu local de residência de férias.

8   In: *Camargo Guarnieri. O tempo e a música*. Rio de Janeiro/São Paulo: FUNARTE/Imprensa Oficial, 2001, p. 512-565. A informação está no item 1.54, páginas 517-518. Flávia Toni, "*Mon chér élève*", *op. cit.*, confirmou a presença de Keochlin nos concertos, com base nos diários do professor francês.

9   Item 1.55 do catálogo de Flávio Silva (p. 518).

maio o francês escreveu mais 8 cartas, que se tornam mais longas, mais pessoais. A partir de meados de março não há mais indícios de envio de exercícios. O pouco tempo de aula com Koechlin, parte dele tendo sido desperdiçado pelo fato do professor não conhecer exatamente o nível de aprendizagem anterior de Guarnieri, ampliou ainda mais o valor da experiência com os concertos na capital.[10]

Ao contrário do que supõe Lutero Rodrigues, Guarnieri deve ter chegado à capital francesa com o o professor escolhido previamente – a demora no início das aulas se deveu ao período de férias de verão.[11] Guarnieri já conhecia a obra deste compositor desde pelo menos 1933, quando Lavínia Viotti tocou uma obra de Koechlin, no mesmo concerto em que estreou os *Ponteios* e o *Choro torturado* de Guarnieri. Mário de Andrade também demonstra conhecer bem a pedagogia de Koechlin em carta enviada a Guarnieri em 28 de janeiro de 1939.[12]

Charles Koechlin (1867-1950) foi filho de uma tradicional família alsaciana, e seu pai possuía uma indústria do ramo têxtil. Entrou para o Conservatório de Paris em 1890, onde foi aluno de Massenet e Fauré, e dedicou-se especialmente ao estudo do contraponto, à música modal e às canções folclóricas. Bom cantor, participou do coral do Conservatório, e foi com obras vocais que iniciou a carreira de compositor. Tornou-se logo um exímio orquestrador, a ponto de ser incumbido por Fauré de fazer a orquestração de sua ópera *Pelleas et Melisande* e por Debussy de orquestrar seu balé *Khamma*. Casou-se em 1903, e se tornou pai de 5 filhos, o que lhe causou necessidades financeiras que motivaram a dedicação à escrita de obras didáticas e o abandono da composição como atividade

---

10   Flávia Toni, *"Mon chér élève"*, *op. cit.* cita carta de Camargo Guarnieri a uma amiga em 1958, na qual ele comenta ter pedido para estudar harmonia desde o início com Koechlin, por desejar sanar algumas dúvidas básicas. Guarnieri teria dito nunca ter tido aulas. Entretanto, as aulas não parecem ter sido tão básicas quanto Guarnieri afirmou posteriormente à amiga. Flávia Toni indica que os exercícios trabalhados por Koechlin com seu aluno em 1938 eram contraponto sobre temas de Bach e do próprio Koechlin e, a partir de novembro, fuga, sobre temas de Cesar Franck, Gounod e Bizet.

11   "A música vista da correspondência". In: SILVA, F. *Camargo Guarnieri: o tempo e a música*, *op. cit.*, p. 321-335. O autor considera estranho que o brasileiro, então possuidor de um já expressivo catálogo de composições, tenha ido estudar contraponto e fuga com uma figura pouco conhecida, ao invés de procurar aulas de composição com um nome de maior destaque. A justificativa dada pelo autor é baseada na timidez e no provincianismo de Guarnieri, deduzindo que ele não soubesse bem o francês e não tivesse clareza de quem procurar. A ignorância do francês é confirmada por Flávia Toni, *"Mon chér élève"*, *op. cit.* A autora, entretanto, discorda de Lutero Rodrigues, pois também afirma que Guarnieri tinha diversas afinidades possíveis e muitos motivos para escolher Koechlin, na verdade um professor muito conhecido na época, e que tinha sido professor de diversos alunos norte-americanos, canadenses e também do compositor português Fernando Lopes-Graça.

12   SILVA, F. *Camargo Guarnieri: o tempo e a música*, *op. cit.*, p. 238.

principal. Em 1909 fundou, junto com Maurice Ravel e Florent Schmitt, a *Société Musicale Indépendante*, para divulgar a música contemporânea.[13]

Em 1938, quando da chegada de Guarnieri em Paris, Koechlin já tinha publicado suas principais obras, e estava começando a trabalhar no seu manual de orquestração, publicado postumamente em 4 volumes, e que veio a se tornar material obrigatório de consulta sobre o tema. Mário de Andrade possuía em sua biblioteca obras de autoria de Charles Koechlin: *Étude sur les notes de passage* (1922), *Debussy* (1927), *Traité de l'harmonie* (1927-1930), *Étude sur l'écriture de la fugue d'école* (1933), *Teorie de la musique* (1935), *Musique et le peuple* (1936). Pode-se imaginar que a decisão de estudar com Koechlin tenha surgido do interesse despertado pela leitura ou manuseio destas obras, no período em que Guarnieri teve acesso à biblioteca do amigo, ou até mesmo por indicação do próprio Mário de Andrade a partir do conhecimento da pedagogia de Koechlin por meio destas obras.[14]

O primeiro destes livros é um trabalho bem técnico, tratando das virtudes da escrita contrapontística.[15] Não pretende explicar regras de condução de vozes, destina-se a quem já as conhece (p. 5). Principalmente, busca a compreensão dos porquês das regras, evitando sua aplicação mecânica por mero costume. Suas explicações sobre a riqueza do movimento horizontal e sua contribuição para a escrita musical remetem a Bach e Debussy como modelos – compositores cujas obras Koechlin estudou detalhadamente. Esta valorização do pensamento horizontal, ou seja, da importância de pensar o desenvolvimento de linhas melódicas independentes e de maior riqueza individual, reforça os pontos de contato com a característica da música de Guarnieri. Na carta de 1° de janeiro de 1939 a Mário de Andrade, Guarnieri faz as mesmas observações sobre a música de Koechlin que estava acostumado a ouvir como crítica do escritor às suas próprias: muito cerebrais, muito tecido contrapontístico, resultando obras difíceis de ouvir.

Os outros livros do professor francês vão demonstrando algumas características semelhantes, especialmente a valorização do contraponto como técnica necessária à criação de obras musicais verdadeiramente ricas, e a concepção da teoria musical como algo aberto, como criação coletiva ligada às concepções de música e aos estilos composicionais vigentes.

---

13 Estas informações biográficas são do verbete de Robert Orledge para *The new Grove dictionary of music and musicians* (New York: Oxford UP, 2001. v. 13, p. 727-731) e do verbete da wikipedia francesa, disponível em: http://fr.wikipedia.org/wiki/Charles_Koechlin. Acesso em: 6 de outubro de 2008.

14 Flávia Toni, *"Mon chér élève"*, *op. cit.*, informa que Mário de Andrade leu e fichou vários destes livros.

15 KOECHLIN, C. *Étude sur les notes de passage.* Paris: J. Lojier, 1922.

A biografia de Debussy é outra obra interessante.[16] É o que se pode chamar de uma biografia artística – não se perde em anedotas ou em listas de eventos vividos pelo compositor, mas destaca a formação musical, a convivência com demais músicos, bem como a composição, estreia e fortuna crítica de suas obras.[17] Koechlin destaca o papel inovador exercido por Debussy, a ponto de seu nome virar adjetivo: "debussysta" passou a ser usado como pecha para o compositor que usasse efeitos como os acordes sobre pedal, quintas e oitavas paralelas, uso de sétimas e nonas, bem como uma maior liberdade na organização da estrutura formal das obras.

O exemplar do tratado de harmonia de Koechlin,[18] que pertenceu à biblioteca de Mário de Andrade, demonstra ter sido bastante manuseado. Encadernado em capa dura, portanto destinado a durar muito mais, tem a lombada desgastada pelo uso. Dentro do primeiro volume encontram-se dois marcadores, sugerindo que a obra tenha estado em uso para estudos. Um deles é um marcador-cartão de uma oficina de encadernação, o que sugere que talvez a encadernação tenha sido providenciada por Mário de Andrade e não seja da edição original.[19] O prefácio do livro é uma explicação do porque da importância do estudo da harmonia. Para que serviria estudar harmonia numa época em que os compositores não escreviam mais segundo esta técnica? Para Koechlin, os exercícios básicos, as regras claras, as restrições bem aplicadas, o domínio dos acordes perfeitos, tudo isso dará o fundamento sobre o qual o aluno poderá construir no futuro uma verdadeira liberdade de escrita. Desde que se respeite uma visão flexível das regras, explicando seus porquês e não apenas mantendo-os por fidelidade à tradição. O tipo de pedagogia musical defendida e praticada por Koechlin em seus livros se assemelha muito àquele que tinha sido vivido por Guarnieri em seu aprendizado com Baldi.

O motivo para Koechlin julgar pertinente escrever um tratado de harmonia depois de tantos já existentes, era o de completar e atualizar as informações. Explicar a origem e razão das regras a serem estudadas, o que demonstra uma crítica do autor a tradições mais escolásticas como as que se costumava encontrar nos conservatórios. E

---

16 *Debussy*. Paris: Henri Laurens, 1927. coleção *Le musicien célèbres*.

17 Curioso é que hoje, mais de 80 anos depois, ainda não se tenha biografias dessa qualidade dos compositores brasileiros. De certa forma é uma lacuna que tenta ser preenchida por esta pesquisa.

18 *Traité de l'Harmonie*. 3 volumes. Paris: Max Eschig, 1927-1930.

19 Como edições de luxo importadas teriam preços proibitivos, é possível que Mário optasse por encomendar edições econômicas e depois pagar uma encadernação mais resistente. Pelo carimbo percebe-se que a edição foi comprada na Casa I Chiriato e Cia, e que o preço por volume era de 20 Francos. Um carimbo da editora francesa indica: "*majoration temporarie: 400%*"!

também complementar assuntos que não eram tratados em outros livros até então, como a harmonia modal e a história do desenvolvimento da harmonia desde o século XIV.

Outras obras que indicam uma mesma concepção teórico-pedagógica, e que poderiam ter sido aproveitadas por Camargo Guarnieri, foram um manual de fuga[20] e uma obra de teoria da música.[21] O manual de fuga é um estudo da fuga "de escola", ou como também se costuma denominar, da fuga "estrita". Esta é uma forma musical de difícil domínio técnico, e teve como seu principal mestre o compositor J. S. Bach no início do século XVIII. Por que Koechlin escreveu um estudo sobre uma técnica tão restritiva? Seu estudo poderia servir ao compositor moderno? Não seria mero ranço de conservatórios? O prefácio do livro é destinado a demonstrar a utilidade que tal estudo teria para um compositor.

Koechlin argumenta que a importância do estudo da fuga estrita deve-se à aquisição pelo aluno de ferramentas técnicas que lhe permitam saber o que fazer quando estiver compondo sem as limitações de um exercício. Assim, é preciso que o aluno comece "de formas mais simples e mais estritamente definidas para ir do mais restritivo até o mais livre" do mesmo modo que se faz no estudo do contraponto e da harmonia. Por isso é inútil tentar escrever uma fuga livre sem primeiro dominar a fuga de escola. A falta de parâmetros tende a paralisar o processo criativo, segundo o autor. Ele compara o aluno lançado diante da tarefa de escrever uma fuga livre "como um prisioneiro tirado de uma masmorra escura para ser conduzido por jardins ensolarados". "Ofuscado, ele hesita, incerto, – vacila – às vezes cai.". Essas frases podem descrever exatamente o sentimento de Guarnieri diante da tarefa de compor obras de maior fôlego, especialmente as obras orquestrais. Faltava-lhe o domínio da técnica e a experiência, que o período parisiense ajudaria muito a completar. Mas Koechlin não ignora os perigos do espírito escolástico e do academicismo retrógrado, defendendo que o estudo da fuga de escola é válido desde que se admita liberdade suficiente para notas de passagem e seus "conflitos" (as aspas são de Koechlin). Para o autor, uma fuga, mesmo de escola, pode ser agradável, interessante de tocar,[22] viva, significativa. O exercício deste tipo de fuga seria, conforme Koechlin, para a composição como um canto dado, ou um coral a quatro vozes para a harmonia. E seria tão significativo para a música quanto as mais audaciosas produções atonais ou politonais.

---

20 *Étude sur l'écriture de la fugue d'école*. Paris: Max Eschig, 1933.

21 *Théorie de la musique*. Paris: Heugel, 1935. Possui etiqueta que informa que o exemplar foi comprado na Livraria Universal, R. 15 de Novembro, 18, São Paulo.

22 O termo original aqui é *jouer*, que tem significado muito mais amplo, para o qual a palavra em português não dá o sentido exato.

Para atingir estes objetivos propalados, Koechlin incluiu no livro trechos selecionados do *Cravo bem temperado* de Bach, exercícios realizados por alunos e trechos de fugas do próprio autor e de compositores contemporâneos. Ao final são dados vários fragmentos a serem usados como sujeitos pelo leitor/estudante. Também pela carta enviada de Paris em 1º de janeiro de 1939, Guarnieri declara a Mário o êxtase em ouvir a *Paixão segundo São Mateus* em execução pelo Coro de São Tomas de Leipzig, o mesmo que Bach tinha dirigido no século XVIII. A declaração de sua admiração por Bach coloca mais um ponto de afinidade com o professor francês.

Desde a saída de Lamberto Baldi de São Paulo, Guarnieri estva sem professor específico destas matérias que subsidiavam a composição. Pode-se supor que o compositor tenha consultado os livros escritos por Koechlin na biblioteca de Mário e Andrade. A escolha do professor em Paris apenas seria uma continuidade dos estudos já começados pelos livros. Além disso, a concepção de música de Koechlin era muito próxima da que Mário de Andrade preconizava, pois o compositor francês era também estudioso de folclore, defendia uma concepção socializante da música e tinha uma abordagem cultural das questões técnicas. Talvez estas similaridades entre os ideais de ambos tenham levado Mário de Andrade a indicar as leituras para Guarnieri.

A temporada de estudos com Keochlin em Paris foi curta: aulas entre outubro de 1938 e junho de 1939. Parte dela desperdiçada com aulas básicas pelo fato de Koechlin não conhecer bem o nível do compositor com que estava lidando, o que muda a partir da audição das obras do aluno em concerto. Mesmo levando tudo isso em consideração, a escolha de Koechlin como professor teve grande importância para Guarnieri, complementando o provável contato com as ideias musicais do teórico francês através da consulta a suas obras na biblioteca de Mário de Andrade. O tipo de esmero técnico defendido por Koechlin em seus manuais tornou-se depois o principal distintivo de Guarnieri. Outras semelhanças notáveis são a dedicação à música vocal, o estudo da canção folclórica e uma concepção sócio política da atividade composicional.

Apesar de todas as atribulações que cercaram a estadia parisiense de Guarnieri, e da interrupção forçada e antecipada de sua temporada francesa, é certo que a experiência parisiense serviu para um grande amadurecimento musical do compositor. As poucas vezes que pode apresentar sua música a interlocutores do meio musical francês, ele percebeu que ela era recebida com muito entusiasmo. O meio musical parisiense também proporcionaria a experiência de ouvir muita música, com bastante presença da música moderna, com ótimas orquestras. Ainda permitiria um contato indireto com o meio musical norte-americano, no qual Guarnieri acabaria realizando os intentos de consagração internacional que não foram possíveis em Paris. Aaron Copland, que seria um dos mais importantes interlocutores de Guarnieri nos EUA, tinha sido aluno de Nadia Boulanger na capital francesa, e mantinha contato com sua antiga professora. E esta notável figura do meio musical francês foi uma das que ouviu a música de Guarnieri em saraus privados, manifestando opinião muito favorável. Sua aluna Marcelle Manziarly também é mencionada nas cartas de Guarnieri, e depois será também um ponto de contato nos EUA, onde passou a residir no período da guerra, assim como Nadia Boulanger.

Mas a volta para São Paulo seria muito atribulada para o compositor. No meio tempo em que organizou sua viagem, Guarnieri viu sua posição na estrutura administrativa do município de São Paulo ser destruída pelas mudanças políticas. Meses antes de seu embarque, Mário de Andrade tinha sido demitido do Departamento de Cultura pelo novo prefeito. Além da bolsa do Pensionato Artístico, Guarnieri contava poder se manter em Paris com o salário de regente do Coral Paulistano, que continuava a receber para se especializar em regência coral com François Ruhlmann. Mas ainda no fim de 1938 soube de sua demissão do cargo. O salário seria interrompido dali a alguns meses.

Mais do que a iminência da invasão alemã, foi a dificuldade financeira que o fez voltar de Paris. A guerra causou indiretamente outras dificuldades, pois em 9 de setembro, Koechlin escreveu uma carta de sua residência de férias informando que provavelmente não voltaria mais a Paris, e sugerindo que Guarnieri passasse a se aconselhar com ele por carta. Em 30 de setembro, Koechlin enviou nova carta a Guarnieri, confirmando que não mais iria a Paris, e convidando o brasileiro a estabelecer-se em sua residência de verão, onde lhe oferecia um cômodo, com a possibilidade de construir uma cozinha privativa. Nesta carta, contou a Guarnieri que estava trabalhando num manual de orquestração,[23] e confessou a vontade de conhecer o Brasil.

As aulas não seriam retomadas, e a correspondência entre os dois personagens continuou depois em missivas esporádicas, apenas no nível da amizade pessoal. O arquivo de Guarnieri possui 4 cartas escritas por Koechlin entre setembro e outubro de 1939, período em que as aulas já estavam interrompidas. Outra carta, de fevereiro de 1940, agora já enviada ao Brasil, mostra que Koechlin estava morando fixo na residência de veraneio, e indo a Paris apenas esporadicamente – provavelmente para fugir da instabilidade política causada pela Guerra.[24]

---

23   Este livro foi publicado postumamente, em 1954, e é hoje uma das principais obras de referência desta disciplina.

24   O arquivo de Guarnieri possui ainda mais 5 cartas enviadas por Koechlin entre 1946-1948 e mais 4 enviadas pela viúva do compositor entre 1951-1954. O catálogo do acervo de Koechlin na *Foundation Gustav Mahler* informa a existência de 4 cartas enviadas por Guarnieri entre 1946 e 1954, as duas últimas enviadas à viúva do antigo professor.

Curt Lange, Montevidéu

Já de volta ao Brasil, em uma carta escrita a Curt Lange, em 13 de março de 1940, Guarnieri comentou sua viagem:

> Bem contra minha vontade fui obrigado a voltar para o Brasil antes do tempo a que tinha direito de permanecer no estrangeiro. Apesar de ter sido relativamente curta minha estada pude, entretanto, aproveitar muito. Tive a oportunidade de conviver com os maiores artistas da atualidade e honra-me muito contar-lhe o interesse que as minhas composições despertaram. Deixei grande número de amigos e admiradores. O Balzo, ótimo amigo e admirável pianista poderá testemunhar o que contei. Em Paris trabalhei direção de orquestra e coros com o 1° chefe de orquestra da Ópera François Ruhlmann; composição, orquestração, enfim, tudo que diz respeito a músi-ca me aconselhei com o grande mestre o compositor Charles Koechlin que você por certo conhece. Esses dois mestres não me trataram como aluno. A estima e admiração sempre por eles demonstrada muito me sensibilizou. Realizei duas audições de minhas obras: uma na *Revue Musicale* e outra num concerto da Orquestra Sinfônica de Paris na sala *Pleyel*. Inúmeras vezes dei audições em casas de famílias ora de artistas ora de verdadeiros amadores de música. Tenho certeza que com mais um ano e meio a que tinha direito eu conseguiria uma situação definitiva entre os compositores contemporâneos. Si falo dessa maneira é por que sei que com você posso abrir meu coração e serei compreendido.

A avaliação do significado de sua viagem a Paris foi feita por Guarnieri a um outro interlocutor privilegiado, que teve um papel muito importante na trajetória de Camargo Guarnieri. Pelo que Guarnieri conta na carta, se percebe que ele aproveitou muito de Paris, mas voltou decepcionado com as possibilidades abortadas de conseguir "uma situação definitiva entre os compositores contemporâneos". O período de contato com Mário de Andrade e a temporada em Paris tinham sido muito importantes para consolidar o aprendizado composicional de Guarnieri, além de começar a estabelecer uma fortuna crítica favorável ao compositor. As reações que Guarnieri percebeu à sua música na Europa ajudaram o compositor a ganhar confiança em seu talento e no valor de seu trabalho.

Mas o faziam lembrar-se de uma questão muito importante, pois o remetiam de volta ao mundo ao qual o compositor estava acostumado. Ou pior, de volta a uma São Paulo onde nem mais um emprego ele tinha, nem mais o apoio político fundamental de Mário de Andrade. O que tinha parecido ser uma trajetória ascendente, a partir de meados da década, com o trabalho no Departamento de Cultura, o começo da experiência como regente, a oportunidade de ouvir as próprias obras, a bolsa e a viagem para Paris, de repente se transformou em decepção. Reviravoltas políticas, perda do emprego, guerra na Europa, interrupção precoce da viagem e dos planos de internacionalização. Um Mário de Andrade desiludido e sem influência, que começava a ficar amargo em relação às possibilidades do modernismo pelo qual tinha trabalhado.

Se não tivesse construído outras relações, Camargo Guarnieri teria ficado numa situação que inviabilizava sua carreira. Mas desde alguns anos antes, ele já tinha inciado contatos com Curt Lange, o musicólogo alemão que tinha se estabelecido em Montevidéu, e que estava criando ali o movimento do Americanismo Musical, montando uma rede de contatos que atingia os diversos países da América do Sul, criando um centro de musicologia, editando um Boletim, publicando partituras, organizando concertos. Era ele quem dirigia o SODRE, cuja orquestra Lamberto Baldi tinha assumido em 1932. Era por Baldi que tinha tomado conhecimento de Guarnieri, assim como Cortot, o pianista que instilou em Guarnieri o desejo de ver Paris.

Balzo, mencionado na carta, é um pianista uruguaio, conhecido de Curt Lange, que se tornou amigo de Guarnieri em Paris, e que iria executar várias obras suas em concerto em Montevidéu, e depois até nos Estados Unidos. Como se vê, a teia de relações que se ia tecendo era fundamental na carreira de um compositor. Todos os contatos eram importantes, o que Guarnieri percebia cada vez mais. A retomada da correspondência com Curt Lange, interrompida desde novembro de 1935, indica que Guarnieri percebia melhor o significado dessas relações. Concentrado muito tempo na relação com Mário de Andrade, talvez em Paris Guarnieri tenha aprendido que os intérpretes e os editores são a alma do negócio. Aqueles que são capazes de fazer sua música ser executada, não somente aqueles que escrevem sobre ela. Ou aqueles que lhe dão orientações sobre como escrevê-las. O investimento numa nova rede de relações era necessário para superar a condição de promessa, de compositor talentoso mas não executado, não publicado, não remunerado pelo trabalho criativo.

Curt Lange tornou-se uma das mais notáveis personalidades da vida musical sul-americana. Quando aportou na capital uruguaia, atendendo ao convite do governo do país, era um jovem intelectual de 27 anos, com sólida formação na cultura germânica e grande capacidade de trabalho. Tinha-se formado – ao mesmo tempo, em arquitetura e música, passando pelas universidades de Leipzig, Berlim, Munique e Bonn. Além dos diplomas universitários, tinha feito diversos cursos de musicologia com importantes professores, estudado seriamente piano, violino e composição, além de ter sido aluno de um nome lendário da regência: Arthur Nikish.[25]

Logo que chegou em Montevidéu Curt Lange naturalizou-se, e passou a exercer uma atividade febril pelo desenvolvimento da cultura musical uruguaia, logo se associando também às iniciativas dos grupos argentinos *Renovación* e *Nueva Música*. Tomou a iniciativa de um movimento a que denominou "americanismo musical", desenvolvendo um trabalho colaborativo entre vários países. Para isto fundou a Sociedade Interamericana de Musicologia, que publicou vários volumes do Boletim Latino-Americano de Musicologia. Também neste sentido idealizou e organizou a I Conferência Ibero-Americana de Música em Bogotá, 1938 e, no ano seguinte, a I Conferência Interamericana de Música em Washington.

Neste trabalho em prol do desenvolvimento de um meio musical moderno na América Latina, Curt Lange procurou associar-se a todas as personalidades importantes dos principais centros musicais do continente, incluindo compositores, regentes, musicólogos e burocratas. Da mesma forma que os modernistas brasileiros, mas em escala muito mais abrangente, Curt Lange também foi consciente da importância político-cultural do trabalho que desenvolvia, arquivando sistematicamente seu material pessoal, incluindo uma correspondência que talvez só encontre paralelo na de Mário de Andrade.[26]

---

25 Nikish foi sucessor de Hans von Bülow na Filarmônica de Berlim, que dirigiu de 1895 até a morte, em 1922, período que também acumulou a direção da Orquestra Gewandhaus de Leipzig – duas das mais importantes orquestras da Europa, de cuja reputação foi o principal artífice.

26 A correspondência de Curt Lange está ainda quase toda inédita e praticamente desconhecida. Tendo falecido em 1997, somente depois disso seu arquivo pessoal foi armazenado na Biblioteca Central da UFMG, constituindo o Acervo Curt Lange. O musicólogo teuto-uruguaio foi sistemático na armazenagem da correspondência, guardando correspondência recebida em pastas por remetente, e cópias da enviada em sistema numerado, encadernadas por ano e sistematizadas em números de página e com um índice por volume. Ele se correspondeu com praticamente todas as personalidades importantes do meio musical sul-americano.

O interesse de Curt Lange na música de Camargo Guarnieri era motivado por várias questões. Curt Lange, assim como Mário de Andrade, era destes intelectuais que se dedicavam à cultura como uma missão de vida. O trabalho pelo desenvolvimento da vida musical era sua dedicação, conscientes de que intelectuais como eles, para terem ocupações dentro de sua vocação, precisavam ajudar a criar um meio musical mais dinâmico, sem o qual suas habilidades e vocações intelectuais não poderiam ser empregadas. Curt Lange, tendo convivido com uma realidade europeia em que várias cidades com vida cultural dinâmica se interligavam e potencializavam suas qualidades artísticas, intentou fazer atividade semelhante na América do Sul.

Parecia claro para Curt Lange que o aumento da colaboração entre os músicos dos países vizinhos trazia ganhos para todos, à medida que o crescimento do trabalho de uns fomentava e realimentava o trabalho dos outros. Ele mesmo era produto de uma educação esmerada, mas provavelmente tinha tentado escapar de uma Europa saturada de concorrentes de alto nível na carreira da musicologia, buscando na abertura de novos mercados a oportunidade de se estabelecer melhor na vida. A escolha de colaboradores chave capazes de se articular e de trabalhar em equipe era fundamental. E Guarnieri parecia apresentar estas qualidades. Também era preciso que os compositores que fossem cooperar com Curt Lange, estivessem em equilíbrio com seus projetos – e nesse sentido, se fossem muito individualistas em sua maneira de atuar, ou se tivessem uma linguagem muito particularista, isso poderia ser um impeditivo.

As qualidades de Guarnieri que chamaram a atenção em Curt Lange foram nessa direção: capacidade de trabalho em conjunto, personalidade colaborativa e franca, e, principalmente, uma música de maior possibilidade de universalização, de apelo clássico, sem grandes comprometimentos com particularismos, com rivalidades, com escolas herméticas. Tinha de ser também uma obra com a necessária profundidade musical, atendendo aos ideais iluministas de cuja tradição Curt Lange era oriundo. Que concebesse a música como elevação do espírito humano, não como atividade exibicionista ou meramente profissional. A música e a personalidade de Guarnieri pareciam atender estas qualidades procuradas por Curt Lange, o que o levou a estabelecer a parceria com o compositor paulista.

Para Guarnieri, a parceria e a colaboração com Curt Lange seria fundamental, como possibilidade de superar as limitações do meio musical paulistano. Através das gestões com Curt Lange, Guarnieri conseguiu que sua música fosse mais tocada, mais publicada, mais comentada, mais estudada. Tão importante quanto compor belas obras era fazer com que elas fossem ouvidas. Do lado do musicólogo, a parceria também era útil a ele. Como demonstra a afirmação de Cesar Buscacio, pesquisador que também estudou a correspondência entre ambos:

O recurso, a essas práticas de negociação, era recorrente nos mais diversos âmbitos da vida cultural dos países latino-americanos, dentre os quais o Brasil, em parte devido à ainda fragmentária e heterogênea atuação do Estado. Afinal, a identidade de um artista ou de um intelectual era também respaldada pelo reconhecimento por ele obtido entre seus "pares": circulando entre os mesmos ambientes culturais. Tais sujeitos, em suas afinidades e discordâncias, configuravam tanto uma rede de sociabilidades como um mapa das forças ideológicas e políticas imbricadas nessas espacialidades. Não era, portanto, apenas o talento de um letrado que definia a dimensão de sua participação no mercado cultural e, sim, o tipo e o grau de sua inserção na sociedade dos homens de letras. A correspondência trocada por Curt Lange e Camargo Guarnieri, ao entrecruzar centenas de agentes culturais (dentre compositores, intérpretes, musicólogos, diretores de instituições, intelectuais, críticos musicais e políticos) descrevia, de forma concomitante, as relações por eles estabelecidas, que iam desde a troca de indicações e favores a críticas amargas.

Mas Curt Lange e Camargo Guarnieri, ao recorrerem a tal interlocução, portavam, além disso, um intento particular: tentar reverter a situação de relativo desprestígio por eles amargada no decorrer de suas carreiras. Assim, Camargo Guarnieri, logo após o seu retorno da Europa, no ano de 1939, lamentou sofrer certo "ostracismo musical", resultante da intensa concorrência em seu métier (...) Curt Lange também padeceu com o que considerava um grave descaso das autoridades da República uruguaia ao seu trabalho (...) Dessa maneira, os dois missivistas elaboraram uma série de estratégias, indicadas em sua correspondência, para tornar seus projetos musicais – e mesmo a si próprios – mais prestigiosos.[27]

Buscacio trabalhou com a correspondência entre Guarnieri e Curt Lange encontrando neste corpo documental o testemunho destas relações com as quais um músico constrói sua trajetória, conseguindo os intérpretes que se dediquem a dar concertos com suas obras, fazer gravações, os intelectuais dispostos a apoiá-la, editores capazes de publicá-la. Este autor também explica as afinidades estético ideológicas dos projetos de ambos os atores. Buscacio identifica nas correspondências a ideia de que Guarnieri era o compositor cuja música era mais adequada ao projeto de Americanismo Musical. Outros compositores tinham em suas obras um excessivo voluntarismo, particularismos nacionalistas, um uso simplório do folclore, um populismo estético. Para Curt Lange, por estes

---

27 BUSCCIO, C. *Americanismo e nacionalismo musicais na correspondência de Curt Lange e Camargo Guarnieri (1934-1956)*. Tese de doutorado, IFCS-UFRJ, 2009. p. 96-97.

motivos identificados por Buscacio, a música de Mignone ou Villa-Lobos não era adequada ao seu projeto universalista e clássico.

Buscacio menciona que Curt Lange manifestou várias vezes essa opinião em cartas a Guarnieri. Em pelo menos um episódio este tipo de opinião se tornou pública, e provocou debate com Mário de Andrade. Foi quando se realizou um ciclo de concertos em comemoração ao 4° centenário de Bogotá, na Colômbia, em 1938. O governo brasileiro mandou como representante Lorenzo Fernandes, compositor e regente, que organizou dois concertos de música sinfônica brasileira. O concerto foi comentado por Curt Lange no volume IV do *Boletim Latino Americano de Musicologia*, comentário que foi respondido de maneira irada por Mário de Andrade em texto no jornal *O Estado de São Paulo* de 14 de maio de 1939.[28]

Pelo texto de Mário de Andrade ficamos sabendo que Curt Lange criticou a organização do evento, por ter distribuído ingressos e enchido o teatro com um público de pouca cultural musical, que teria aplaudido obras como o *Batuque* do próprio Lorenzo Fernandes, ou o *Maracatu do Chico Rei* de Francisco Mignone. Contando do amplo sucesso que estas obras tiveram com o público local, Curt Lange atribui isso à ignorância de um público leigo, propenso a aplaudir a música brasileira por sua "grande vitalidade expressada através de ritmo e colorido", estilo musical que estaria "mais próximo de pessoas de preparo musical mediano", tipo de público que ficou "frio e indiferente" a obras de compositores que criavam "com intervenção do intelecto".

A réplica de Mário de Andrade aponta o tom de superioridade germânica de Curt Lange, respondendo-lhe que a Europa também é terra de futilidades, que lá também fazem sucesso compositores como Puccini e Leoncavallo, cujas obras sustentam financeiramente os teatros de ópera de Paris, Berlim, Londres e Viena. Contrapõe-se ao projeto de americanismo musical do musicólogo, defende a necessidade de função social das obras, a necessidade de dar acesso também ao público mediano. De não considerar desprezível a identificação nacional das obras, ou a facilidade de certos efeitos rítmicos ou de orquestração, que também estavam presentes nas obras dos grandes compositores europeus.

O episódio das opiniões de ambos sobre este concerto elucida o tipo de receptividade que podiam ter as obras dos compositores brasileiros. Justamente as características que Mário de Andrade considerava os maiores defeitos na música de Guarnieri, são os que Curt Lange valorizava mais, via neles maior potencial de universalização. Mário de Andrade esteve sempre a cobrar de Guarnieri que não fosse tão cerebral, não fizesse tanto contraponto, buscasse mais simplicidade comunicativa em suas obras. Curt Lange valori-

---

28　ANDRADE, M. "Nacionalismo musical". *Música, doce música, op. cit.*, p. 293-297.

zava no compositor paulista esse esmero técnico, essa capacidade que lhe permitia escapar ao banal, ao efeito fácil, aos particularismos nacionais.

Uma obra que deve ter sido executada neste concerto foi o *Maracatu do Chico Rei*, de Francisco Mignone. Não o bailado completo, peça longa, em vários movimentos, de completar quase o programa de um concerto inteiro. Mas um trecho – a *Dança do Chico Rei e da rainha N'Ginga*, a parte mais famosa do bailado criado em parceria entre Mignone e Mário de Andrade. Esta peça ilustra bem as questões discutidas nas visões divergentes de Curt Lange e Mário de Andrade, e explicam por que Guarnieri pode ser visto como um interlocutor privilegiado para o projeto do americanismo musical. Mário de Andrade, conhecedor da peça de Mignone, podia vê-la no todo e apreciar suas qualidades. O trecho ouvido por Curt Lange é uma parte com coral e orquestra. Toda em compasso binário, com acentuação marcada. O material harmônico resume-se a três acordes, de Tônica, Subdominante e Dominante. Uma melodia repetida diversas vezes sem variação. Tudo construído para chamar a atenção do ouvinte sob dois aspectos: ritmo pulsante e orquestração brilhante, com os metais tocando quase o tempo todo, apesar de a melodia aparecer em dobras nos instrumentos, não em acordes ou em contraponto.

Esta música, ou trecho de obra, tomada isolada do conjunto – e ela tem sido muito executada assim até hoje, torna-se um paradigma desse populismo musical, desse nacionalismo de brilho fácil e pouca profundidade, que Curt Lange combate e Mário de Andrade se vê obrigado a defender. Outro trecho que também foi muito executado neste tipo de concerto foi a *Tocata* das *Bachianas brasileiras n° 2* para orquestra, de Villa-Lobos, cujo subtítulo é *O tremzinho do caipira*. Nesta peça, ocorre um pano de fundo musical em que a orquestra imita os sons da máquina do trem, num uso imaginativo da orquestra que Villa-Lobos sabia fazer tão bem. Sobre este fundo da brincadeira com o som do trem, uma melodia simples, em uníssono, acompanhada de acordes tonais. Tipo de obra que o próprio Mário estava acostumado a criticar, como fez por exemplo em crítica de 1° de junho de 1930, ao comentar as *Festas romanas* de Respighi, que Lamberto Baldi regeu em São Paulo, por seu exagero, pela busca de efeitos instrumentais fáceis, pelo descritivismo, pelo uso da orquestra para imitar sons em efeitos onomatopaicos.[29]

A descrição de Mário de Andrade na sua crítica à peça de Respighi pode ser aplicada *ipsis literis* à peça de Villa-Lobos, ou à de Mignone. Mas parece que Mário de Andrade não admite um crítico estrangeiro interferindo nos rumos estéticos da música brasileira. Ou talvez não acredite que possa deixar Curt Lange extrapolar características daquelas obras para toda a música brasileira. Mas esta polêmica ilustra o fato de que Villa-Lobos e Migno-

---

29 Em *Música, doce música, op. cit.*, p. 226-228.

ne, em relação aos meios musicais não restritos ao Brasil, passavam a ser vistos como estereótipos de um nacionalismo de pouca profundidade musical, um populismo estético, que de fato respondeu bem ao tipo de demanda que estava sendo criada no regime Vargas por uma música patriótica e de apelo nacional imediato para um público mais amplo. Guarnieri, que não tinha levado sua música por essa direção, passava a ser visto de maneira favorável por um interlocutor como Curt Lange, pelas possibilidades de universalização que representava, pela sua elegância clássica, pela elaboração contrapontística.

Em busca dessas qualidades é que Curt Lange passou a demandar obras do compositor, a cuja demanda ele se dispõe a atender, especialmente nos momentos em que outros canais de atuação se fecham. Depois de um contato inicial em 1934, Guarnieri se distanciou de Curt Lange no período de maior ocupação com as atividades no Departamento de Cultura e com a viagem a Paris. Na volta de Paris, desempregado, passou a buscar na relação com Curt Lange a possibilidade de escapar às limitações que sua carreira enfrentava em São Paulo. Do início de 1940 ao início de 1942, a correspondência se intensificou. Do final de 1943 até meados de 1946, novamente um período de colaboração intensa, após a primeira visita de Guarnieri aos EUA. Em 1945 a colaboração entre ambos ficou mais estreita por dois motivos: Curt Lange estava no Rio de Janeiro, editando o volume VI do Boletim Latino Americano de Musicologia, dedicado ao nosso país. Precisa de diversos tipos de colaboração do compositor, ambos trocam também confidências amargas sobre o meio musical brasileiro. Neste período, Curt Lange também mobiliza sua rede de contatos para organizar uma grande turnê de Guarnieri pela América do Sul, que se realiza apenas em parte, limitando-se a Uruguai, Argentina e Chile. Como veremos adiante, a turnê idealizada por Curt Lange foi aproveitada por Guarnieri para estrear sua *Sinfonia nº 1* – evento que marca o fim do recorte temporal adotado neste trabalho.

Depois dessa turnê, o interesse de Guarnieri na colaboração com Curt Lange se esfriou. O musicólogo perdeu seu posto em Montevidéu, foi trabalhar numa universidade em Mendoza, no interior da Argentina. Guarnieri, por sua vez, direcionou seus esforços para uma nova visita aos EUA, em 1947. Mas nos dois momentos em que a parceria com Curt Lange revelava as melhores possibilidades para ambos, ela foi intensa e frutífera, como se pode ver pelo testemunho da correspondência.

Em 7 de dezembro de 1934 Guarnieri enviou sua primeira carta a Curt Lange, pouco depois de terem se conhecido pessoalmente. Esta carta atendia a uma solicitação, com vistas à publicação de uma partitura do compositor no Suplemento Musical do Boletim Latino Americano de Musicologia (BLAM), editado por Curt Lange. Anexo Guarnieri enviou uma biografia, que serviria de base para informações a serem publicadas, quase como um *press-release*. É um documento muito interessante, que revela as dificuldades da carreira de Guarnieri, e quais realizações musicais o compositor considerava mais importantes:

> Nasceu na cidade de Tietê, estado de São Paulo, em 1907. Iniciou seus estudos de música e piano com seus pais. Vindo para São Paulo em 1923, continuou-os sob a direção do prof. Ernani Braga e terminou-os com o prof. Antônio de Sá Pereira. Estudou composição e regência sob a direção do maestro Lamberto Baldi que, desde logo, depositou grandes esperanças no valor excepcional de seu aluno. Seus primeiros ensaios de composição datam de 1919, quando Camargo Guarnieri contava apenas 12 anos de idade. Artisticamente falando, porém, sua atividade como compositor começa em 1928 com a publicação da Dança Brasileira, Losango Cáqui, Canção Sertaneja e Sonatina para piano. Daí pra cá vem produzindo cada vez mais em todos o ramos de composição. Desde o início de sua carreira a sua música é caracteristicamente brasileira, sendo Guarnieri um utilizador do populário nacional e, na opinião do ilustre crítico e musicólogo Mário de Andrade "o melhor polifonizador que nossa terra já apresentou". Embora seja um dos mais jovens compositores brasileiros, a sua obra já está largamente divulgada no Brasil, apesar de conservar inéditos uma grande quantidade de trabalhos de meritório valor artístico. É variadíssima sua expansão artística. Suas principais obras são Pedro Malazarte, ópera cômica em um ato, libreto de Mário de Andrade; A Morte do Aviador, cantata trágica para orquestra, coros e soprano solista; Quinteto para instrumentos de sopro; Quarteto de cordas; Trio de cordas; Concerto para piano e orquestra, e diversas Sonatas para vários instrumentos; diversas peças para orquestra; inúmeras canções; peças para coro, para piano e outros instrumentos; três danças: Maxixe, Cateretê e Samba para canto e orquestra, com poesias de Guilherme de Almeida; diversas peças para canto e conjunto de câmera. É professor do Conservatório Dramático Musical de São Paulo. Dirigiu vários concertos sinfônicos da Sociedade Filarmônica de São Paulo.
>
> Seus trabalhos já tem sido executados em diversos países estrangeiros: na França, em concerto pela notável cantora brasileira Elsie Houston; Nos Estados Unidos pela grande pianista Guiomar Novais; na Argentina, pelo maestro Burle Marx, sempre com grande êxito. Em 1932, no segundo Festival Internacional de Música, realizada em Veneza, foram executados vários trabalhos de Camargo Guarnieri, os quais mereceram elogios de críticos ali presentes. O grande pianista argentino Hector Ruy Diaz, em entrevista concedida a um jornal do Rio, disse do artista brasileiro: "Camargo Guarnieri é uma das maiores figuras musicais americana, pelo seu gênio artístico e forte personalidade que revelam suas obras".

Nesta carta Guarnieri já se apresentava como um músico experiente com um catálogo significativo de composições, parcerias com Mário de Andrade, apresentações internacionais, elogios de críticos de renome.

Na verdade, neste momento inicial, Guarnieri é principalmente um compositor de peças para piano, que ainda não foi capaz de produzir uma obra sinfônica significativa, principalmente porque não tinha oportunidade de fazer tocar suas obras, numa cidade que não tinha orquestra. A ideia de "compor para a gaveta" incomodava Guarnieri. Apesar de ser um criador ousado, não mais um aprendiz, tentando composições de grande exigência técnica, tanto no equilíbrio de conjuntos instrumentais, quanto na construção de uma arquitetura formal capaz de sustentar discursos um pouco mais longos, neste momento a principal preocupação de Guarnieri deve ser a de estrear e publicar as obras já compostas. Por isso reduz seu ritmo de produção a partir de 1933. A correspondência trocada com Curt Lange demonstra como esta preocupação passa a ser central na carreira do compositor. O principal assunto discutido entre ambos é relativo à publicação e à execução de obras do compositor, das quais o musicólogo se tornava um importante apoiador.

Em carta escrita em 19 de novembro de 1935, Guarnieri pede opinião a respeito da *Sonatina n° 2* para piano, peça cuja partitura estava enviando. Nesta carta Guarnieri comenta ter recebido a visita do prof. William Berrien da Universidade da Califórnia, com recomendação de Lange. O prof. pediu que Guarnieri lhe enviasse todas as suas composições impressas. Por esta informação se vê que o apoio de Curt Lange se demonstrava muito promissor. O musicólogo tinha capacidade de mobilizar uma ampla rede de influências e contatos, e chamar a atenção para a obra do compositor, muito mais do que Mário de Andrade, cuja influência era restrita a São Paulo.

Quando retornou de sua estada em Paris, em dezembro de 1939, a situação financeira e profissional de Guarnieri estava pior do que antes de sair. Não tinha conseguido a consagração intentada em Paris, e tinha perdido o emprego no Departamento de Cultura e os alunos. Estava sem fonte de sustento, e considerava a possibilidade de aceitar um convite para dirigir um Conservatório de Música no Panamá, fato que foi noticiado pela imprensa, e suscitou artigos indignados em sua defesa por parte de figuras do meio musical brasileiro.

O que Guarnieri esteve fazendo entre dezembro de 1939, quando voltou de Paris, e outubro de 1942, quando partiu para uma temporada nos EUA, é pouco esclarecido nas biografias. Por Marion Verhaalen sabemos que Guarnieri realizou alguns concertos com suas obras. Ela documenta 4 concertos: em janeiro de 1940, maio de 1940, abril de 1941 e abril de 1942. Muito pouco para basear sua afirmação de que neste período pós parisiense Guarnieri "passava o tempo escrevendo novas obras e nos meses seguintes deu vários concertos em São Paulo e no Rio de Janeiro".[30]

Mas 1940 seria o ano em que se intensificou a correspondência com o musicólogo uruguaio. Em carta de 24 de junho de 1940, Guarnieri faz algumas revelações sobre as dificuldades de entrosamento no meio musical paulistano, ao qual voltava deslocado após a estada em Paris, e sem a proteção chave de seu padrinho Mário de Andrade. Nesta carta, comenta com Curt Lange sobre o que chama de "regencio-mania" em São Paulo, afirmando que todos os músicos paulistas pretendem-se maestros. Afirma que a empolgação foi inflada pela passagem de Toscanini em turnê pela América do Sul com sua *NBC Symphony*. Deslocado do posto de regente que tinha começado a construir antes da ida a Paris, agora Guarnieri se sentia ameaçado pelo aumento da concorrência no setor da regência. Na carta, comenta sobre Souza Lima:

> já não quer mais ser pianista, gostou do pauzinho! Como pianista ele chegou a ser notável. Como regente... Talvez a falta de técnica de direção de orquestra seja a razão. Mas quem o convencerá disso, si ele se considera igual a Toscanini!? É uma pena, meu caro Curt Lange! No Rio, ao que parece, a epidemia ainda não chegou.

Uma menção assim a Souza Lima é muito sintomática. Antes da partida de Guarnieri para Paris os dois conviveram no Departamento de Cultura de São Paulo, onde Souza Lima integrou os conjuntos fixos de música de câmera que passaram a ser mantidos pela instituição e iniciou a atividade de regente da primeira orquestra fixa de São Paulo, também mantida pelo DC. Foi esta orquestra que, regida por Guarnieri e tendo como solista ao piano o próprio Souza Lima, estreou em 30 de dezembro de 1936 o *Concerto n° 1 para piano e orquestra*. A obra foi novamente executada em 7 de março de 1937 na solenidade de abertura do Congresso da Língua Nacional cantada, organizado pelo Departamento de Cultura. Estavam presentes várias figuras importantes do meio musical nessa ocasião, e Luiz Heitor, que também assistiu a este concerto, faria muitos elogios a esta obra.

Guarnieri não teria motivos de rancor com o colega. Ele tinha sido o intérprete da principal obra de Guarnieri já executada – a primeira obra orquestral do compositor a obter algum alcance maior. O *Concerto n° 1* era uma peça difícil e virtuosística, que exigia um pianista com habilidade não apenas nas escalas e no treino clássico, mas tinha que ter tino rítmico para tocar uma parte de solista muito próxima da linguagem *jazzística* ou daquele pianismo de orquestra de cinema onde Guarnieri tinha formado seu imaginário mu-

---

30   *Camargo Guarnieri. Expressões de uma vida. op. cit.*, p. 37.

sical, e onde Souza Lima também tinha adquirido parte significativa de seu treino antes de ir estudar no Conservatório de Paris. Souza Lima era um intérprete competentíssimo, o ideal para a música de Guarnieri, que talvez não encontrasse no Brasil outro solista com as mesmas habilidades. Souza Lima também tinha sido um intérprete muito importante para obras pianísticas de Villa-Lobos e Mignone, voltando de Paris para uma turnê de concertos no Brasil com o compositor carioca.

Que Guarnieri se manifestasse de forma pejorativa sobre um dos principais intérpretes disponíveis para a execução de suas obras, mostra quanto o acanhamento do meio musical era também produto das rivalidades mesquinhas dos músicos que disputavam os poucos espaços de atuação existentes. Na competição pela sobrevivência era difícil perceber que juntar as forças num trabalho colaborativo poderia ser a melhor solução.

Ainda na carta escrita em 24 de junho a Curt Lange, Guarnieri lamenta as orquestras da cidade. Diz que são sempre os mesmos músicos. Propõe que deveria existir uma orquestra estatal, com músicos concursados bem remunerados – mas comenta que seria difícil encontrar um regente. Seria mais fácil estrear as obras para pequenos conjuntos do que as obras sinfônicas, que eram ainda, a esta altura, o ponto fraco do catálogo de Guarnieri. Dificuldade que só seria superada pelo compositor a partir de 1942 em sua turnê pelos EUA. Na carta Guarnieri também se queixa a Curt Lange da maneira como vem sendo tratado pelo meio musical paulistano desde a volta da Europa:

> Desde que cheguei da Europa venho lutando contra uma onda danada. Os meus colegas em vez de me homenagearem pelos resultados obtidos com minha viagem, fazem-me uma guerra tremenda.

A guerra é recíproca, como se percebe nas alfinetadas que Guarnieri distribui ao longo dessa extensa carta. Se há uma reclamação contra a falta de orquestras, os esforços notáveis que São Paulo vinha fazendo para se atualizar neste aspecto nunca são suficientemente valorizados por Guarnieri. Comentando concerto em comemoração ao cinquentenário da União Panamericana, realizado em 30 de abril, Guarnieri afirma:

> Somente o Fabini representou o Uruguai. Dele executaram *La isla de los Ceibos*. Prefiro não comentar a obra. A falta de ensaios, aliás o Mehlich é recordista (!), prejudicou todas as composições executadas. Acredito que seja caduquice! Mas ele não está ainda em idade para isso! ...

O regente responsável pelo concerto, Ernst Mehlich, é o mesmo que tinha recomeçado a vida orquestral da cidade em 1934. Sem esse trabalho Guarnieri não tinha podido escutar suas obras orquestrais, como as transcrições da *Dança brasileira* e da *Dança selvagem*, ou o próprio *Concerto nº 1 para piano*. Obras que o próprio compositor regeu em 1935 e 36, mas na orquestra formada e preparada por Melich, um nome importante da vida musical da cidade. O próprio Melich, em seu primeiro concerto para a temporada de 1934, incluiu a *Suíte Infantil* de Camargo Guarnieri, que foi sua primeira peça orquestral, transcrita da versão original para piano. Significativamente, o nome de Guarnieri estava no programa ao lado de Tchaikovski (*6ª Sinfonia*), Debussy (*Prelude à l'aprés-midi dun faune*), Dukas (*O aprendiz de feiticeiro*) e Beethoven (*Leonora nº 3*).

Assim como com Souza Lima, Guarnieri não teria motivo para rancores com Mehlich. Um regente de boa reputação por suas apresentações com a orquestra de Baden-Baden na Alemanha, com um repertório moderno e ao mesmo tempo feito de obras consagradas, vem para um concerto em São Paulo e pratica o gesto extremamente generoso de incluir uma obra de Guarnieri no programa. Quem era esse jovem na ocasião? Especialmente se comparado aos outros nomes de compositores impressos no programa, Guarnieri não era ninguém. Já existiam no Brasil compositores com catálogo sinfônico muito mais significativo – poderiam ser incluídos no programa obras de Mignone ou Villa-Lobos, já com um catálogo orquestral avantajado, ou mesmo outros compositores como Francisco Braga, de uma geração anterior. O gesto de gentileza de Mehlich era devolvido muito depois com rancores, do mesmo modo que com Souza Lima. Por aí se vê que Guarnieri era um homem muito magoado com o meio musical de São Paulo, demonstrando rancores e rivalidades que só poderiam reduzir seu espaço de atuação.

Em outra carta de 11 de outubro de 1940, Guarnieri comenta com Curt Lange sobre a turnê latino-americana de Stokowski:

> O que você me diz do Stokowski? A orquestra dele agradou aí? Aqui o sucesso foi relativo. Infelizmente houve um acidente desagradável com o Stokowski. Ele deu uma entrevista num jornal de bastante circulação e declarou que não conhecia Carlos Gomes e que nunca ouvira esse nome. Foi um barulho danado! Os estudantes queriam dar-lhe uma vaia. Felizmente, a conselho de não sei quem, ele resolveu dirigir a sinfonia do *Guarany*, o que foi uma pândega! Ele incerto e a orquestra mais ainda. Mas o público ficou contente e aplaudiu freneticamente a execução. Tudo acabou em palmas. Foi melhor assim! Stokowski é um grande regente. Pena ser um pouco cabotino, você não acha? Em certas execuções ele é notável, noutras deixa muito a desejar. Enfim a vinda da orquestra e dele mesmo teve muita importância para nós. Serviu para ligar melhor as relações continentais.

O comentário de Camargo Guarnieri deixa perceber apenas uma parte dos vários "acidentes" diplomáticos provocados por Stokowski durante sua viagem ao Cone Sul. A turnê deste regente foi organizada pela CBS, a rádio concorrente da NBC que trouxera Toscanini. Além dos concertos com sua *All American Youth Orchestra*, Stokowski aproveitou para realizar, a bordo do navio em que viajava a orquestra, uma gravação de quase 50 músicas com os principais representantes da música popular do Rio de Janeiro. A gravação serviu aos interesses comerciais da CBS, cuja gravadora *Columbia* obteve material musical de grande interesse comercial sem pagamento de cachê ou direitos autorais aos músicos e compositores envolvidos. Os discos foram lançados como "autêntica música brasileira", onde o termo "autêntico" era sub-entendido como uma desculpa para atropelar os direitos dos músicos e dos compositores.[31]

A maior parte das muitas cartas escritas por Guarnieri a Curt Lange durante o ano de 1940 tratavam da escolha e preparação dos originais de uma partitura a ser publicada em uma coletânea pela editora Schirmer, de Nova York. Na década de 1920 uma editora parisiense (Max Eschig) tiraria as obras de Villa-Lobos do ineditismo em que se encontravam, e levaria o compositor a produzir versões definitivas de várias obras anteriores. As editoras norte-americanas cumpririam este papel com a música de Camargo Guarnieri, mas com algumas diferenças fundamentais, como atestam as cartas enviadas por Guarnieri a Curt Lange. Villa-Lobos precisou financiar as publicações da Max Exchig, valendo-se do patrocínio dos Guinle e usando os contatos que possuía no meio editorial francês. Guarnieri seria convidado a publicar sua primeira obra nos EUA num volume de música sul-americana organizado por Curt Lange. Por esta obra Guarnieri seria remunerado. Esse novo grau de profissionalismo seria um diferencial muito importante sobre o mercado editorial brasileiro, que nesta mesma época ainda patinava em práticas comerciais retrógradas, recusando-se a reconhecer devidamente os direitos de autor.

Curt Lange já vinha atuando como editor de obras de Guarnieri, pois já havia publicado partituras suas no Suplemento Musical do Boletim Latino Americano de Musicologia. O trabalho de Curt Lange, neste sentido, continuava sendo desenvolvido para editoras norte-americanas, a quem o musicólogo aparecia como uma autoridade europeia de respeito, ao mesmo tempo em que era conhecedor do meio musical sul-americano. Era a pessoa ideal para realizar este tipo de projeto, portanto. Os trabalhos de Curt Lange como editor ainda teriam sequência com a organização da Editorial Cooperativa Interamericana, no âmbito da Sociedade Interamericana de Musicologia, que desempenharia, no fim da década de 1940,

---

31 A pesquisadora Daniella Thompson reconstituiu o episódio em "Caçando Stokowski", disponível em http://daniellathompson.com/Texts/Stokowski/Cacando_Stokowski.htm.

com o fim da solicitude dos norte-americanos neste sentido, um importante papel para a nova geração de compositores como Claudio Santoro e Guerra Peixe.[32]

As questões referentes a esta edição para a Schirmer seguem sendo tratadas em outras cartas enviadas por Guarnieri. Em uma das cartas o compositor afirma concordar com o valor de 40 dólares pelos direitos de autor. Mas ressalta que gostaria de ceder apenas os direitos de impressão, excluindo os direitos para gravação e os direitos sobre transcrições orquestrais (o que Guarnieri não chegou a fazer para essa valsa, mas tinha costume de fazer para outras obras pianísticas). Pelo câmbio da época os 40 dólares valiam cerca de 800 mil-réis, o que não era um valor desprezível. Em carta de Mário de Andrade a Francisco Mignone, escrita em 20 de março deste mesmo ano, Mário comenta sobre uma recusa de Mignone em receber 200 mil-reis pelos direitos de execução de uma obra sua, pois as casas comerciais pagavam 1 conto pelos direitos de execução de uma obra de Ravel.[33] Pelos valores em discussão percebe-se que a editora Schirmer estava praticando preços de mercado, ou melhor, cumprindo com seriedade os preços praticados nos EUA e na Europa, sem tentar aviltar os trabalhos dos músicos sul-americanos. Isto tinha um grande significado em relação às possibilidades de renda decorrente da composição, que eram muito limitados se ficassem restritos aos valores praticados pelas editoras no Brasil.

O volume que estava em discussão na correspondência sairia publicado pela Schirmer em 1942. Trata-se de *Latin American Art Music for the piano*. O volume inclui uma introdução (escrita por Curt Lange) com uma história da atividade pianística na América do Sul e biografias dos compositores incluídos no volume. A biografia de Guarnieri destoa das demais: o que Lange escreveu é basicamente o que o compositor lhe informou na carta de 7 de dezembro de 1934 (mencionada acima) e na carta de 13 de março de 1940 (sobre a estadia em Paris). Nada que Lange tenha apurado por conta própria, nada que indique que soubesse algo de Guarnieri por outros meios ou que conhecesse sua música ou sua reputação. As biografias dos outros músicos são mais longas, têm uma avaliação pessoal de Lange. Percebe-se que Guarnieri ainda é um desconhecido, uma promessa – ao contrário de Ginastera, 9 anos mais moço, mas um compositor apresentado com mais profundidade por Curt Lange.

A peça de Guarnieri publicada no volume seria a *Toada triste* (1936), assunto que ainda daria dores de cabeça e problemas contratuais, pois a peça não era inédita como

---

32 Este papel exercido por Curt Lange na segunda metade da década de 1940 com os compositores do grupo Música Viva foi demonstrado por mim em trabalho anterior: EGG, A. *O debate no campo do nacionalismo musical no Brasil dos anos 1940 e 1950, op. cit.*

33 A carta está publicada em SILVA, F. *Camargo Guarnieri: o tempo e a música, op. cit.* p. 306-308.

tinha sido combinado com a editora. Em carta de 3 de março de 1941 Guarnieri tenta explicar que o *Boletim Música Viva*, em cujo suplemento musical a peça tinha sido incluída em 1940, era uma revista de circulação limitada, não mais que 100 exemplares, que não atrapalharia os negócios da editora. Em carta de 10 de abril afirma já estar tudo acertado, faltando apenas chegar o contrato para assinar. Na mesma carta o compositor comenta sobre outras iniciativas de publicação de suas obras. Curt Lange está oferecendo incluir o *Tostão de chuva* (obra de 1941 para voz solista e conjunto de 12 instrumentos) num volume impresso de forma cooperativa por vários compositores. Mas Guarnieri avisa não dispor de recursos para pagar a impressão. Depois de impresso o volume referido, Curt Lange o envia ao compositor, que em carta de 27 de outubro alfineta, sobre a qualidade das obras: "Por enquanto a apresentação está além do valor das peças publicadas... Sei que tempos melhores virão!".

Após um período sem se corresponderem, quando da ida de Guarnieri aos EUA pela primeira vez, entre setembro de 1942 e março de 1943, a colaboração entre ambos voltaria a ser mais intensa em 1944. Curt Lange ainda seria um interlocutor importante por ocasião da organização do *Boletim Latino Americano de Música* dedicado ao Brasil, onde deveria ser incluído um texto sobre Camargo Guarnieri. Além disso, em 1945 Curt Lange tentava organizar uma turnê para Guarnieri por vários países. A intenção era passar por todo o continente, e chegar até a Venezuela ou Panamá, mas Guarnieri só cumpriu a parte sul do roteiro planejado por Curt Lange, passando por Uruguai, Argentina e Chile. Nesta turnê Guarnieri regeu as estreias de sua recém-concluída *Sinfonia n° 1*, um evento de grande força simbólica na consolidação de sua carreira.

Com as novas oportunidades que se abririam para Guarnieri nos EUA, e com o aumento das atividades a que poderia se dedicar no Brasil, a importância da colaboração com Curt Lange foi ficando reduzida na carreira do compositor. Mas nos momentos em que a carreira de Guarnieri adquiriu sérios impasses, quando o compositor esteve com poucas perspectivas de trabalho e de execução de suas obras, encontrou na colaboração com Curt Lange uma possibilidade de extrapolar as restrições que o meio paulistano lhe impunha. A partir das publicações organizadas por Curt Lange, e de contatos do musicólogo nos Estados Unidos, Guarnieri teve importantes oportunidades de publicar e executar obras, de obter reconhecimento e trabalho composicional remunerado. O colega teuto-uruguaio lhe abriu novas possibilidades, e permitiu algumas chances de extrapolar o meio musical paulistano e brasileiro.

Luiz Heitor, Rio de Janeiro

Outro interlocutor que permitiu a Guarnieri romper a limitação do circuito paulista foi o carioca Luiz Heitor Correa de Azavedo. Como já tratado no início deste trabalho, Luiz Heitor foi o primeiro historiador a incluir Guarnieri no panteão de heróis da história da música brasileira, no seu livro *150 anos de música no Brasil*, de 1956. Antes disso, Luiz Heitor já tinha sido um musicólogo interessado na obra de Guarnieri. Como um dos intelectuais mais ativos do meio musical na capital brasileira durante o regime Vargas, Luiz Heitor foi um importante ponto de contato de Guarnieri no Rio de Janeiro, conseguindo publicações, concertos, e a escolha de Guarnieri como um dos compositores a representar internacionalmente o Brasil. Também seria um importante apoiador da música de Guarnieri nos EUA, onde trabalhou por um curto período na União Pan-Americana, e mais tarde defenderia a música de Guarnieri na Europa, como representante do Brasil na UNESCO.

Luiz Heitor começou suas atividades no meio musical brasileiro quando colaborou com Luciano Gallet na criação, em 1930, da Associação Brasileira de Música.[34] Ele também assumiu a direção da Revista da Associação Brasileira de Música, que circulou a partir de 1932. Foi pelo desempenho como diretor da revista que Luiz Heitor se destacou, o que levou à sua indicação como bibliotecário do Instituto Nacional de Música. Luiz Heitor foi também presidente da Associação Brasileira de Música de 1934 até sua extinção em 1937.

---

34 As informações sobre a biografia de Luiz Heitor são fornecidas por Pedro de Moura Aragão, em sua dissertação de mestrado: *Luiz Heitor Corrêa de Azevedo e os estudos de folclore no Brasil: uma análise de sua trajetória na Escola Nacional de Música (1932-1947)*. Rio de Janeiro, EM-UFRJ, 2005. Página 40 em diante.

Mais tarde assumiria a direção da Revista Brasileira de Música, a cadeira de Folclore da Escola de Música da Universidade do Brasil, a representação brasileira na seção de música da União Panamericana (Washington) e depois o mesmo cargo na UNESCO em Paris. Seria também o principal historiador da música no Brasil, responsável pela consolidação de memória modernista e pela hegemonia deste ideal estético nas publicações sobre o assunto.

A correspondência recebida por Guarnieri de Luiz Heitor, depositada em seu acervo no IEB, demonstra como esse relacionamento e essa amizade foram importantes para o compositor paulista. A primeira carta enviada por Luiz Heitor a Camargo Guarnieri data de 26 de abril de 1935, e foi escrita em papel timbrado da Associação Brasileira de Música, da qual Luiz Heitor era então presidente. A Associação organizava anualmente um Festival de Música Brasileira Moderna. Na carta, Luiz Heitor pedia a Guarnieri o envio da partitura do "Quintetto para instrumentos de sopro", que já tinha sido executado em concerto no Instituto Nacional de Música. Luiz Heitor pede também partituras de canções para voz e piano. O concerto incluiria obras de Luciano Gallet e Francisco Mignone. A direção musical seria feita por Mignone, que executaria as partes de piano. "Vamos fazer uma execução muito séria, sem poupar ensaios, e com os melhores elementos, tudo a critério do Mignone", afirma Luiz Heitor.

Em 17 de abril de 1937 Luiz Heitor escreveu nova carta a Guarnieri, desta vez discutindo sobre a impressão das partituras de *Sai-aruê* (canto e piano) e *Choro torturado* (piano). As obras foram escolhidas por uma comissão para integrar um álbum de música para ser distribuído gratuitamente em homenagem a músicos europeus que visitariam o pavilhão do Brasil na exposição de Paris. Seriam "diversos álbuns, luxuosamente impressos", com tiragem de 2.000 exemplares cada – ciências, letras, artes, música. O álbum de música teria 100 páginas, com obras de Villa-Lobos, Lorenzo Fernandez, Francisco Mignone, Radamés Gnattali, Barrozo Neto, Frutuoso Viana, Luiz Cosme e Francisco Braga.

De maio a agosto Luiz Heitor enviou ainda 4 cartas a Guarnieri, todas tratando das provas de impressão das obras que seriam incluídas no álbum para a exposição de Paris. E na carta de 17 de agosto, há ainda uma outra informação interessante:

> Falei com a cia. Carlos Wehrs, a respeito do negócio das edições, e, como esperava, eles se interessaram, pois estão enfeixando nas mãos todos os nossos maiores compositores contemporâneos. O chefe da casa, Sr. Gustavo Eulenstein, deve ir a São Paulo nesta ou na próxima semana, e vai pessoalmente procurar você. Ele me declarou que este ano a casa não pode pensar em edição muito extensa, mas está disposta a fazer, de momento, a publicação de várias peças pequenas para piano, canto e piano, etc.

Percebe-se que Luiz Heitor já era um dos principais responsáveis por promover a música de Camargo Guarnieri, e considerava o compositor paulista como parte dos "nossos maiores compositores contemporâneos". Luiz Heitor estava envolvido na promoção da música de Guarnieri através de concertos e publicação de partituras, atividades nas quais o musicólogo estava engajado e tinha muitos bons contatos. Mas o trecho sobre a editora *Carlos Wehrs* revela também uma limitação muito grande para o sucesso da carreira de Guarnieri como compositor. Não havia público no Brasil capaz de tornar a música modernista viável comercialmente. O único editor disposto a publicar obras dos jovens talentos sabia que não era comercialmente viável editar música de câmera ou música orquestral. Os custos de impressão eram muito maiores, e o público potencial para comprar as partituras era praticamente inexistente. Só havia mercado para peças curtas, para cantores ou pianistas. Ficava mais fácil convencer *virtuoses* a incluírem uma peça modernista em seus concertos do que realmente promover grupos musicais maiores, música de câmera ou orquestral.

Em carta de 6 de maio de 1940, Luiz Heitor menciona a Guarnieri que uma partitura sua esteve com Max Brand. Pela carta de 24 de julho, descobre-se tratar da obra camerística *Flor de Tremembé* (1937), para 15 instrumentos solistas. Luiz Heitor transmite recado do regente, que dava ótimas referências da peça, e tinha recomendado a obra para a *Universal Edition* de Londres. A editora tinha demonstrado interesse mas não tinha condições imediatas de fazer a publicação, e pedia cópia da partitura para realizar concertos e transmissões radiofônicas, que ajudariam a divulgar a peça antes da edição. O interesse de uma editora europeia era uma notícia importante, demonstrava também que os europeus se viam prejudicados pela competição dos EUA em exercer influência cultural na América Latina. As possibilidades das empresas europeias estavam bastante limitadas por causa da situação da guerra.

Pelo que se sabe a peça não chegou a ser publicada, pois o catálogo elaborado por Flávio Silva não informa edição. Segundo informação que consta no catálogo, a estreia da peça foi no Teatro Municipal de São Paulo, no mesmo concerto comemorativo ao cinquentenário da União Panamericana – regido por Mehlich. Como já mencionado acima, Guarnieri assistiu este concerto e comentou com Curt Lange (carta de 24 de junho) sobre a execução de uma peça de Fabini. Mas não mencionou a inclusão de sua obra no programa.

A peça também foi executada no Rio de Janeiro, pois no n° 4 do *Boletim Música Viva* (de setembro de 1940) Luiz Heitor escreve uma crítica ao concerto, em que dá uma visão muito favorável da obra de Camargo Guarnieri. Aliás, o texto de Luiz Heitor é muito interessante, uma vez que dá, a partir do pretexto de comentar a obra de Guarnieri, uma verdadeira história de como o ideal modernista vinha "tomando de assalto" o conservadorismo do meio musical carioca. É importante acompanhar o raciocínio de Luiz

Heitor para perceber o significado da obra de Guarnieri no ambiente musical do momento, e a disposição do musicólogo carioca em não poupar esforços em prol de seu protegido.

O texto de Luiz Heitor inicia informando que o concerto em questão foi uma oportunidade para o público avaliar melhor a obra deste jovem compositor, tão pouco conhecida no Rio de Janeiro. Porque de Guarnieri só se ouviam esporadicamente umas poucas peças avulsas, solos de piano ou peças para canto e piano. E comenta quando teria sido o primeiro momento de aparição do compositor na cena carioca:

> Coube à Escola Nacional de Música, justamente no tempo em que ainda se chamava Instituto o cuidado de revelar aos nossos amadores uma primeira obra de grande envergadura, escrita por Camargo Guarnieri. Foi isso em 1931, por ocasião de um concerto revolucionário promovido pela Casa de Francisco Manuel, em cuja direção se achava, havia poucos meses, o prof. Guilherme Fontainha. O programa incluía vários compositores "ilegítimos", isto é, formados sem o beneplácito da Casa, e obras rebarbativas para ouvidos mais timoratos, como aquela tremenda *Suite sobre temas negro-brasileiros*, de L. Gallet, cujas partes se denominavam: *Macumba, Acalanto* e *Jongo*. Nesse programa apareciam pela primeira vez obras importantes de Camargo Guarnieri, Luis Cosme e Radamés Gnattali. Todos eles haviam de achar o seu caminho e justificar, com êxitos posteriores, a confiança que o sisudo estabelecimento do Largo da Lapa depositara em seus jovens talentos. De Camargo Guarnieri ouvimos, então, o *Choro n° 3*, para flauta, oboé, clarinete, fagote e trompa; obra complexa, como todas as de seu autor, difícil de abordar numa única audição, e cujo êxito ficou muito comprometido pelas deficiências da execução que nos foi oferecida.

Primeiro Luiz Heitor faz referência ao fundador da instituição ainda nos tempos do Império ("Casa de Francisco Manuel") um efeito retórico que fica aumentado porque a referência antiga vem na mesma frase em que o concerto é descrito como "revolucionário", pela inclusão dos compositores "ilegítimos". O Luciano Gallet, autor da "tremenda" *Suite sobre temas negro-brasileiros*, era o último diretor da instituição, recém-falecido. O termo "revolucionário", usado por Luiz Heitor, não era mera figura retórica: remete à Revolução de 30 às transformações que o regime Vargas operava no plano simbólico, indicando Gallet para a missão de reformular o Instituto.

Os outros compositores incluídos no programa representavam também forte valor simbólico. Luis Cosme e Radamés Gnatalli eram dois filhos do modernismo gaúcho, chegados juntos com as tropas que tomaram de assalto a capital da República na Revolução. Teriam sido trazidos, provavelmente, na esteira da chegada de Guilherme Fontainha, vindo da direção do Conservatório de Porto Alegre para assumir a principal instituição de ensino musical do país.

Luciano Gallet significava muito também para a carreira pessoal de Luiz Heitor. Foi como faz-tudo e braço direito de Gallet na Associação Brasileira de Música, e como editor da Revista Musical WECO – ambos, Associação e Revista iniciativas de Gallet, que Luiz Heitor chamou a atenção para o seu trabalho e mereceu a confiança de ser indicado para assumir o cargo de bibliotecário do Instituto. Logo depois seria também editor da *Revista Brasileira de Música*, dirigida por Fontainha.

A inclusão do nome de Guarnieri neste concerto provavelmente vinha por sugestão de Mário de Andrade, representando o modernismo paulista como aliado de primeira hora da Revolução.

Uma das principais dificuldades a serem superadas pela música modernista era a inexistência de músicos tecnicamente capacitados para executar as obras criadas pelos novos compositores. Luiz Heitor parece corroborar esta interpretação, quando afirma que o êxito da obra ficou "comprometido pelas deficiências da execução". A crítica escrita por Artur Imbassahy para o jornal do Brasil chega mesmo a deixar dúvidas se está comentando a técnica composicional de Guarnieri ou as dificuldades de execução manifestadas pelo conjunto reunido para a ocasião:

> aparecia a nítida idéia do compositor: a de que os músicos experimentavam os instrumentos, como se costuma fazer nas grandes orquestras antes das execuções. Havia apenas uma variante: esses cinco professores produziam mais barulho, inferneira mais horrente do que aquilo que se tem ouvido até agora.[35]

Este comentário pode revelar a dificuldade que os críticos formados na estética oitocentista tinham em adaptar suas escutas ao novo paradigma que surgia com o abandono do tonalismo como referência da estética musical. Mas revela também o despreparo dos músicos formados para o repertório antigo em abordar as obras novas. Este "erro", na interpretação dos críticos, devia ser atribuído ao compositor, por não manejar corretamente as técnicas do bem escrever.

A crítica de Luiz Heitor para o *Boletim Música Viva* chega então ao concerto de 1940, após estabelecer o pano de fundo histórico da recepção que tinha o modernismo no Rio de Janeiro. Tudo isso servia para contrastar com a recepção mais favorável que a obra de Guarnieri podia ter agora em 1940.

---

35 Conforme reproduzido em SILVA, F. *Camargo Guarnieri: o tempo e a música, op. cit.* p. 547.

> O concerto constituiu um êxito indiscutível, que muito honra o público numeroso e escolhido que a Escola tem agrupado, ultimamente, em todas a suas audições mercê da regularidade e excelente critério com que as vêm organizando o diretor Sá Pereira.

Ao contrário do vexame dado pelos cariocas diante de tão digna música na ocasião do concerto de 1931, passados nove anos, após o trabalho sistemático e educativo dos modernistas na agora chamada Escola Nacional de Música, já tinha se constituído um público no Rio de Janeiro. Capaz de afluir a concertos regulares, com repertório selecionado com "excelente critério" – a saber a estética outrora revolucionária, agora já estabelecida como normal, ao menos a uma parcela significativa de um público regular de concertos.

A *Flor de Tremembé*, uma das obras executadas no concerto de junho de 1940, tinha todo o potencial para ser uma destas obras "rebarbativas". Escrita para 15 instrumentos solistas e percussão, na verdade o destaque maior é mesmo para os sopros, que assumem todo o protagonismo dos solos. As cordas (quinteto), o cavaquinho, a harpa, o piano e a percussão (chocalho, reco-reco, agogô e cuíca) cumprem a função da base do conjunto de choro, que parece ser a referência instrumental da obra. Sendo um compositor ainda inseguro no domínio da orquestração, que pouco ousava compor para orquestra, essa obra revela o quanto a habilidade com os conjuntos que dirigiu nos cinemas e bailes da década de 1920 ainda eram a grande referência técnica de Guarnieri. O que aparece muito mais refinado aqui é a capacidade de criar temas melódicos longos, e tratá-los de maneira contrapontística bastante complexa. As relações harmônicas estabelecidas entre os solistas e a parte do conjunto que estabelece a base harmônica são também bastante complexas, exigindo um conjunto de alto nível. A vivacidade rítmica e o referencial claro à música popular brasileira devem fazer com que esta obra tenha soado talvez muito "dura" na execução de Mehlich em São Paulo. Teria o alemão, com poucos ensaios, conseguido extrair a fluência rítmica necessária para a fruição da obra?

O conjunto carioca deve ter tido sucesso, pois Luiz Heitor faz comentários entusiasmados, e a obra foi repetida em concerto em homenagem a Carleton Sprague Smith dois meses depois, segundo comentário de Luiz Heitor no texto. Além do comentário da principal obra do concerto, Luiz Heitor já é capaz de fazer uma avaliação mais geral da técnica composicional de Guarnieri, demonstrando estar familiarizado com o catálogo do compositor paulista. A propósito de *Flor de Tremembé* afirma: "O tratamento dado aos temas é deliberadamente polifônico, revelando um compositor para quem o domínio da técnica já não constitui preocupação.".

Menciona ainda outras do compositor que considera dignas de nota: a *Toada Triste*, que saía publicada no suplemento musical do mesmo número do *Boletim*; a *Sonatina*, a coleção dos *Ponteios*, o *Choro torturado* e a *Tocata*, todas para piano solo. Avalia de maneira especial o *Concerto para piano e orquestra*, em cuja execução por Souza Lima na abertura do Congresso da Língua Nacional Cantanda Luiz Heitor esteve presente:

> encontramos uma das obras mais acabadas que a literatura do gênero tem produzido, contemporaneamente, em todo o mundo, (esta foi, pelo menos, a impressão dos numerosos artistas e críticos que assistiram àquela memorável primeira audição durante o primeiro Congresso da Língua Nacional Cantada, em São Paulo).

Cita outras obras que constituem, na opinião de Luiz Heitor, uma "bagagem musical imponente": a ópera cômica em um ato *Malazarte*, um *Concerto para violino e orquestra* ainda inédito, quarteto, sonatas para violino e piano e violoncelo e piano além de obras para canto e piano. A soma desses fatores todos permitia emitir um julgamento final do compositor, sobremodo favorável:

> Camargo Guarnieri é um músico completo, que vive da música e que vive para a música, e cuja obra marca uma das faces mais originais e mais fortemente conscientes da história musical do Brasil contemporâneo.

Tanto melhor que a música de Guarnieri pudesse ser avaliada já tão positivamente a esta altura de sua carreira, ainda mais por alguém tão influente como Luiz Heitor. Ele iria, alguns meses depois, mudar-se para Washington, para ocupar a representação brasileira na seção de música da União Pan-Americana. Seu trabalho tinha chamado a atenção dos norte-americanos como folclorista, no projeto que vinha estabelecendo uma coleção de discos gravados com música folclórica de várias regiões do país. Sua metodologia de trabalho chamou a atenção das instituições norte-americanas, que constituíram uma valiosa parceria tecnológica. Mas a metodologia de trabalho de Luiz Heitor e a qualidade do material produzido valeram o interesse da *Library of Congress*, que recebeu cópia dos discos.

O interesse das instituições musicais neste intercâmbio vinha representado por este visitante ilustre, Mr. Carleton Sprague Smith. Homenageado no segundo concerto em que foi executada a *Flor de Tremembé*, homem de grande simpatia e com fluência perfeita em português, Mr. Smith era musicólogo de renome, presidente da *American Musicological Society*, diretor da Divisão de Música da *New York Public Library*, além de representante oficial do comitê de relações interamericanas para música do Departamento de Estado dos EUA. Tudo isso está informado em notícia na página 11 do mesmo n° 4 do *Boletim Música Viva*. A colaboração cultural se revelaria ainda mais estreita, pois Carleton Sprague Smith era também grande flautista, executando as partes deste instrumento num concerto com obras de Roy Harris, Aaron Copland e William Porter – compositores que tinham em comum uma escrita na fronteira entre a música de concerto e o jazz. No mesmo programa ele também executou a difícil parte de flauta do *Choros n° 2* de Villa-Lobos.

Saindo do Rio, Smith passaria ainda uma semana em São Paulo e iria para Montevidéu e Buenos Aires. O representante norte-americano tornou-se amigo pessoal de Guarnieri, assim como Charles Seeger, diretor de música da União Pan-Americana e Aaron Copland, o mais ativo compositor dos EUA nesse momento de efervescência política. As relações com estes personagens se estreitariam nos próximos anos, quando Guarnieri visitou os EUA, onde sua música passou a ser sempre editada, executada e gravada.

Em duas correspondências, uma de 25 de agosto de 1940 e outra de 13 de janeiro de 1941, Luiz Heitor comenta com Guarnieri sobre os trâmites para a criação do Serviço de Pesquisas Folclóricas da Escola Nacional de Música da Universidade do Brasil. Parece que Luiz Heitor tinha em mente algum trabalho para Guarnieri na instituição, pois na primeira das duas cartas está o projeto de criação da instituição, bem como seu orçamento. Luiz Heitor afirma contar com o apoio de Mário de Andrade escrevendo ao ministro (Gustavo Capanema, do Ministério da Educação) e ao seu secretário Carlos Drummond de Andrade, o que ajudaria a garantir que o projeto seria aprovado sem cortes no orçamento proposto.

Em carta de 26 de abril de 1941 Luiz Heitor comenta um concerto com obras de Guarnieri que ocorreu no Rio de Janeiro:

> Seu concerto foi uma maravilha. Todos os intérpretes souberam interessar e por devido relevo às obras que lhes estavam confiadas. Gostei imensamente do Trio. Apesar de sua escrita avançada é uma obra acessível no meu entender. E que maravilhosa plenitude de som, que vivacidade e pujança de ritmos você nele empregou. Acho-o uma realização absolutamente notável.

A peça comentada é o *Trio*, para violino, viola e violoncelo, em três movimentos, composto em 1931. Pela opinião de Luiz Heitor, percebe-se que a crítica especializada – pelo menos a que era favorável à estética modernista, não teve a mesma opinião que Lutero Rodrigues.[36] Este autor identificou na música de Guarnieri um alto grau de complexidade na música composta no início da década de 1930, que teria levado a um debate

---

36 "A música, vista da correspondência." *op. cit.*

com Mário de Andrade e a uma inflexão no estilo do compositor após 1934. No *Trio* de 1931 Luiz Heitor encontra uma obra que sabe equilibrar modernidade ou complexidade técnica da escrita com comunicabilidade.

Em carta de 22 de maio de 1941 Luiz Heitor anuncia sua ida no começo de julho para os EUA. Escreve a Guarnieri pedindo-lhe partituras de obras para "fazer executar lá". Indo como ocupante de um cargo oficial, Luiz Heitor já se incumbe da missão de divulgar a música brasileira. Camargo Guarnieri é um compositor que merece ser divulgado. Amizade e admiração artística (sem dúvida aquela decorreu desta) fizeram de Luiz Heitor um importante aliado na divulgação da obra do compositor. E o empenho de Luiz Heitor certamente contribuiu. Tendo sido ele um dos contatos oficiais desde o início, para colocar os norte-americanos a par do meio musical brasileiro, já tinha proporcionado o contato dos agentes do governo dos EUA com o compositor. Tanto que a esta altura Guarnieri já recebia também correspondência de Carleton Sprague Smith, Charles Seeger e Aaron Copland. Todos seriam defensores de Guarnieri e articuladores de sua estada norte-americana.

A próxima carta, escrita por Luiz Heitor a 1º de janeiro de 1942, já é endereçada da *Pan American Union* em Washington D. C. Avisa a Guarnieri que será convidado para visita aos EUA, com despesas de viagem pagas,[37] para conhecer o sistema de educação musical norte-americano, que Luiz Heitor reputa como maravilhoso. Recomenda que traga partituras, pois há grande interesse editorial, especialmente em música para uso escolar.

> Colateralmente com a missão para a qual é você é convidado aqui, estou certo que muitos outros proventos artísticos poderá tirar, como contato com editores e centros musicais. Muito provavelmente você terá ocasião de apresentar obras suas. O Aaron Copland está entusiasmado a seu respeito, e ele aqui é trunfo de primeira categoria.
>
> As condições de sua vinda são muito boas. Não se trata de ganhar dinheiro, mas você terá aqui uma estadia com todo o conforto.

Em 5 de maio Guarnieri ainda enfrenta dificuldades com a organização da viagem, e Luiz Heitor lhe escreve para tentar resolver os trâmites:

> Estou aflito por notícias suas. Que história é essa de Panamá? Mande-me contar a coisa direitinho. Tem você lido os magníficos folhetins do Muricy

---

37   Esta informação da carta de Luiz Heitor contradiz o que está nas biografias de Guarnieri, onde se afirma que ele precisou da encomenda de uma obra pela Sociedade de Cultura Artística para que pudesse pagar as despesas de viagem.

a seu respeito? Recebi a carta do Seeger, que está ansioso por saber se você pode aceitar o convite da Pan American Union. A 17 de abril ele ainda não havia recebido a que eu lhe escrevera a 2 desse mês, sobre seu caso. Mas estou curioso agora é pelo negócio do Panamá, do qual nada sabia. Esse conservatório parece que é ótimo e muito protegido pelos norte-americanos. O ano passado, por intermédio do Seeger, ele recebeu cerca de 40 contos em material para gravação, discos, etc. Não sei o seu negócio como é; mas assim, pelo aspecto, de longe, minha impressão é que, se eu fosse você, aceitava.

A carta revela vários aspectos interessantes da trajetória artística de Guarnieri e da recepção da crítica especializada à produção do compositor. Ele realmente enfrentava dificuldades com a ida aos EUA, pois já sabia desde janeiro do convite e até maio ainda não tinha confirmado a viagem. Luiz Heitor também menciona outro crítico que já estava chamando a atenção do público para a obra de Guarnieri: Andrade Muricy, autor da coluna *Pelo mundo da música*, publicada semanalmente no *Jornal do Comércio* do Rio de Janeiro. Foi Muricy quem substituiu Oscar Guarnabarino, o principal opositor do modernismo na crítica especializada, falecido em 1937. Desde então, a estética modernista tinha ganhado mais um divulgador.

E sobre o convite para o Conservatório do Panamá, Luiz Heitor dá informações muito interessantes. Indica que o conservatório também estaria sendo beneficiado pelos interesses da política externa norte-americana, e permite imaginar que a própria indicação de Guarnieri poderia ter sido derivada do prestígio que o compositor já tinha entre os promotores musicais da política da boa vizinha (Seeger, Sprague Smith, Copland). O mais chocante no trecho da carta é que pode-se perceber que Guarnieri, apesar de todo o reconhecimento artístico que vinha obtendo, continuava um homem sem perspectivas profissionais. Podia ser um dos grandes compositores contemporâneos e uma chave musical da identidade cultural brasileira, mas tinha dificuldades para obter o sustento.

As limitações do meio musical brasileiro eram bem conhecidas por Luiz Heitor. Este intelectual já tinha galgado todos os postos possíveis no Brasil: ativista de um órgão associativo (Associação Brasileira de Música) e editor de sua revista; daí convidado a bibliotecário da principal instituição de ensino musical do Brasil (Instituto Nacional de Música); editor da principal revista de música já publicada no país (*Revista Brasileira de Música*); professor catedrático da mesma instituição, agora alçada à condição de departamento universitário; responsável pela música erudita nos órgãos oficiais do Estado Novo (*Revista Cultura Política* e programa radiofônico *Hora do Brasil*). Mesmo sendo assim, um dos principais personagens do meio musical, com livre trânsito pelos meandros do poder político do Estado, Luiz Heitor optara por uma temporada nos EUA a serviço da *Pan American Union*, e não hesitaria em aceitar, mais tarde, um cargo na UNESCO em Paris. Deixava claro a Guarnieri: "se eu fosse você, aceitaria". O cargo no Conservatório do Panamá parecia ser mais do que Guarnieri poderia obter no Brasil, e Luiz Heitor demonstra com isso uma análise bastante pessimista do momento que vivia a música no país. Apesar de o nacionalismo modernista já ter se tornado uma linguagem estética hegemônica no país, não havia logrado construir políticas públicas capazes de desenvolver um sistema musical mais amplo, pois um dos principais compositores modernistas não podia viver da composição no Brasil.

As cartas seguintes enviadas por Luiz Heitor demonstram que este continuou ativo divulgador e defensor da produção de Guarnieri, ajudando sempre que necessário com questões oficiais ou burocráticas. Em carta de 31 de dezembro de 1943 escreve solicitando informações para um capítulo sobre música brasileira que estava escrevendo para o livro *Brazil* de L. F. Hill. Carta de 25 de maio de 1944 combina encontro quando da ida de Luiz Heitor a São Paulo, onde iria articular a colaboração no volume do *Boletim Latino Americano de Música* dedicado ao Brasil. No dia 30 do mesmo mês, outra carta pede informações sobre o compositor – "para um trabalhinho que estou escrevendo". Em dezembro deste ano outra carta conta que a música de Guarnieri era tema de aula em um curso de apreciação musical que Luiz Heitor ministrava no Rio de Janeiro, e pede material fotográfico para um artigo sobre o compositor na revista ilustrada *Rio*. E em janeiro de 1948 um cartão, já enviado do endereço da UNESCO em Paris, parabeniza Guarnieri pela vitória de sua sinfonia (a nº 2) num concurso de composição nos EUA. E afirma: "Agora que você está chegando, saio eu. Adeus! (...) Partimos a 31 para Paris. E lá, já sabe, às suas ordens.".

PARTE 4:
Entre Brasil e Estados Unidos na década de 1940

Aliados estratégicos:
os modernistas norte-americanos

A partir da amizade, dos contatos profissionais e do apoio recebido de intelectuais como Luiz Heitor e Curt Lange, Camargo Guarnieri acabou se tornando um dos compositores indicados aos agentes norte-americanos da *Good Neighbor Policy*. Luiz Heitor era o principal interlocutor para assuntos musicais dos órgãos oficiais do Estado Novo. Ao contrário de Villa-Lobos, que se mantinha ocupado com a organização dos eventos cívico patrióticos e do sistema escolar do canto orfeônico, Luiz Heitor era o mais capacitado para lidar com questões diplomáticas, trabalhos de pesquisa, além de avaliações críticas do cenário musical brasileiro. O mesmo papel Curt Lange cumpria em relação à América do Sul como um todo, onde tinha construído uma impressionante rede de relações que envolvia todos os principais compositores do continente.

Quando o governo norte-americano decidiu organizar uma aproximação com os países sul americanos através de políticas de fomento e cooperação, os agentes mobilizados para essa tarefa fizeram viagens ao Brasil e à América do Sul para sondar possíveis colaboradores. A partir de informações colhidas tanto com Luiz Heitor como com Curt Lange, e do contato realizado pessoalmente com os compositores, Camargo Guarnieri emergiu como o nome a ser privilegiado nas relações de boa vizinhança no âmbito da música. As características de sua música, e, principalmente, sua disposição pessoal para o trabalho colaborativo tornaram o compositor um interlocutor privilegiado também para os intelectuais e modernistas norte-americanos.

Mignone e Villa-Lobos também fizeram visitas de boa vizinhança aos EUA. Mas durante o Estado Novo, ambos estavam por demais ligados aos interesses de trabalho nas instâncias do regime varguista. Villa-Lobos só iria investir mais seriamente nas possibilidades de sua carreira norte-americana após 1945, quando ficaria mais livre de suas responsabilidades como agente do governo brasileiro. Mignone fez viagens aos EUA, mas ele também era um compositor cujos interesses estavam bem representados pelo Estado varguista. Sua obra era incluída nos principais canais de divulgação no exterior, e ele próprio era um músico de trânsito internacional considerável. A convite de instituições alemãs, já tinha passado duas temporadas de concerto como regente em Berlim (em 1937 e 38), e parece que o interesse norte-americano em Mignone derivava tanto da atenção com um compositor importante do país, como da preocupação em neutralizar um possível agente de influência das potências do Eixo.

Guarnieri desenvolveu níveis de cooperação um pouco diferentes. Como se pode observar da correspondência recebida de seus interlocutores norte-americanos, Guarnieri se tornou amigo pessoal e colaborador em diversos níveis de figuras chave do meio musical norte-americano na era Roosevelt. Principalmente o compositor e musicólogo Charles Seeger, o músico e acadêmico Carleton Sprague Smith e o compositor e ativista Aaron Copland. Os três foram os principais interlocutores de Guarnieri nos EUA, e serviram como porta de entrada ao compositor no meio musical daquele país. A partir destes personagens surgiu o contato para a primeira viagem ao país, em 1942. E foram surgindo as encomendas de obras, os concertos, as edições. Ao mesmo tempo, Guarnieri se tornou um divulgador da música moderna norte-americana no Brasil, sendo responsável, como regente, pela estreia de várias obras de Aaron Copland no país.

Na trama desta correspondência, pode-se investigar a profunda influência do meio musical norte-americano, tanto na música como na carreira profissional de Guarnieri. Além do apoio dos intelectuais modernistas (Luiz Heitor e Mário de Andrade) e das ligações com o americanismo musical de Curt Lange, a possibilidade de inserir-se no meio musical norte-americano foi fundamental para a carreira de Camargo Guarnieri. Possibilitou o alcance internacional necessário para que ele pudesse ser respeitado como compositor, para que pudesse mesmo superar os limites que interpunham à sua carreira profissional e suas dificuldades financeiras. O que tinha sido uma intenção frustrada em Paris por causa da Guerra, e também por causa da decadência da cidade como centro musical mais importante do mundo, seria realizado via Estados Unidos. A música de Camargo Guarnieri encontrava espaço nos EUA ao mesmo tempo em que o país do norte construía sua poderosa estrutura de orquestras, sistema escolar de ensino de música, editoras, circuito de concertos e transmissões radiofônicas e gravação em disco. E isso lhe deu a oportunidade de uma inserção privilegiada como compositor de alcance mundial. Esta inserção se deu porque Camargo

Guarnieri foi capaz de criar obras que atendiam à demanda por música sinfônica nos EUA, uma demanda que praticamente não existia no Brasil.

O meio musical brasileiro estava principalmente direcionado a grandes produções orientadas por um nacionalismo ufanista, atendidas por Villa-Lobos com sua série das *Bachianas Brasileiras* (um total de nove obras, escritas entre 1930-1945), ou por Mignone com obras como as *Fantasias Brasileiras* para piano e orquestra ou os bailados sobre assuntos afro-brasileiros e temas folclóricos, como *Maracatu do Chico Rei* (1933), *Babaloxá* (1936), *Batucajé* (1936), *Leilão* (1941), *Espantalho* (1941), e *Iara* (1942). Ou ainda, havia a demanda de música para o sistema educacional que se implantava sob direção de Villa-Lobos, mas esta demanda o próprio compositor cuidava de manter como uma reserva de mercado pessoal – jamais encomendando obras, e compondo ele próprio todo o material, que resultaria no *Guia Prático*, um conjunto de hinos patrióticos e canções infantis harmonizadas em versões para piano, voz e piano e coral.

A estética de Camargo Guarnieri era mais clássica. Se orientava mais para a música absoluta, formas não-descritivas como *Concertos, Sinfonias, Quartetos, Aberturas*. As melodias não eram fáceis como nas obras dos colegas, e ao invés de usar temas folclóricos apoiados em uma orquestração chamativa, mas de pouca complexidade harmônica, Guarnieri tecia suas melodias num contraponto não-tonal, criando efeitos de tensão permanente pelo caráter não homofônico de suas obras, pelo deslocamento do acento rítmico de seu fraseado melódico, e pela falta de repouso tonal de suas harmonias. Para usar um termo que foi comum na avaliação dos intelectuais abordados neste trabalho, a música de Camargo Guarnieri era menos populista. Ou seja, apelava menos ao mimetismo das falas populares da música folclórica, usava menos a familiaridade das harmonias tonais ou da rítmica sincopada baseada nos compassos simples. Era uma música que buscava ser profundamente nacional, mas ao mesmo tempo mais universal e mais clássica.

Essas características passaram a ser associadas à personalidade musical de Camargo Guarnieri, e ao modo como sua música passou a ser vista, avaliada e concebida. As histórias da música e a crítica especializada passaram a indicar, frequentemente, uma visão geral que propunha visões diferentes e complementares dos três compositores modernistas. Villa-Lobos como a genialidade bruta – telúrico, "floresta amazônica", "índio de casaca" – resultante de técnicas composicionais rapsódicas, sem estruturação formal muito clara, de grande inventividade de recursos tímbricos e orquestrais, mas pouco desenvolvida nos aspectos estruturais e de lógica musical. Em resumo, uma música selvagem.

Mignone seria o "puccini brasileiro", do ponto de vista de sua facilidade melódica. Grande criador de melodias tonais, de encantamento lírico, que resultava em obras fáceis de ouvir e de gostar, bem harmonizadas, e com completo domínio da palheta orquestral – que Villa-Lobos abordava de forma auto-didata e contrária aos padrões tradicionais. Mignone, ao contrário, era o "respighi brasileiro", o mestre das combinações instrumentais, o orquestrador perfeito. Mas o domínio das técnicas de criação melódica e de controle dos resultados sonoros da orquestra resultavam no que Mário de Andrade muitas vezes apontava como uma música agradável mas de pouca profundidade, de pouca pesquisa, de pouca auto crítica.

Camargo Guarnieri foi percebido como um compositor que organizava sua música de forma planejada, que produzia estruturas formais claras e simétricas. Que tinha na composição, mais que inspiração e talento, o labor intelectual, a construção elaborada. Sua música, portanto, era profunda mas difícil. Mário de Andrade apontava sempre a aridez de suas obras em relação às possibilidades de audição do público brasileiro. Mas em grande parte estas características encaixaram-se com perfeição aos interesses do meio musical norte-americano, e pode-se dizer que a maneira como Guarnieri passou a ser visto como compositor, deriva em grande medida da maneira como construiu uma parte importante de sua obra nesta relação com o meio musical norte-americano.

Esse processo de aproximação entre Guarnieri e o meio musical norte-americano não se deu unicamente pela amizade pessoal e pela rede de contatos que o compositor foi capaz de estabelecer, mas também, e de maneira muito importante, pelas afinidades que se estabeleceram entre o modernismo norte-americano e o modernismo brasileiro, e as possibilidades que ambos os movimentos perceberam de complementaridade de ações numa era de voluntarismo tanto do Estado varguista como do *New Deal* de Roosevelt.

No âmbito do *New Deal* e de suas políticas de fomento ao emprego e combate às consequências da Grande Depressão da década de 1930, ocorreram várias iniciativas voltadas ao campo das artes e da música. Elas foram também simultâneas às medidas que o governo Roosevelt passou a tomar em relação à geo política no período anterior à guerra de 1939-45 (na qual os EUA entraram em 1941). Era necessário se opor à crescente influência nazista na América do Sul, e os EUA passaram a reativar a ideologia da cooperação Pan-Americana, além colocarem em operação uma série de políticas que passariam a ser chamadas de *Good Neighbor Policy*. Estas políticas colaboraram para o estabelecimento de um importante *soft power* – um tipo de imperialismo feito muito mais de cinema e música popular que de invasões de tropas, muito eficiente em estabelecer a supremacia dos EUA sobre o continente, sobrepujando a concorrência das potências rivais.

Ambas as políticas – fomento ao emprego e combate à crise, e aproximação com a América do Sul, ocorreram nos EUA no âmbito de um movimento de modernismo musical, em muitos aspectos semelhante ao que aconteceu no Brasil também na década de 1930. Como país de "civilização recente", e também ex-colônia europeia, os EUA – apesar de seu particular dinamismo econômico e crescente protagonismo internacional, ainda tinham um meio cultural funcionando na órbita da Europa. Compositores e intelectuais norte-americanos lidavam com os mesmos dilemas de seus colegas do sul do continente, no sentido de serem menos valorizados em seu próprio país do que a tradição clássica europeia. Isso proporcionou uma coincidência de interesses entre ambos os movimentos, que fez com que a aproximação Brasil-EUA a partir do fim dos anos 1930 fosse muito mais do que uma política de Estado: foi também um movimento que partiu da iniciativa e do interesse dos próprios intelectuais e artistas.

Desde fins do século XIX, quando o país terminava de criar uma poderosa estrutura de conservatórios, salas de concerto e orquestras sinfônicas, um grupo de criativos compositores modernos lutavam com a impossibilidade da carreira num meio dominado pela música europeia oitocentista.[1]

> Em uma inscrição acima do palco do Symphony Hall em Boston, um dos maiores palácios musicais dos Estados Unidos, lê-se o nome BEETHOVEN, posicionado quase como um crucifixo numa igreja. Em várias salas de concerto de fins do século XIX e início do XX, os nomes dos mestres europeus aparecem em torno de toda a circunferência do auditório, numa inequívoca indicação de que aqueles edifícios são catedrais dedicadas à adoração de ícones musicais importados. No alvorecer do século, qualquer compositor jovem e ambicioso que se sentasse numa dessas salas – um jovem branco, é claro, pois os negros em geral não eram bem-vindos e as mulheres raramente eram levadas a sério – seria assaltado por pensamentos pessimistas. A própria arquitetura do lugar era contrária à possibilidade de uma tradição musical nativa. Como seria possível gravar seu nome ao lado dos de Beethoven e Grieg se os espaços disponíveis já estavam todos preenchidos? O fato de, ainda assim, não deixarem de surgir compositores americanos atesta a teimosia da espécie.[2]

O trecho citado está no início da seção que trata de Charles Ives (1874-1954), que apesar de ser um dos mais importantes compositores modernos norte-americanos, e talvez um dos mais inovadores do início do século XX em todo o mundo, teve de ganhar a vida como corretor de seguros, porque a composição era uma atividade profissional inviável, nos EUA como no Brasil. As obras compostas por Ives ficaram em sua maioria lon-

---

1 ROSS, A. *O resto é ruído: escutando o século XX*. São Paulo: Cia. das Letras, 2009. O capítulo dedicado ao surgimento da geração moderna de compositores norte-americanos é intitulado "Homens invisíveis: compositores americanos, de Ives a Ellington" (p. 135-172).

2 *Idem*, p. 145.

gos anos à espera de estreia. A primeira obra publicada do compositor foi sua impossível *Concord Sonata*, que se tornou pública em 1920, quando Ives já tinha passado dos 45 anos de idade. Essa mesma obra foi executada pela primeira vez em 1939, quando finalmente um pianista dominou a técnica exigida para sua execução. Ives contava então com 64 anos.

Outros compositores e músicos são mencionados no estudo de Alex Ross, mas o panorama geral é o mesmo. Alguns, praticantes de uma estética composicional moderna como Ives e outros colegas da Nova Inglaterra – Henry Cowell (1897-1965) e Carl Ruggles (1876-1971), tinham sua atividade inviabilizada pela concorrência da música da tradição clássico romântica europeia. Outros, como alguns músicos negros ou imigrantes judeus do leste europeu, que tinham excelente formação de conservatório, acabavam compensando a inviabilidade de suas carreiras de concerto desviando-se para os musicais da Broadway e a música de entretenimento, de importante participação no que viria a ser reconhecido como o jazz. O que representa uma semelhança notável com a situação dos compositores brasileiros descrita no primeiro capítulo, quando no início do século XX eles tinham as principais oportunidades de trabalho na música popular, ou nos divertimentos ligeiros.

Note-se que a situação da música recém-composta nos EUA do início do século XX não era muito diferente da realidade experimentada pelos modernistas brasileiros. Se o meio cultural norte-americano tinha muito mais recursos financeiros disponíveis, e uma estrutura de conservatórios, orquestras e salas de concertos invejáveis para a realidade brasileira, havia, por outro lado, o mesmo deslumbramento de uma elite sedenta de atualização em relação à alta cultura europeia, que ainda fornecia os modelos de *status* ou de distinção social.

Neste contexto, a política do *New Deal* e seus programas de fomento ao emprego e combate à miséria causada pela Grande Depressão assumiram proporções de políticas verdadeiramente fundadoras de um meio musical moderno e autóctone nos EUA. Os principais programas de fomento ao emprego do governo Roosevelt foram planejados, coordenados e implementados sob a rubrica do *Work Progress Administration*, que envolveu programas em diversas áreas, inclusive um grande programa para as artes, subdividido em várias áreas menores, cada uma com sua organização própria.

A atividade musical foi contemplada com um departamento específico do WPA, chamado *Federal Music Projetc* (FMP). A pesquisadora Fátima Tacuchian, em seu estudo sobre os compositores modernistas brasileiros na *Good Neyghbor Policy*, se mostrou impressionada com os números do FMP, com os quais se deparou durante sua pesquisa em arquivos realizada nos EUA. Um dos arquivos consultados pela pesquisadora foi a *Fleischer Music Collection*, na *Free Library of Philadelphia*, onde várias partituras de Camargo Guarnieri tiveram suas partes de orquestra extraídas, dentro do programa de cooperação no qual o compositor participou. A *Fleischer Collection* constitui o principal arquivo de partituras de orquestra do mundo, especialmente para música moderna. A importância deste tipo de arquivo pode ser avaliada pela complexidade do processo que é produzir partituras para um concerto orquestral. Os compositores trabalham na partitura, ou "grade orquestral", anotando os sons para todos os instrumentos da orquestra. É o mesmo tipo de partitura usada pelo regente, mas o músico de cada instrumento lê uma parte individual, que precisa ser extraída por um copista. É um trabalho demorado e penoso, que nunca é feito pelos compositores, e normalmente não é editado em forma impressa, a não ser para músicas que estão sendo executadas com muita frequência, como as sinfonias de Beethoven. Para este tipo de peça, as editoras costumavam disponibilizar as "partes" em modalidade de aluguel, sob a rubrica "material de orquestra".

Acontece que os compositores contemporâneos dificilmente tinham suas obras publicadas, fossem brasileiros, como Villa-Lobos, Mignone e Guarnieri, ou norte-americanos como Ives ou Copland – ou até mesmo alemães como Schoenberg. O mercado editorial de partituras de orquestra só é viável para compositores já consagrados, e não em vias de consagração. Isso leva a uma limitação importante para a execução de música sinfônica: sem partes de orquestra não é possível executar a música, o que exige recursos para pagar os copistas. Nem sempre isso era possível da parte das próprias orquestras ou dos compositores interessados. O problema foi contornado no caso norte-americano com uma verba específica para cópia de material de orquestra, a princípio para compositores norte-americanos, mas em um segundo momento esse tipo de iniciativa também passou a abranger as políticas de aproximação com a América do Sul. Parte dos trabalhos de cópia das partituras foi financiada pelo FMP. As cópias da Fleischer Collection foram feitas entre 1937-43.

Além desses projetos de cópia de partituras orquestrais, o FMP envolveu uma ampla gama de atividades. No primeiro ano do projeto (1935), as verbas do FMP chegaram a 7 milhões de dólares, e no seu auge o projeto apoiou 16 mil músicos, 125 orquestras, 135 bandas e 32 companhias de ópera ou corais.[3] A situação de impossibilidade da música moderna norte-americana descrita por Alex Ross para as primeiras décadas do

---

3   Informações dadas à p. 298. Parece que ainda não há estudos publicados sobre o tema, pois tanto Fátima Tacuchian como Alex Ross dão informações coletadas direto em arquivos. A documentação do FMP está no *National Archives II*, arquivada na série 69. Em sua tese de doutorado (*Panamericanismo, propaganda e música erudita: Estados Unidos e Brasil (1939-1948)*, FFLCH-USP, 1998.) Fátima Tacuchian afirma que em 1936 o FMP tocava 270 projetos envolvendo 13 mil profissionais, entre músicos de orquestra, banda ou coral, copistas, radialistas, *luthiers* e bibliotecários – principalmente na promoção de concertos. Isso proporcionou incentivo à criação contemporânea norte-americana e aumento da participação de músicos locais no mercado anteriormente dominado por músicos europeus, principalmente nas orquestras sinfônicas (p. 37-38). Alex Ross dedica todo um capítulo de seu livro a estas transformações ocorridas no governo Roosevelt, "Música para todos: música nos Estados Unidos de Franklin Roosevelt". In: *O resto é ruído, op. cit.* p. 280-325.

século XX, começou a mudar, portanto, nos anos 1930, com as transformações políticas causadas pela Grande Depressão, que jogaram os EUA mais à esquerda. E não só isso, mas as verbas milionárias do FMP foram empregadas em projetos que geraram emprego, fomentaram o desenvolvimento da vida de concertos e, especialmente, viabilizaram a publicação e a execução das obras dos compositores modernos norte-americanos, que sentiam-se desprezados em seu próprio país, na medida em que a prioridade do meio musical estava voltada para a tradição clássica europeia. Além disso, os concertos realizados no âmbito do FMP totalizaram, segundo estimativas, um público total de 95 milhões de pessoas durante 2 anos e meio. Mas o alcance do programa foi sendo reduzido a partir de 1938, quando o *New Deal* passou a receber críticas políticas mais duras da oposição.

A oposição aos programas é compreensível, na medida em que eles foram capitaneados por ativistas políticos radicais. A linha geral do governo Roosevelt era social-democrata, mas entre os apoiadores do *New Deal* estavam os comunistas com sua estratégia de Frente Popular. Eles tiveram um papel importante na produção cultural norte-americana do período, em várias modalidades artísticas, e também na música, além de serem ativistas políticos num sentido mais amplo: não só produziram obras sob uma estética realista (considerada sinônimo de esquerdismo político no momento), mas também foram ativistas sindicais, atuaram em organizações da classe artística e trabalharam em projetos de difusão cultural massiva, dentro de um ideal de tornar a produção cultural acessível às classes trabalhadoras. Estiveram ligados, também, a diversos trabalhos de coleta e preservação da cultura *Folk*, com desdobramentos nas décadas seguintes. Isso demonstra mais um ponto de contato entre os modernismos norte-americano e brasileiro. Levando em conta que nos EUA o projeto se inseriu no âmbito de um grande programa de governo, com verbas abundantes, enquanto no Brasil a força de implantação das políticas culturais modernistas foi muito mais tímida, em ambos os países se nota um protagonismo dos artistas e intelectuais trabalhando pelo desenvolvimento do meio musical local.

A influência da política cultural do movimento comunista sobre os compositores mais ativos da vida musical norte-americana no período da Depressão pode ser compreendida pela descrição que Alex Ross faz da visita do principal compositor engajado alemão, Hans Eisler, aos EUA:

> O encarregado de coordenar a atividade comunista internacional na área musical era Hanns Eisler. O ativista da Berlim pré-nazista era agora aclamado pelo *Daily Worker* como o "mais notável compositor revolucionário (...) amado por todas as massas de todos os países"; Como presidente do Birô Internacional de Música do Komintern, Eisler visitou os Estados Unidos duas

vezes em 1935, realizando palestras em Nova York, na New School for Social Research e na prefeitura. A última aparição abalou os compositores locais, inclusive Copland e Blitztein. Eisler declarou que os compositores modernos haviam se transformado em nada mais que instrumento de luxo do sistema capitalista – "vendedores de narcóticos" – e que se quisessem sair de suas prisões teriam que preencher uma nova função social. Foi recomendado que trocassem a música puramente instrumental por formas mais "úteis" – canções proletárias, corais de trabalhadores, peças de teatro com críticas sociais. Em outra palestra, Eisler afirmou com aspereza que "o compositor moderno deve deixar de ser um *parasita para ser um lutador*".[4]

O discurso do Komintern, e as práticas musicais incentivadas dentro da estratégia da Frente Popular anti-fascista tinham um apelo especial numa década de crise e desemprego. Caíram como uma luva na realidade norte-americana de 1935 e coincidiram com o ano inicial do FMP.[5] Entre os personagens desta história norte-americana estavam alguns que iriam desenvolver profundas ligações com o Brasil, e ampla influência nos desdobramentos de nossa vida musical. Vários deles seriam os interlocutores privilegiados de Guarnieri na década de 1940, e proporcionariam a entrada do compositor paulista no meio musical norte-americano.

Entre eles, o principal líder dessa geração engajada – o compositor Aaron Copland (1900-1990). Ele foi um dos compositores mais ativos do meio musical norte-americano do período Roosevelt. Caiu em desgraça nos anos do macartismo, mas sua música sobreviveu como símbolo americano nas décadas seguintes.[6] Suas posições políticas de

---

4   *O resto é ruído, op. cit.* p. 291.

5   É interessante notar que o mesmo Eisler com seu discurso oficial do Komintern provocaria grande abalo no meio musical brasileiro em 1948, quando Claudio Santoro ouviu seu discurso no Congresso dos Compositores Progressistas em Praga, ocasião em que o PC-US divulgou as novas diretrizes oficiais do realismo socialista para a música. Santoro escreveu suas observações do discurso de Eisler para a revista comunista *Fundamentos*, o que precipitou mudanças estéticas importantes no Grupo Música Viva, acelerando o abandono da técnica dodecafônica e ajudando a mergulhar as novas gerações no movimento folclorista. Esta questão foi discutida em minha dissertação de mestrado *O debate no campo do nacionalismo musical no Brasil dos anos 1940 e 1950, op. cit.*, especialmente na seção "O realismo socialista: rupturas no grupo Música Viva", p. 98-115.

6   No capítulo 11 – "Admirável mundo novo: a guerra fria e a vanguarda dos anos 50" (*O resto é ruído, op. cit.*, p. 375-431) Alex Ross estuda com detalhes as reviravoltas nas políticas para música nos EUA. A música engajada dos anos 1930 caiu em desgraça e junto com ela seu principal líder. No trecho intitulado "Copland sob fogo" (p. 392-404) Ross descreve o ostracismo e as perseguições sofridas por Copland, que passou a ser vigiado inclusive pela CIA. Mas o autor também demonstra que suas trilhas sonoras para cinema ou suas composições para balé, e mesmo suas obras sinfônicas conseguiram tornar-se um retrato musical tão acabado

esquerda remontam provavelmente a períodos anteriores ao contato com a verve política de Eisler em 1935. Copland estudou em Paris nos anos de 1921 a 1924, onde foi aluno de Nadia Boulanger. Neste período, Copland certamente conviveu com a agitação política que caracterizou a vida intelectual francesa.[7]

O mesmo ano da chegada de Copland a Paris, 1921, seria também o ano da chegada de um imigrante russo, o regente Sergei Koussevitzky (1874-1951), outro personagem que teria importantes ligações com os modernistas brasileiros.[8] Copland, por sua vez, tinha saído dos EUA como pianista e compositor de música para piano, produzindo suas primeiras obras orquestrais em Paris, sob orientação de Nadia Boulanger. Foi esta professora de Copland que proporcionou sua entrada no mundo do concerto dos EUA, como compositor, encomendando-lhe uma obra concertante para órgão, que ela mesma estreou nos EUA.

---

dos EUA, que mesmo depois de sua personalidade e ativismo político terem caído em desgraça, sua música continuava soando como símbolo em comerciais de televisão, ou até mesmo na propaganda eleitoral de Ronald Reagan em 1982: "é provável que Copland jamais tenha perdido o sono por causa dos usos e abusos por que passou sua música, embora possa ter achado graça na ironia de um gay de esquerda de origem russo--judaica fornecer a trilha sonora da plataforma do Partido Republicano." (*op. cit.*, p. 297).

7   A noção de engajamento do intelectual teria sido forjada em Paris, a partir dos embates do *affaire Drefuss*, e do *J'acuse* de Zola. Esta vida intelectual é vivamente descrita por Michel Winock (*O século dos inteletcuais*, Rio de Janeiro: Bertrand Brasil, 2000). Entre os intelectuais de grande presença na vida política francesa esteve André Gide, provavelmente o primeiro a confessar publicamente sua condição homossexual. Os escritos de Gide causaram profunda influência sobre Copland na época. No início da década de 1920 estava também em ascensão o movimento comunista entre a intelectualidade francesa, a princípio mobilizado contra a guerra de 1914-19, depois recebendo atuação destacada de nomes como Louis Aragon ou Pablo Picasso. Em sua dissertação de mestrado, Ana Paula Palamartchuk (*Ser intelectual comunista... Escritores brasileiros e o comunismo. 1920-1945.* FFLCH-USP, 1997.) analisa as origens da intelectualidade comunista francesa, como modelo aos intelectuais comunistas no Brasil. Ela cita o grupo ligado à revista *Clarté*, publicada em Paris a partir de 1920, e que teve sua versão brasileira iniciada em 1921.

8   Além do verbete do *The New Grove's dictionary for music and musicians*, dados da biografia e da carreira musical de Koussevitzky também são fornecidos, de maneira um tanto romanceada, por Norman Lebrecht, *O mito do maestro: grandes regentes em busca do poder*, Rio de Janeiro: Civilização Brasileira, 2002, p. 193 ss. O regente chegou a Paris como exilado da Revolução Russa, financiado pela fortuna de seu sogro. Era de uma pobre origem judaica, mas batizou-se cristão para poder entrar na escola de música da Filarmônica de Moscou, diante das restrições anti semitas que imperavam na vida russa. Aluno de regência de Arthur Nikish (coincidentemente, o mesmo que fora professor de regência de Curt Lange), graças à influência do mestre e à fortuna do sogro tornou-se um ativo promotor de concertos de vanguarda na capital francesa. Desde antes de emigrar da Rússia, Koussevitzky já vinha se destacando pelo incentivo à música de vanguarda, como regente e como editor. Usando a fortuna da família, tinha sido um importante promotor da música de Scriabin, Prokofiev e Stravinski

Como se vê, as ligações do meio musical norte-americano com o modernismo parisiense eram muito fortes e importantes, e Copland faria sua entrada como nome importante de vida de concerto pela via do mesmo modernismo parisiense, à medida que ele estendia sua rede de atuação ao nascente mercado de música erudita nos EUA. Do mesmo modo, a professora Boulanger pode ter sido um ponto de ligação a mais entre Guarnieri e o meio musical norte-americano.[9] Em suas cartas a Guarnieri, Copland menciona várias vezes Nadia Boulanger como amiga de ambos, e parece que Guarnieri teria voltado a se encontrar com ela durante sua estadia nos EUA, pois ela viveu no país durante o período da Guerra.

Koussevitzky, que tinha fortes ligações musicais com Copland e Boulanger, seria mantido por 25 anos como diretor da Sinfônica de Boston, assumindo papel preponderante na execução de música moderna nos EUA. Ele encomendou e estreou obras de vários compositores importantes, como o próprio Copland, além de Schoenberg, Stravinski e Bartok quando estes emigraram para os EUA. Este regente foi o principal responsável pela divulgação da música de Camargo Guarnieri na década de 1940, executando suas obras com a que ele tinha tornado uma das principais orquestras do mundo, e cujo pódio ele também cedeu para Guarnieri nas vezes em que o compositor esteve nos EUA.

Copland não limitou sua atuação modernista à composição e execução de obras em seu país, mas se tornou um dos músicos mais ativos dos anos Roosevelt, assumindo um importante papel de liderança no meio musical. Ele participou da criação e da direção da *League of Composers*, associação fundada em Nova York em 1923, que tornou-se em 1953 a seção norte-americana da *International Society for Contemporary Music*. A *League of composers* trabalhou na promoção de concertos de música recém-composta, na publicação de partituras, e também na edição do principal periódico norte-americano dedicado à musica moderna – a revista trimestral *Modern Music*, que circulou entre 1924 e 1946. Esta instituição foi uma das que promoveu concerto com obras de Camargo Guarnieri, quando o compositor brasileiro foi aos EUA em 1942.

Copland também foi diretor, junto com outro músico muito engajado – Roger Sessions (1896-1985), dos concertos Copland-Sessions, entre 1928-1931. Foi diretor da *American Composers Aliance* entre 1939-1945 e fundador, em 1939, do *American Music Center*, que

---

9   Ela vivia em Paris, e era uma das principais personalidades do meio musical da cidade, quando Guarnieri fez sua estadia na capital francesa. Guarnieri não chegou a ser aluno de Boulanger, como afirmam Vasco Mariz incorretamente em sua *História da música no Brasil*. Mas foi apresentado à professora, e lhe mostrou sua música. Ela se interessou em organizar um concerto com as obras de Guarnieri, o que não chegou a realizar-se por causa da Guerra. Não há informações neste sentido na documentação consultada, mas pode-se supor que Boulanger tenha predisposto Copland favoravelmente à música de Guarnieri antes do compositor norte-americano conhecer o brasileiro.

em 1947 foi transformado no centro oficial de informações sobre música americana do *National Music Council*. Tendo se tornado um importante divulgador da música de Guarnieri nos EUA, e amigo pessoal do compositor brasileiro, percebe-se o quanto os interesses do brasileiro estavam bem representados no meio musical modernista do país do norte.

Ao mesmo tempo em que produzia todo este ativismo político em seu meio musical, Copland se dedicava à criação de obras musicais que atendiam ao apelo de produzir música para o homem comum, a grande demanda do meio cultural norte-americano, que buscava ser atendida pelos amplos programas do governo Roosevelt.

Outro comunista que tomou participação ativa nas ações do *New Deal* foi Charles Seeger (1886-1979). Compositor e musicólogo que abandonou a atividade composicional para dedicar-se à pesquisa de música *folk*, sendo ambos, ele e sua esposa Ruth Crawford, os principais pioneiros do movimento de descoberta, preservação e divulgação desta música no final da década. O abandono da composição foi motivado pela orientação política comunista, e Seeger foi um dos fundadores da *Composer's Collective*, tornando-se também colunista do *Daily Worker*.[10]

Em 1936 Seeger assumiu cargo de diretor da Divisão de Habilidades Especiais da *Resettlement Administration*, um órgão do New Deal, de onde foi depois movido para a recém-criada Divisão de Música da União Pan-Americana em 1939. A partir deste cargo, que ocupou até 1953, Seeger exerceu papel preponderante na cooperação musical com o Brasil, inclusive tendo assessoria de Luiz Heitor Correa de Azevedo por 6 meses entre agosto de 1941 e janeiro de 1942. A partir da colaboração entre ambos, Seeger e Luiz Heitor, surgiria depois o trabalho conjunto num ambicioso projeto de coleta de material folclórico, realizado em parceria entre a *Library of Congress* e a Escola Nacional de Música da Universidade do Brasil. Luiz Heitor dirigiu a gravação de 193 discos em várias regiões do Brasil, material que permanece arquivado em duas cópias, no Rio de Janeiro e em Washington.

O trabalho de Seeger na União Pan-Americana seria primordial para o estabelecimento desse contato com o meio musical brasileiro. Foi esse órgão que promoveu e apoiou a primeira visita de Camargo Guarnieri aos EUA, em 1942, bem como atuou efetivamente na promoção de sua obra via publicação de partituras e organização de concertos, como veremos mais adiante.

Além dos programas federais de fomento, e do ativismo político dos compositores e musicólogos como movimento artístico e categoria profissional, outro fator muito importante para o desenvolvimento da vida musical norte-americana, e que também ia causar forte impacto na vida musical brasileira e na carreira de Camargo Guarnieri, foi

---

10   Conforme Alex Ross, *O resto é ruído, op. cit.*, p. 291-292.

o surgimento das novas tecnologias de reprodução mecânica da música – e usos que se desenvolveram para sua aplicação na difusão da música de concerto.

Alex Ross informa que, mais do que os concertos promovidos pelo FMP, que chegaram a somar 95 milhões de ouvintes em dois anos e meio de atividade, uma única transmissão radiofônica de Toscanini com a Sinfônica da NBC atingia 10 milhões de ouvintes simultâneos, e seus discos lançados pela RCA chegaram a vender 20 milhões de unidades.[11] A rápida difusão da música de concerto nos EUA da era Roosevelt, contagiava também os empresários do rádio e do disco. Eles eram imigrantes que tinham fortes ligações pessoais com a música clássica europeia, e utilizaram-na como base dos seus negócios, num misto de gosto pessoal (às vezes não levando em conta os interesses comerciais imediatos) e de preocupação em se antecipar a possíveis exigências governamentais com relação à qualidade da programação.

Para Ross, a ampla difusão que a música clássica vinha experimentando era uma característica dessa ânsia de aperfeiçoamento cultural que caracterizavam os EUA, em especial na era Roosevelt. E o rádio, como novo veículo que estava surgindo, se encaixava perfeitamente neste cenário. Como regente, Toscanini foi o símbolo desta época, criando e dirigindo a orquestra da principal rede de transmissão radiofônica do país, a *National Broadcast Corporation* (NBC). O retrato dessa personalidade midiática construída em torno de Toscanini está no livro de Norman Lebrecht:

> No alto das torres de transmissão da Avenue of the Americas, onde a imagem de Toscanini foi moldada, considerava-se que a música precisava ter um intermediário divino para conseguir atingir um mercado de massa. Esse totem tinha que ser algo mais que um músico metido num fraque. Idealmente, seria um ator no palco dos eventos mundiais momentosos – um ícone ideológico, o defensor da democracia – e, ao mesmo tempo, um homem com quem a América Mediana pudesse se identificar, o patriarca de chinelos amante do lar que assistia a lutas de boxe pela televisão e brincava de esconde-esconde com os netos no jardim. Toscanini colaborou com ambas as partes de seu mito, e acabou por acreditar nele.[12]

A explosão de atividade musical ocorrida na era Roosevelt foi, assim, não apenas fruto do estímulo governamental, mas também do ativismo de músicos modernistas dublês de ativistas políticos radicais, concomitante aos empresários do rádio, do disco e do cine-

---

11 *O resto é ruído, op. cit.*, p. 282-283.

12 *O mito do maestro. Grandes regentes em busca do poder.* Rio de Janeiro: Civilização Brasileira, 2002, p. 102.

ma, todos empenhados na mesma febre de divulgação cultural que empolgava o país. Em comparação com a situação brasileira, pode-se dizer que as intenções e ideais que moviam os modernistas de ambos os países eram muito semelhantes, mas capacidade de ação, de organização, de efetividade produtiva ou executiva, era incomparavelmente maior nos EUA.

A capacidade de execução dos modernistas norte-americanos foi muito maior do que a de seus colegas brasileiros por uma série de fatores. Os EUA eram um país muito mais industrializado, muito mais urbano e muito mais rico que o Brasil. Tinham uma população de nível educacional muito mais elevado. Tinham uma infraestrutura de produção, transportes e comunicações muito mais eficiente que a existente no Brasil. O apoio governamental às políticas de fomento era muito mais efetivo nos EUA, enquanto o governo Vargas lutava para equilibrar as forças desenvolvimentistas com um setor agroexportador que se mantinha como a principal força política. Mas a principal diferença de poderio executivo dos músicos e intelectuais modernistas dos dois países podia ser explicada pela capacidade de articulação coletiva, de trabalho cooperativo em conjunto – coisa que era muito difícil no Brasil. Este foi um fator que favoreceu muito a penetração de Camargo Guarnieri no meio musical norte-americano. Como já se pode notar pelas relações de cooperação estabelecidas pelo compositor com Mário de Andrade, Luiz Heitor e Curt Lange, Guarnieri era um homem disposto à colaboração e ao trabalho em conjunto, como atestam diversos testemunhos dados por seus interlocutores na correspondência consultada.

Ao contrário de Villa-Lobos, que aparecia como uma figura personalista e auto-centrada, o que levou às críticas fortes de Mário de Andrade à sua temporada como regente em São Paulo, em 1931, ou às reclamações de Curt Lange com os empecilhos que o compositor colocou à edição do volume dedicado ao Brasil do *Boletim Latino-Americano de Música*. Como observavam os interlocutores em geral, o meio musical brasileiro não era limitado apenas pelas questões estruturais mais amplas, mas especialmente porque os próprios ativistas faziam ressaltar ainda mais estas limitações à medida que as iniciativas eram sempre tomadas no âmbito individual, personalista, nunca no coletivo, nunca legando estruturas institucionais capazes de funcionar de forma autônoma, nunca produzindo resultados duradouros para a coletividade, para o bem público.

A capacidade de influência cultural dos EUA nos modernistas brasileiros

As características do meio musical e artístico dos EUA construídas ao longo da década de 1930 conquistaram o respeito e a admiração dos intelectuais empenhados na promoção de uma cultura moderna no Brasil. Mais do que ver nos EUA uma possibilidade de dominação, de um novo gigante a ameaçar as incipientes iniciativas culturais empreendidas no Brasil, os modernistas locais tenderam a olhar os "irmãos do norte" com simpatia que hoje pode ser ofuscada pelo anti americanismo desenvolvido depois em parte do cenário cultural e da esquerda brasileiros. Por volta de 1940 os EUA eram vistos como o país democrático capaz de derrotar a ameaça totalitária e como um exemplo de colônia europeia que vinha sendo capaz de desenvolver uma vida cultural própria – que no momento era até mesmo capaz de superar a antiga metrópole.

A comparação entre o meio artístico e cultural do Brasil com o de seu similar nos EUA se tornou frequente entre intelectuais e artistas. Isso foi realizado por Mário de Andrade numa conferência proferida em 12 de dezembro de 1940 para o Instituto Brasil--Estados Unidos do Rio de Janeiro. O IBEU publicou a conferência, que anos depois foi incluída junto ao volume de *Música, doce música* das obras completas do escritor.[13] Neste texto, Mário de Andrade ressalta os aspectos coletivos da música norte-americana, que para o autor tinham sua origem na colonização protestante e na importância que o canto coletivo assumiu entre os fundadores da Nova Inglaterra. Essa marca da sociedade norte-americana é apontada como diferença da potência do norte em relação aos vizinhos de herança latina, que explica a criação de instituições e de uma cultura de trabalho coletivo, que era totalmen-

---

13 "A expressão musical dos Estados Unidos". In: *Música, doce música, op. cit.*, p. 395-417.

te inexistente no Brasil. Mário de Andrade ressalta a existência de Sociedades Musicais na Nova Inglaterra desde o início do século XIX, dedicadas a executar em corais na igreja a música de compositores protestantes como Bach, Haendel ou Mendelssohn.

Como já mencionado no inicio deste livro, sociedades deste tipo existiram no Rio de Janeiro do fim do Império, mas a diferença no grau de associativismo entre os dois países é ressaltada por Mário de Andrade ao contar a história de uma cidade de cerca de mil habitantes, do interior do estado do Kansas, que montou em 1883 um coral de mais de 300 vozes para executar o *Messias* de Handel. Além dos exemplos pioneiros de tempos mais antigos, Mário vai destacando a força do associativismo no meio musical contemporâneo dos EUA. Segundo o escritor, qualquer cidadezinha de 25 mil habitantes se preocupava em formar sua própria orquestra, contratando regente fixo e não dependendo de convidados. Da força da incrível quantidade de orquestras em ação no país é que viria a qualidade das orquestras de altíssimo nível, que Mário afirma serem em número de 13 no país. Duas delas tinham visitado o Brasil durante o ano de 1940, no âmbito da política de Boa Vizinança, a de Toscanini e a de Stokowski, que Mário comenta. Em contrapartida, o Brasil continuava se debatendo com a inexistência de orquestra fixa, visto que as únicas existentes no país tinham encerrado atividades no início do governo Vargas.[14]

Mário de Andrade está descrevendo uma realidade que vai muito além da ação estatal no âmbito do *New Deal*, que ele sequer menciona e não parece conhecer. Está louvando as iniciativas espontâneas de uma coletividade que tem na música sua expressão de cultura. Além da dinâmica da vida das orquestras norte-americanas, Mário destaca a existência de uma Federação dos Cubes Musicais, organizada para coordenador o uso dos cerca de 50 milhões de dólares anuais destinados à música por filantropia – o que perfazia um volume ainda muito maior que o do programa governamental do FMP. Mencionando

---

14 A Sociedade de Concertos Sinfônicos de São Paulo tinha se dividido em 1930, e as duas orquestras resultantes acabaram falindo. No âmbito do DC Mário tinha tentado reativar uma orquestra efetiva em São Paulo, mas a iniciativa não teve continuidade após sua saída. Desde 1939 Armando Belardi vinha organizando e regendo uma orquestra fixa para o Teatro Municipal de São Paulo, mas basicamente para o repertório operístico. A Orquestra Municipal de São Paulo só se tornaria efetiva ao longo da década de 1940. Da mesma forma, no Rio de Janeiro, a Sociedade de Concertos Sinfônicos fundada por Francisco Braga tinha encerrado atividades no começo da década de 1930, por problemas de saúde do regente. Ao longo da década restaram as experiências efêmeras empreendidas por Villa-Lobos. Somente em 1940 seria criada uma orquestra efetiva e duradoura no Brasil, a Orquestra Sinfônica Brasileira, a partir do impacto causado pela presença das duas orquestras norte-americanas que vieram ao país. A qualidade de execução dos vizinhos do norte expôs pela primeira vez com clareza ao público do país o tamanho do atraso da vida sinfônica nacional – que antes só podia ser observado pelos poucos que viajavam à Europa para assistir concertos.

estatísticas de 1936 ("as últimas que possuo") Mário de Andrade conta da existência de 5 mil clubes no âmbito da Federação, totalizando mais de 500 mil sócios. Destaca ainda o uso educativo do fonograma, com a criação de setores de discos em todas as bibliotecas do país, mencionando que uma instituição tinha um programa de distribuição gratuita de discos que resultou num aumento de 50% da frequência a concertos em cidades médias.[15]

Essa dinâmica e a espantosa diferença na implantação de ambos os projetos modernistas – norte-americano e brasileiro, ficava mais evidente para a intelectualidade do Brasil à medida que as relações entre os dois países se estreitaram, e começaram a ser postos em prática uma série de projetos comuns. Essa aproximação dos EUA com o Brasil acontecia como parte de uma nova estratégia geo política surgida da necessidade de se contrapor à influência nazi fascista no continente Americano, especialmente entre as grandes nações do Sul, para as quais os EUA tiveram que olhar com mais atenção. Desde meados da década de 1930 existia uma grande movimentação política de aproximação entre as duas potências europeias do Eixo e os países do Cone Sul do continente americano, que passaram a ser considerados possível órbita de influência dos regimes nazi fascistas. Brasil, Uruguai e Argentina eram especialmente atraentes por possuírem uma importante comunidade de imigrantes alemães e italianos.[16]

Para se contrapor a esta influência geo política de potências rivais, os EUA coordenaram um amplo esforço para ampliar sua presença no continente, e aumentar os laços de cooperação entre os países. Para isso seria preciso superar muitas barreiras, pois a vida cultural dos países da América do Sul era mais ligada aos centros europeus, e os EUA não eram visto com simpatia por diversos setores. A mudança na percepção em relação aos EUA entre as elites políticas e culturais precisaria ser cuidadosamente trabalhada, e o foi,

---

15   A observação de Mário de Andrade da realidade norte-americana também contrastava com a realidade brasileira neste sentido. Mário de Andrade tinha fundado a Discoteca Pública de São Paulo, trabalho no qual foi assessorado por Curt Lange. O uruguaio também colaborou na montagem da discoteca pública de Belo Horizonte, durante a prefeitura de Juscelino Kubitschek. Mas os recursos e o interesse por este tipo de política cultural no Brasil ficariam muito restritos. Um dos fatores mais criticados pelos modernistas na vida cultural do país foi o domínio da indústria do rádio e do disco por gêneros musicais que eles consideravam de qualidade muito baixa.

16   A percepção do risco que representava essa aproximação entre a Alemanha e os países do Cone Sul motivou uma posição mais efetiva dos EUA na geo política continental, conforme Antonio Pedro Tota (*O imperialismo sedutor. Americanização do Brasil na época da 2ª Guerra*. São Paulo: Cia. das Letras, 2000.). A preocupação do governo Vargas com a assimilação dos imigrantes alemães era importante principalmente no Ministério da Educação, devido à constatação de que muitos descendentes de alemães que viviam no interior dos estados da Região Sul sequer falavam o português, devido à inexistência de sistema escolar público amplamente disseminado. A esse respeito ver SCHWARTZMAN, S.; BOMENY, H.; COSTA, V. *Tempos de Capanema*, 2. ed., Rio de Janeiro: Paz e Terra, 2000.

utilizando várias estratégias. No aspecto econômico, a década de 1930 viu a ampliação dos investimentos norte-americanos na América do Sul e no Brasil, substituindo a Inglaterra como principal parceiro econômico.[17]

No aspecto cultural, havia uma percepção da importância de que era preciso mudar a imagem dos EUA na América Latina. Mais importante do que o poder militar ou econômico (via investimentos e comércio), era a capacidade de criar laços culturais e afetivos. E para isso a música poderia desempenhar um importante papel. Iniciativas neste sentido foram tomadas pelo Departamento de Estado. Sua Divisão Cultural organizou uma Conferência sobre Relações Interamericanas no Campo da Música em outubro de 1939. Os objetivos almejados eram "a promoção da cooperação cultural e uma melhor compreensão dos nossos vizinhos do sul".[18] A conferência teve a participação de instituições como o *American Council of Learned Societies*, a *Library of Congress*, o *Council of National Defense*, e a *Carnegie Cooperation*. Entre as resoluções tomadas na Conferência, estiveram a criação de uma Divisão de Música na União Pan-Americana, cargo que seria ocupado imediatamente por Charles Seeger, e o envio de um emissário para prospectar possibilidades de estreitamento de relações com o meio musical dos países do continente. O emissário escolhido foi o diretor da Divisão de Música da Biblioteca Pública de Nova York, Carleton Sprague Smith (1905-1994).

Intelectuais sul-americanos não deixaram de ver de forma crítica este tipo de iniciativa, uma vez que a assimetria de recursos que cada país podia destinar aos programas de cooperação inter americana fizeram com que as iniciativas fossem totalmente controladas pelos EUA.[19] Curt Lange, que já vinha realizando um trabalho de cooperação

---

17 Analisando as transações comerciais e financeiras do Brasil no período 1929-1945, Marcelo de Paiva Abreu demonstra que os EUA desbancaram a Grã-Bretanha como principal investidor e parceiro comercial do Brasil. Isso teria sido devido não apenas às limitações impostas aos ingleses pela guerra a partir de 1939, mas principalmente pela diferente estratégia adotada pelos EUA nos anos 1930: ao contrário da Grã-Bretanha, os EUA adotaram políticas que fortalecessem suas posições comerciais com o Brasil, mesmo que prejudicassem o recebimento de lucros dos investimentos financeiros. O Brasil teve pouca margem de manobra, por ser dependente de empréstimos para manter seu balanço financeiro. Sua industrialização incipiente também dependia de bens de capital e insumos importados. "O Brasil e a economia mundial (1929-1945)". In: Boris Fausto, *Historia Geral da Civilização Brasileira*. Tomo III – *O Brasil Republicano*. Volume 4 – *Economia e cultura (1930-1964)*. São Paulo: DIFEL, 1984, p. 11-49.

18 Conforme relatado por Charles Seeger, "Inter-American Relations in the Field of Music - some basic considerations", *Music Educators Journal*, v.27, n. 5, Mar-apr 1941, p.17.

19 Em sua conferência "A expressão musical dos Estados Unidos" (*op. cit.*) Mário de Andrade mencionou o encontro de promoção das relações inter americanas, a respeito do qual afirma: "Os países sul-americanos não foram ouvidos, embora eu não tenha forças, pelo que sei, para condenar essa atitude de pan-americanismo solitário, em relação a iniciativas musicais.". O "não ter forças" mencionado pelo intelectual brasileiro

na América do Sul há quase uma década, tentou transformar suas iniciativas em programas apoiados pela União Pan-Americana. Os EUA, ao contrário, preferiam investir em políticas que estivessem sob seu controle, e sediadas em seu próprio território, preferindo descartar os projetos de Curt Lange. Entretanto, se as iniciativas de Curt Lange não foram encampadas oficialmente, ele continuou sendo um colaborador e interlocutor muito importante. Ele era certamente o primeiro elemento de ligação entre a vida musical de todos os países do continente, graças à incrível rede de relações que ele tinha estabelecido de modo amplo e efetivo com praticamente todas as personalidades relevantes da vida musical da América do Sul, como atesta sua correspondência pessoal cuidadosamente arquivada. Curt Lange foi mais um elemento de ligação entre Guarnieri e o meio musical norte-americano. Antes que Guarnieri pudesse ter sido percebido como um interlocutor estratégico pelos agentes da *Good Neighbor Policy*, ele era um nome que já estava favoravelmente posicionado nas bocas de atores tão variados como Nadia Boulanger, Luiz Heitor ou Curt Lange, todos com considerável influência sobre as opiniões de Seeger, Copland ou Carleton Sprague Smith.

Smith veio ao Brasil em 1940, enviado pelo Departamento de Estado norte-americano, do qual era membro do Comitê de Música. Esta visita teve como objetivo estabelecer relações de amizade e fazer contatos para sondar personalidades que pudessem se tornar chave para um contato mais estreito entre Brasil e EUA no campo da música. O agente norte-americano chegou já de início estabelecendo contato direto com a música de Camargo Guarnieri, pois atuou como flautista no segundo concerto em que foi executada no Rio de Janeiro a peça *Flor de Tremembé*, comentada no capítulo anterior.[20] Smith tinha passado por várias cidades brasileiras, e ficou durante 3 semanas no Rio de Janeiro. Ali praticou sua diplomacia em encontros com artistas, críticos e pesquisadores, assistindo manifestações populares, realizando pesquisas na Biblioteca Nacional e na Escola Nacional de Música e dando uma conferência sobre a música norte-americana a convite da

---

pode ser tanto uma menção à sua situação de ostracismo político, desde que seu grupo tinha sido defenestrado dos cargos em São Paulo após o golpe do Estado Novo e ele tinha saído do DC, quanto à inoperância do governo brasileiro em participar e financiar este tipo de colaboração. Ou, ainda mais, podia conter uma crítica indireta ao marasmo dos compositores brasileiros em relação a este tipo de iniciativa.

20 Em nota no *Boletim Música Viva*, Mr. Smith é apresentado como homem de grande simpatia e com fluência perfeita em português, além de ser musicólogo de renome, presidente da *American Musicological Society*, diretor da Divisão de Música da *New York Public Library*. A nota também indica que Smith era *Vice-Chairman* e representante oficial do *Comittee on Interameican Relation in the Field of Music* do Departamento de Estado dos EUA. A nota do periódico musical carioca também indica que o casal Smith era "o melhor par de embaixadores que a cordialidade americana poderia escolher para estreitar as relações com os círculos musicais de nosso país". *Boletim Música Viva*, nº 4, set. 1940, p. 11.

Associação Brasileira de Imprensa. Além de todas as habilidades diplomáticas, Carleton Sprague Smith era também grande flautista, executando as partes deste instrumento num concerto com obras de Roy Harris, Aaron Copland e William Porter – compositores que bem simbolizavam a era Roosevelt, com sua música neo-clássica, na fronteira entre a estética de concerto e o jazz. No mesmo programa ele também executou a difícil parte de flauta do *Choros n° 2* de Villa-Lobos.[21]

Saindo do Rio, Smith passou ainda uma semana em São Paulo e foi para Montevidéu e Buenos Aires. Durante sua estadia em São Paulo, Carleton Sprague Smith travou contato pessoal com Camargo Guarnieri, provavelmente por sugestão de Luiz Heitor. A ligação entre o norte-americano e o compositor paulista seria longa e produtiva, como atesta a correspondência de Smith no arquivo Camargo Guarnieri. Já mesmo de Buenos Aires, ainda durante seu périplo diplomático pelo sul do continente, Smith escreveu sua primeira carta ao compositor paulista. Nesta carta, de 29 de julho de 1940, Smith conta que foi um grande prazer conhecer Guarnieri pessoalmente, e ouvir sua música. Indica que tinham ambos ideias similares, e tinham em comum a "grande obra" de "lutar contra os estúpidos que dizem não apreciar música". Na mesma carta, datilografada em português, um adendo manuscrito em francês pela esposa de Smith, dizendo que gostariam de rever o casal e mandando abraços à esposa de Guarnieri.

Além da simpatia de Guarnieri, Smith sairia do Brasil deixando boa impressão em mais pessoas, ao que parece. O texto do *Boletim Música Viva* que comentou sua estada no Rio de Janeiro é bastante simpático ao representante norte-americano. Não se sabe quem é o autor da nota: o mais provável, entre os quatro redatores informados no editorial é Luiz Heitor (os outros são Koellreutter, Brasílio Itiberê e Egídio de Castro e Silva). Não é possível ter certeza hoje, se a boa impressão causada por Smith era tão real quanto a descrita na nota, ou se o redator estava também sendo diplomático. Afinal, como se demonstraria claramente nos anos seguintes, se a parceria continental significava muito para os EUA em termos de aumento de sua influência geo política, para os personagens do meio musical brasileiro a oportunidade de contato com os EUA era muito promissora. Luiz Heitor tinha motivos para ser entusiasta das boas relações com o vizinho do norte: entre 1941 e 1942 ele passaria 6 meses trabalhando em Washington, na Divisão de Música chefiada por Seeger. Depois teria um importante trabalho em parceria com a *Library*

---

21 A peça de Copland que foi executada no concerto é a canção *As it fell upon a day*, para soprano, flauta e clarinete. Ao que parece baseada numa canção elizabethana. A introdução instrumental é incrivelmente semelhante com a linguagem instrumental que Villa-Lobos utiliza no *Choros n° 2*, também para flauta e clarinete. A peça de Copland foi composta em 1923, durante seu período parisiense. A peça de Villa-Lobos é de 1924, ano em que ele voltou de sua primeira estadia na capital francesa.

of Congress, de gravação de discos de música folclórica de várias regiões do Brasil. Essa experiência internacional seria fundamental para que na década seguinte ele fosse representante do Brasil na UNESCO, estabelecendo residência definitiva em Paris e tornando-se um verdadeiro embaixador da música brasileira no velho mundo.[22]

A viagem de Smith tinha sido decidida na Conferência de 1939, segundo informação do texto de Charles Seeger anteriormente citado, e foi cuidadosamente preparada durante quase um ano. Percebe-se que a escolha de Sprague Smith tinha sido estratégica. O fato de falar perfeitamente o português o habilitava a ser um contato mais simpático aos vizinhos do sul, e remete às estruturas e quadros técnicos capacitadas que tinham sido montadas no âmbito do pan americanismo desde seu início, ainda nos tempos de Theodore Roosevelt.

A historiadora Maria Lígia Coelho Prado aponta para esta mudança na percepção norte-americana em relação ao continente, desde fins do século XIX, quando o governo norte-americano deu o impulso inicial ao pan-americanismo em suas primeiras tentativas de assumir uma posição efetiva de liderança no continente e superar as potências imperiais europeias. Para a autora, ocorreu neste momento um interesse acentuado pela América do Sul, que começava a aparecer em livros de História, ou de viagens e aventura, ou em reportagens de revistas populares. Museus e bibliotecas começaram a mandar especialistas, no que a autora chama de "grande empresa científica" destinada a subsidiar o domínio continental da potência do norte.[23]

Esse esforço institucional norte-americano, no sentido de criar conhecimento sobre o continente, era parte de uma estratégia necessária aos interesses geo-políticos dos EUA. Mas também era percebido com simpatia por muitos personagens do meio cultural brasileiro, que viam em parte da intelectualidade norte-americana um genuíno e simpático

---

22 Em relação a este aspecto, é importante notar que as ações dos EUA em relação aos vizinhos sul-americanos eram totalmente assimétricas, no sentido de que assumiam características imperialistas pela incrível diferença de poderio econômico, cultural, industrial e militar. O que não significa que a ação do Brasil teria sido completamente passiva em relação ao poderio norte-americano. Diversos autores demonstram como o governo Vargas saberia defender seus interesses e tirar proveito de várias maneiras da "boa vontade" do governo Roosevelt. É o que afirma, por exemplo, Maria Lígia Coelho Prado: "(...) o Brasil não pode ser visto como passivo, simples receptor das determinações de fora. Os mecanismos de reação, de contestação ou de repúdio que convivem com outros de aceitação e de admiração foram entendidos neste texto como *estratégias* – deliberadas ou não – constituídas por ações, discursos e elaborações simbólicas por parte da sociedade brasileira." ("Davi e Golias: as relações entre Brasil e Estados Unidos no século XX". In: MOTA, Carlos Guilherme (org.). *Viagem incompleta. A experiência brasileira (1500-2000)*. vol. 2 *A grande transação*. São Paulo: SENAC/SESC, 2000, p. 326.) Tese semelhante é sustentada por Antonio Pedro Tota em *O imperialismo sedutor*. *op. cit*.

23 "Davi e Golias", *op. cit*, p. 331.

interesse pela cultura do Brasil. Essa percepção é apontada no estudo de Antonio Pedro Tota, que indica vários intelectuais modernistas como simpáticos à atuação norte-americana: Monteiro Lobato, Carlos Drummond de Andrade, Sérgio Buarque de Holanda e Érico Veríssimo.[24]

Este último escritor, particularmente, teve uma visão muito positiva da relação com os EUA no período. Veríssimo visitou os EUA a convite do Departamento de Estado, entre janeiro e março de 1941. Dessa viagem ele publicou minuciosos relatos em seu livro *Gato preto em campo de neve*.[25] Nestas crônicas de um observador atento e perspicaz, pode-se inferir uma série de questões sobre as percepções que os EUA despertaram na intelectualidade brasileira de então.[26]

Além da vida literária, Veríssimo também registrou várias observações importantes sobre a vida musical do país, dando uma visão complementar às observações mais técnicas de Mário de Andrade em sua conferência já citada. Observando gente comum das cidades por onde passava, o escritor esperava encontrar neles uma visão menos oficial da realidade do país. Entre a gente comum que Veríssimo gostava de ter como interlocutor, esteve um caixeiro da Filadélfia. Orgulhoso de sua cidade e da forte produção industrial, o destaque local, para este simples caixeiro, era sua orquestra sinfônica: a melhor orquestra da América, ao contrário do que diriam em Boston. Quando esteve em Chicago, entre os motivos para gostar da cidade pela qual o autor não tinha grande simpatia antes de conhecer pessoalmente, Veríssimo aponta a possibilidade de ouvir por 1 dólar uma das melhores orquestras sinfônicas do continente.

Além dos aspectos fascinantes do dinamismo dessa vida cultural, outro fator que chamou a atenção de Érico Veríssimo era a existência de interesse pela cultura brasileira, à qual se dedicavam várias instituições e pessoas com as quais ele se encontrou. O que corrobora a análise da Maria Ligia Coelho Prado, citada acima, de que o investimento

---

24   *O imperialismo sedutor. op. cit.*, p. 12-13. O autor ainda aponta a simpatia que a sociedade brasileira despertou em intelectuais norte-americanos que visitaram o país. A partir dos relatos de viagem de Waldo Frank, publicados no livro *South American journey*, Tota analisa a simpatia despertada pelo Brasil no escritor comunista devido aos fatores que ele percebia como positivos no Brasil, em oposição a certas características da sociedade norte-americana: "democracia" racial e de gênero, liberdade sexual das mulheres brasileiras (enquanto as norte-americanas pareciam assexuadas), irmandade entre ricos e pobres na festa de São Jorge, e uma fusão orgânica de várias culturas na música brasileira (p. 157-169).

25   Consultei a 23ª edição (São Paulo: Globo, 1997).

26   Entre as questões observadas com entusiasmo por Érico Veríssimo estavam a dinâmica da vida literária e editorial do país, que apesar de já ser muito forte, recebeu ainda o estímulo dos programas de ocupação para escritores no âmbito do WPA.

na promoção e no estudo das culturas dos países da América do Sul era uma parte muito importante dessa política de aproximação e das estratégias de influência continental.

Em Washington, após dar conferência na União Pan-Americana, Veríssimo conheceu William Berrien – professor de literatura brasileira na universidade da cidade. Observou-o como um amante do Brasil, que falava português perfeitamente.[27] Na cidade de Baltimore, Veríssimo deu palestra para as alunas da classe de português do *Goucher College*.[28] Um episódio pitoresco, mas não menos revelador, é narrado por Veríssimo quando de sua passagem por San Francisco, já no fim da viagem: entre as inúmeras estadias e jantares em casa de gente da sociedade, deparou-se com um executivo, próximo aos 60 anos, que conhecia o Brasil – em certo momento o sujeito pegou um violão e passou a tocar e cantar uma marchinha de carnaval brasileira, deixando boquiaberto o escritor.[29]

Entre estes quadros de intelectuais e modernistas simpáticos ao Brasil e conhecedores de sua cultura, deve ser incluída a personalidade de Carleton Sprague Smith, conforme já observado acima, na visão favorável que dele teve o meio musical brasileiro quando de sua visita. Smith desponta como um importante quadro formado nesta burocracia norte-americana preparada para assumir o "destino manifesto" do país como liderança continental.[30] A importância do trabalho de Smith também é destacada por Fátima Granja Tacuchian. A historiadora consultou a documentação do OCIAA nos arquivos

---

27 *Gato preto em campo de neve*, op. cit., p. 93-94. O mesmo Berrien veio ao Brasil como secretário da Fundação Rockfeller, e causou boa impressão em Carlos Drummond de Andrade, que observou que seu interesse pelo Brasil era simpático e humanista, e não denotava o senso de superioridade necessário ao imperialismo. Conforme Tota, *O imperialismo sedutor*, op. cit. p. 12-13.

28 *Op. cit.*, p. 145. Nesta instituição, Veríssimo encontrou livros de Monteiro Lobato, Graciliano Ramos, José Lins do Rego e Jorge Amado, entre outros escritores brasileiros. Ouviu também um recital de piano com obras de Villa-Lobos, Henrique Oswald e Barroso Neto.

29 *Op. cit.*, p. 429.

30 Pelo verbete de *The New Grove Dictionary for music and musicians* descobrimos que a formação de Smith era ainda mais profunda – ele recebeu em Harvard os títulos de *Bachelor of Arts* (1927) e *Master of Arts* (1928), atuando como crítico musical para o *Boston Transcript* em 1927-28. Em 1930 estava recebendo o título de Doutor pela Universidade de Viena, com uma tese sobre as relações austro-espanholas no século XVIII. No retorno aos EUA foi trabalhar na Faculdade de História da Columbia University (1931-35), assumindo concomitantemente o cargo de Cehfe da Divisão de Música da *New York Public Library*, cargo que manteve até se aposentar em 1959. Ali ele desenvolveu uma importante coleção de música americana, e estabeleceu sua reputação como musicólogo – ao mesmo tempo em que também se destacava atuando como flautista em concertos e gravações. A partir de 1939 tornou-se professor dos cursos de Música e de História na *New York University*, instituição na qual trabalhou até se aposentar em 1967. Em 1959 ele criou e passou a dirigir o *Brasilian Institute* desta universidade, conforme informou em carta a Camargo Guarnieri.

norte-americanos, onde está o relatório de viagem produzido por Smith. Ele iria assumir função primordial nas relações entre os dois países no âmbito da música, a partir de seu cargo no Departamento de Estado. Em 1943 transferiria residência para o Brasil, desempenhando importantes funções nas relações culturais entre os dois países.[31]

A decisão, tomada na Conferência do Departamento de Estado, de enviar Smith como emissário das relações de boa vizinhança acabaria por tomar proporções talvez não imaginadas. Até mesmo quando, após a entrada na guerra, o interesse geo político dos EUA pela América Latina arrefeceu – e com ele as verbas institucionais da própria *Good Neighbor Policy*, as ligações de Smith com o meio musical sul-americano continuaram a exercer papel primordial em sua carreira como intelectual e homem público. Sua atuação posterior continuou no sentido de fazer a ponte entre a vida musical brasileira e norte--americana, mesmo quando isso já não era mais uma política estratégica da Presidência da República de seu país.

A outra decisão tomada na Conferência sobre Relações Interamericanas no Campo da Música (1939) tinha sido a criação da Divisão de Música da União Pan-Americana. A PAU (na sigla em inglês) era um organismo multilateral cuja origem remontava à Conferência Internacional dos Estados Americanos, de 1890, no âmbito das primeiras políticas de aproximação continental postas em ação pelo governo de Theodore Roosevelt. Em 1910 o nome surgiu como denominação do escritório em Washington da União das Repúblicas Americanas. Em 1948 seria transformada na Organização dos Estados Americanos (OEA). Seu surgimento pode ser identificado às políticas apontadas por Maria Lígia Coelho Prado, no processo de institucionalização da liderança continental norte-americana. No fim da década de 1930, a estrutura existente da PAU começou a receber apoio mais efetivo do governo norte-americano, passando a ser instrumentalizada como importante meio de aplicação da *Good Neighbor Policy*. Vários dos projetos com verbas do *Federal Music Project* também foram executados pela Divisão de Música da União Pan-Americana. E a direção geral da instituição estava sob os cuidados de um entusiasmado pan-americanista, o Dr. Leo Rowe, que ficou no cargo entre 1920 e sua morte em dezembro de 1946.

O escolhido para assumir a direção da Divisão de Música foi o compositor, musicólogo e folclorista Charles Seeger, já mencionado nas páginas anteriores. Ele assumiu

---

31   *Panamericanismo, propaganda e música erudita, op. cit.* Nas páginas 120 a 128 a autora estuda a atuação de Smith em seu período de residência no Brasil, destacando sua circulação entre personalidades importantes e prestando até mesmo assessoria informal ao ministro Capanema em assuntos sobre relações com os EUA. Como se vê, Smith tornou-se pessoa de absoluta confiança nos meios brasileiros, chegando a ser difícil identificar "de que lado" ele estava. Pela análise da correspondência trocada com Camargo Guarnieri se percebe que Smith desempenhou papel primordial na divulgação da obra do compositor paulista.

também um papel muito importante nas relações entre EUA e Brasil no âmbito da música. Tornou-se um interlocutor de Camargo Guarnieri, e foi o encarregado de organizar a primeira visita do compositor brasileiro aos EUA, além de dar-lhe diversos tipos de apoio na promoção e execução de sua música nos EUA.

Além da União Pan-Americana, outras instituições norte-americanas estiveram envolvidas na cooperação com o Brasil. A presidência dos EUA atuou mais diretamente criando outro órgão, para coordenação das atividades de divulgação de uma boa imagem dos EUA na América do Sul: o *Office of the Coordinator of Inter-American Affairs* – OCIAA, cuja direção foi entregue ao jovem Nelson Rockfeller, filho de um importante magnata do petróleo. Sendo Rockfeller um republicano (Roosevelt era democrata), e também muito bem relacionado no meio do alto empresariado, sua nomeação visava diluir as críticas da oposição aos programas do governo. Além dos interesses do governo, a OCIAA também estava muito ligada ao interesse privado e empresarial. A escolha de Nelson Rockfeller demonstra isso: ele era representante de uma família que tinha interesses comerciais e investimentos na América Latina.[32]

Rockfeller estava de diversas maneiras interligado a grupos de comunicação. A historiadora Tânia Garcia chama a atenção para um filme produzido em 1933 pela RKO, empresa da qual Rockfeller era sócio, ambientado no Rio de Janeiro: *Flying Down to Rio*, com a atriz mexicana Dolores Del Rio.[33] Analisando a atuação de Carmen Miranda no cinema norte-americano e a percepção de sua atuação pelo público brasileiro, a autora demonstra como era importante o interesse das empresas cinematográficas no mercado latino-americano, que se tornava estratégico devido às perdas causadas pela Depressão e pela Guerra.[34]

Com estes objetivos, o setor de cinema da OCIAA tinha escritórios em Washington, Nova York e na Califórnia. Através deles produzia roteiros, revisava e adaptava para português ou espanhol filmes produzidos em *Hollywood*, e produzia diretamente cine

---

32 Tota (*O imperialismo sedutor, op. cit.*, p. 55 ss.) defende que Rockfeller representou uma tendência vitoriosa dentro da sociedade norte-americana e do governo Roosevelt, de que a influência nos países sul-americanos deveria se dar de forma suave, pela conquista de corações e mentes, exatamente como faziam os regimes nazi-fascistas. A corrente oposta na política norte-americana era representada por Bill Donovan, que assumiu o *Coordinator of Information* em 1941, e que mais tarde seria o primeiro presidente da CIA: ele cogitava uma invasão militar, com desembarque de tropas no Rio Grande do Sul.

33 *O "it verde e amarelo" de Carmen Miranda (1930-1946)*. São Paulo: Annablume/FAPESP, 2004, p. 143.

34 Além de Tânia Garcia, Antonio Tota (*O imperialismo sedutor, op. cit.*) também ressalta a importância estratégica do mercado latino-americano para as companhias cinematográficas norte-americanas. Ele defende que, em meio à crise nos EUA e às dificuldades em entrar no mercado europeu, o domínio do mercado latino-americano foi o que garantiu a lucratividade da indústria cinematográfica norte-americana.

jornais, documentários e animação. A OCIAA se preocupava em garantir que a produção cinematográfica enviada aos vizinhos do sul fornecesse uma visão positiva dos EUA, numa espécie de "realismo capitalista".[35]

Esta teia de relações entre interesse público e privado, ação governamental e políticas públicas foi uma marca importante da *Good Neighbor Policy*, e Rockfeller não é o único personagem a chamar nossa atenção para esta questão. Além da destacada atuação na área de cinema, a OCIAA também exerceu um papel muito importante através de transmissões radiofônicas. O rádio já era um dos principais veículos de influência das potências do Eixo no sul do continente. A Rádio de Berlim, por exemplo, transmitia programas diretamente para o Brasil, e havia uma percepção da necessidade de os EUA ocuparem também estes espaços. Os empresários da radiofonia mobilizaram-se bastante para as relações de boa-vizinhança. William Paley da *Columbia Broadcasting System* (CBS) e David Sarnoff da *National Broadcast System* (NBC) se empenharam na difícil missão de fazerem seus empreendimentos privados concorrerem com as rádios estatais do Eixo. Entre outros motivos, eles precisavam evitar que o governo norte-americano sentisse necessidade de um maior controle sobre o setor. O trabalho foi facilitado pelas ligações pessoais de Rockfeller com os empresários de rádio: os estúdios da NBC funcionavam no edifício *Rockfeller Center*, em Nova York.[36]

---

35 O termo é um trocadilho meu com o realismo socialista que estava sendo gestado no âmbito do Komintern. No período da Guerra Fria os EUA conseguiram passar uma imagem de defensores da liberdade de criação artística, ridicularizando a ingerência política em questões estéticas que seria amplamente praticada pelo Partido Comunista. Como se pode ver, os EUA tinham telhado de vidro nesta questão.

36 Segundo Donald Meyer, os investimentos das companhias radiofônicas na América do Sul não eram diretamente lucrativos. Mas a região era o mercado em maior crescimento para o rádio, e vinha sendo dominada pelas rádios estatais italiana e alemã. Em 1934 o regime nazista tinha instalado poderosos transmissores e começou a produzir 4 horas diárias de programação para a América Latina. Em 1939 a quantidade de programação diária foi aumentada para 6 horas. Meyer acredita que, como os sistemas radiofônicos eram diferentes (estatal nos países do Eixo, privado nos EUA), havia o risco de o governo Roosevelt entrar no mercado com uma rádio estatal para fazer frente à propaganda nazista. De certa forma, ao assumir a função custosa de transmitir a ideologia norte-americana para a América Latina, as rádios privadas (especialmente NBC e CBS) estavam tomando as medidas necessárias para garantir que seu lucrativo mercado não fosse prejudicado com mudanças nas regras, por maior controle estatal, ou mesmo pela criação de uma rádio governamental. As companhias privadas se engajaram então na produção da programação direcionada à boa vizinhança, e o governo colaborou fornecendo conteúdo jornalístico e dando concessão para que 12 estações aumentassem a potência de transmissão para 50 mil Watts em ondas curtas. As companhias tinham esperança de que os negócios de transmissão para a América Latina se tornassem lucrativos após o fim da guerra, mas esse cenário nunca chegou a se concretizar. "Toscanini and the Good Neighbor Policy: the NBC Symphony Orchestra's 1940 South American tour". In: *American Music*, v. 18, n°3, 2000, p. 239-240.

Além da OCIAA e das empresas radiofônicas norte-americanas, o governo brasileiro e as rádios locais somaram-se aos esforços. É importante lembrar que o Estado Novo também tinha um direcionamento político muito efetivo para a radiofonia, através do DIP, que incluía o controle governamental direto, por exemplo com a encampação da Rádio Nacional, outrora privada, ou com a transmissão compulsória do programa *Hora do Brasil*. A programação a ser transmitida ao Brasil era produzida em *pool* por CBS e NBC. A OCIAA disponibilizava uma verba para produção de rádio jornal. A CBS contratou um locutor brasileiro: Luis Jatobá. O DIP cedeu 5 minutos diários da *Hora do Brasil*, e enviou funcionários de alto escalão para trabalhar em conjunto nos EUA. Os programas eram produzidos pelas companhias privadas, mas antes de irem ao ar tinham de ser autorizadas pela OCIAA. Várias rádios no Brasil retransmitiam a programação enviada dos EUA: Cruzeiro do Sul, Mairink Veiga e Tupi, no Rio de Janeiro; Record, Cruzeiro do Sul, Cosmos, Cultura e Tupi, em São Paulo; Farroupilha, de Porto Alegre; Rádio Club de Pernambuco, em Recife; e Pampulha em Belo Horizonte.[37]

Além das transmissões radiofônicas, o investimento das companhias radiofônicas na América do Sul foi ainda mais além, pois estas empresas viabilizaram turnês de duas orquestras completas à América do Sul, com os principais regentes dos EUA de então, no que foi um evento muito marcante para a vida musical da região, especialmente do Brasil.

A *NBC Symphony*, pioneiro conjunto de transmissão radiofônica de concertos, era parte da programação transmitida ao Brasil no âmbito da programação promovida pela OCIAA e pelo DIP. Tinha sido criada em 1937 por Toscanini, e era uma importante peça desse mundo midiático dos concertos, do qual o regente foi um dos principais personagens. Pelo lado da vida musical norte-americana, a turnê da também chamada *Toscanini Orchestra* era notável por ser uma das poucas vezes em que o conjunto se aventurou fora dos estúdios do *Rockfeller Center* em Nova York, bem como por ser a primeira grande turnê de um grupo musical norte-americano na América Latina.[38]

Ocorrida pouco tempo antes da viagem empreendida por Carleton Sprague Smith, a turnê da *NBC Symphony* inciou em 1º de junho, com a partida do navio para uma viagem de 7 semanas. A orquestra de Toscanini realizou um total de 16 concertos: primeiro no Rio de Janeiro (2 concertos), passando por São Paulo (1 concerto), 8 con-

---

37   As informações são todas de Tota, *O imperialismo sedutor, op. cit.*

38   Ambos os aspectos são apontados por Donald Meyer, "Toscanini and the Good Neighbor Policy", *op. cit.*, p. 233. Este texto é usado aqui como fonte de informação sobre a turnê. Orquestras europeias também não excursionavam pela América do Sul. Os que costumavam vir eram os músicos de companhia de ópera italiana, que não eram orquestras completas, mas completavam-se com músicos locais – também não eram dedicadas aos concertos sinfônicos, mas somente a uma função considerada menor: acompanhar os cantores.

certos em Buenos Aires, entre 18 de junho e 2 de julho, e voltando por Montevidéu (2 concertos), São Paulo (1 concerto) e Rio de Janeiro (2 concertos).

Esta turnê teve uma grande importância simbólica, por vários motivos. Primeiro porque Toscanini era um símbolo político muito forte. Ele era um dissidente do fascismo, fez públicas críticas à ditadura de Mussolini, e terminou fugindo da Itália em 1938, sob ameaça de prisão. Além disso, ele representava pessoalmente a ascensão dos EUA como um país de alta cultura. Nas palavras de Donald Meyer:

> Para muitos americanos Toscanini era mais que um simples regente: ele era um ícone de autoridade cultural, um símbolo do progresso da nação do comercialismo dos Anos Dourados para o nível de sofisticação da rival Europa. Mandar nosso símbolo de alta cultura, europeu de nascimento, para os latino-americanos era um tipo de auto congratulação. Ainda mais importante para os propósitos da turnê era o inabalável anti fascismo de Toscanini.[39]

Parte da motivação para a turnê da NBC era também a existência de uma turnê planejada pela principal orquestra concorrente: a *All Americans Youth Orchestra*, que Stokowski formara para a CBS, estaria a caminho da América do Sul quando da chegada da *NBC Symphony* (que conseguiu viabilizar seus planos antes da rival) nos EUA. Os diretores da NBC tinham em mente que o rádio não era um negócio como outro qualquer – era uma "arte inspiradora e imaginativa" – aspecto que era aumentado pelo fato de que o negócio do *broadcasting* era o mais lucrativo numa era de depressão econômica. As companhias radiofônicas sabiam que existia a necessidade de que seu negócio fosse percebido como socialmente útil. Por isso estiveram dispostos a engajar-se numa empreitada que não seria lucrativa.[40]

Do lado dos latino-americanos também havia múltiplos interesses. O diretor do Teatro Colón de Buenos Aires, Fioro Ugarte, viajou várias vezes aos EUA para prospectar

---

39 "Toscanini and the Good Neighbor Policy", *op. cit.*, p. 240. Tradução minha. Esta questão de auto afirmação cultural norte-americana explica o empenho de tantos agentes numa empreitada bastante complexa. O transporte da orquestra de 100 músicos foi custeado com apoio da patrocinadora da orquestra (*General Motors*) e a companhia de navios também fez um preço reduzido para o transporte, cobrando apenas a metade dos 70 mil dólares que seriam o preço normal do traslado.

40 Donald Meyer. "Toscanini and the Good Neighbor Policy", *op. cit.* O autor informa que a turnê deu, na verdade, prejuízo – apesar de muito modesto. O desfalque foi de 9 mil dólares, devido a gastos não previstos pela contabilidade, como as despesas dos músicos no bar do navio, ou os custos extras para a companhia gerados por um acidente: um dos músicos faleceu num atropelamento por um ônibus nas ruas do Rio de Janeiro, no dia do último concerto da turnê. A companhia custeou o funeral e cedeu mais U$ 1.000 como indenização à família.

músicos talentosos, e seu empenho pessoal em levar a orquestra de Toscanini a Buenos Aires foi fator decisivo. O mercado de concertos nas duas metrópoles rio-platenses era quase tão dinâmico como os principais centros europeus, e se isso era um pouco dificultado pela distância geográfica dos demais centros importantes, a dificuldade podia ser minimizada com o desenvolvimento dos transportes e também com a situação da guerra. Em 1940 viviam em Buenos Aires e Montevidéu (a proximidade de ambas cidades tornava seu mercado cultural praticamente único) importantes regentes, como Erich Kleiber, Fritz Busch, Lamberto Baldi, além de um musicólogo como Curt Lange, ou um concertista como Andrés Segovia. Isso explica por que metade dos concertos da temporada foi realizada na capital argentina.[41]

A figura de Toscanini também se adaptava muito ao modelo demandado pelo meio musical argentino e sul-americano: os programas da turnê tiveram como principais peças sinfonias de Mozart, Beethoven, Schubert e Brahms, poemas sinfônicos de Richard Strauss, aberturas de óperas de Mozart e Rossini, além de excertos de dramas de Wagner. Somente uma peça de compositor norte-americano foi incluída na turnê: o *Adagio* para cordas de Samuel Barber, o que causou muitos protestos do meio musical do país. Mas os organizadores da turnê tiveram o cuidado de fazer boa vizinhança, incluindo compositores locais, apesar de apenas pequenos trechos ou obras curtas, que não demandassem muita dificuldade de ensaio: *Dos danzas* do argentino Julián Aguirre e fragmentos da *7ª sinfonia* de seu conterrâneo Alberto Williams. Entre os brasileiros, o *Preludio* de *Il Guarany*, de Carlos Gomes, o *Batuque* da suíte *Reisado do pastoreio* de Lorenzo Fernandes, e a *Congada* da ópera *O contratador de diamantes* de Francisco Mignone.

O público das 4 cidades visitadas foi empolgadíssimo, bem como as críticas na imprensa. Em Montevidéu, onde a orquestra daria apenas duas récitas, conta-se que pessoas ficaram várias horas na fila sob chuva e neblina para conseguir ingressos. No Brasil a comoção no meio cultural foi tamanha que a visita de Toscanini é reputada como principal fator de estímulo para a criação da Orquestra Sinfônica Brasileira, que se tornaria o principal conjunto sinfônico do país, ainda em atividade nos dias de hoje.

Para o próprio Toscanini, a turnê tinha significado especial. Foi numa turnê pelas mesmas cidades (exceto São Paulo), 54 anos antes (1886), que Toscanini

---

41   Guido di Tella afirmou que em 1940 o PIB per capita argentino era o triplo do italiano e do japonês, uns 40% superior ao austríaco e quase equiparado ao francês ("La ilusión <<Argentina potencia>> resulto fatal", in *El cronista*, 8/12/1991). Cesar Buscacio demonstra como Curt Lange se associava aos modernistas rio-platenses, especialmente os ativistas da *Agrupación Nueva Musica*, lutando por um meio musical menos dependente da tradição clássica europeia, pois a vida de concertos controlada por Kleiber e Bush era toda direcionada à tradição germânica oitocentista (*Americanismo e ncaionalismo musicais na correspondência de Curt Lange e Camargo Guarnieri, op. cit.*, p. 86-87).

começou a carreira de regente. Chamado às pressas para substituir o regente titular impossibilitado, o então jovem violoncelista foi ao pódio reger de cor a *Aida* de Verdi, assumindo a batuta em toda a turnê, e assombrando as plateias sul-americanas antes de começar sua brilhante carreira na Europa. Completando 73 anos em 1940, seu contrato com a NBC estava no fim, e Toscanini já pensava seriamente em aposentar-se, o que aumentava o significado emocional de voltar ao lugar em que iniciou o estrelato como regente.[42]

A turnê de Stokowski com a *All American Youth Orchestra* assumiria conotações muito diferentes, pois o regente incluiu diversas obras de compositores norte-americanos, enquanto Toscanini era visto por muitos no meio musical do país como um símbolo negativo por ignorar sistematicamente o modernismo norte-americano em seu repertório. Segundo uma matéria do *New York Times*, citada por Donald Meyer,

> Toscanini representa o dinheiro que a NBC gasta em publicidade... Ele não representa nenhuma parte da cultura deste país e em todos os seus trinta e poucos anos aqui ele não tocou mais que três peças de nossa música sinfônica.[43]

De certa parte do meio musical norte-americano, especialmente aquela representada por seus intelectuais, compositores ou críticos, a turnê de Stokowski seria muito mais representativa.[44] Para o meio em torno da grande expansão da música clássica através das modernas tecnologias de comunicação, tanto o modernismo de Stokowski como os clássicos de Toscanini, eram muito importantes e representativos.

Da parte do público local, o repertório da turnê de Stokowski não deve ter desagradado, pois além das obras modernas e da inclusão de compositores norte-americanos, o regente deu espaço para os clássicos e também obras de compositores locais. Os primeiros concertos da turnê ocorreram no Teatro Municipal do Rio de Janeiro, em 7 e 8 de agosto. O repertório previsto para a primeira noite era: *Fuga em sol menor* de Bach,

---

42   Além deste significado emocional, o cachê de Toscanini para a turnê foi de U$ 28.500 – uma verdadeira fortuna para os valores da época. Donald Meyer. "Toscanini and the Good Neighbor Policy", *op. cit.*, p. 242.

43   "Toscanini Tour Irks Sponsor". *New York Times*, April 20, 1940, p. 19. Tradução minha conforme citado em Meyer, "Toscanini and the Good Neighbor Policy", *op. cit.*, p. 243.

44   Não foi possível consultar documentação suficiente ou estudos sobre a turnê de Stokowski, mas a imagem do programa do último concerto no Teatro da Ópera em Buenos Aires, em 22/8/1940, está disponível em http://www.library.upenn.edu/exhibits/rbm/stokowski/aayo.html. O programa ali estampado mostra que o concerto tinha apenas modernistas russos, que eram também parte importante do repertório de Stokowski desde o início de sua carreira: Mussorgski, Borodin, o *Pássaro de fogo* de Stravinski e a estréia argentina da *5ª sinfonia* de Shostakovich.

Sinfonia n°1 de Brahms, *1ª Fantasia Brasileira* de Francisco Mignone e *Canto de Amor*, do *Tristão e Isolda* de Wagner. E para a segunda: *Momo Precoce* de Villa-Lobos, solado por Magdalena Tagliaferro, *Sinfonia n° 5* de Tchaikovski e *Pássaro de fogo* de Stravinski.[45]

1940 foi então um ano decisivo nas relações Brasil-EUA em termos de repercussões no meio musical, com a visita de Carleton Sprague Smith e com as turnês de boa vizinhança das orquestras de Toscanini e Stokowski. Cada uma a seu modo, essas visitas causavam profundo impacto no meio musical brasileiro e nas carreiras dos vários personagens envolvidos. Mas outra visita profundamente impactante ocorreria em 1941, quando, a serviço do Departamento de Estado, do qual era membro do Comitê de Música, veio ao Brasil e à América Latina o compositor Aaron Copland. A presença de um compositor de seu calibre, ligado ao modernismo parisiense, a todo ativismo social dos modernistas norte-americanos, seria crucial para superar possíveis resistências no meio musical brasileiro. A visita de Copland dava autoridade moral às gestões diplomáticas norte-americanas, e, pelo menos entre muitos compositores, seria um gesto de grande significado simbólico.

Fátima Granja Tacuchian, que consultou a documentação norte-americana existente sobre a viagem de Copland, demonstra que seu preparo durou meses, que os contatos com as personalidades do meio musical brasileiro foram intermediados por Carleton Sprague Smith, e que houve o cuidado de "disfarçar" a viagem, como se ela fosse meramente destinada a concertos e conferências. Não se mencionava o envolvimento da OCIAA e do Departamento de Estado, para evitar que a viagem parecesse muito oficial, o que poderia despertar críticas no meio brasileiro. Além do Brasil, Copland iria passar por outros países da América do Sul, mas os esforços diplomáticos envolvidos se concentravam no Brasil e na Argentina, os países estrategicamente mais importantes da região:

> A visita foi veiculada na mídia como parte de um programa patrocinado pela organização *Comittee on Inter-American Artistic and Intellectual Relations*, mas na realidade os recursos provinham do OCIAA e do Departamento de Estado.

---

45 Note-se que o repertório brasileiro incluído por Stokowski tem obras muito mais importantes dos compositores locais – especialmente a de Villa-Lobos, que é considerada uma das obras mais importantes do autor. Stokowski já regia obras de Villa-Lobos desde 1927, sendo um regente muito mais acostumado à música moderna que Toscanini. Por outro lado, para o público paulista foi imperdoável não incluir *Il Guarany*, de Carlos Gomes, segundo relato de Guarnieri em carta a Curt Lange, mencionada nas páginas anteriores. As informações do repertório de Stokowski no Rio de Janeiro são dadas por Ermelinda Azevedo Paz, com base em jornais da época: o *Diário de Notícias* de 8/8/1940 informou, segundo a autora, que a peça de Mignone foi substituída por *Prelude à l'aprés midi d'un faune* de Debussy, por conta do extravio da partitura que teria sido enviada pelo correio. O programa da segunda noite foi informado pelo *Jornal do Brasil*, 8/8/1940, p. 9. *Villa-Lobos e a música popular brasileira*. Rio de Janeiro: Edição do autor, 2004, p. 46. Disponível em http://www.ermelinda-a-paz.mus.br/Livros/vl_e_a_MPB.pdf.

> Embora divulgado que o compositor fora contratado para turnê de concertos e palestras sobre música norte-americana contemporânea, o objetivo principal da visita era pesquisar a música dos países latino americanos, selecionar compositores e personalidades acadêmicas preferenciais para o intercâmbio, avaliar as condições das instituições educacionais e o pensamento dos governos locais em relação ao intercâmbio na área de música. Segundo Copland, Henry Allen Moe, secretário da Guggenheim Foundation e membro da instituição sob cuja sigla realizava-se a viagem, destinou uma verba de U\$ 3.100 para cobrir quatro meses de viagem, e entre as personalidades recomendadas para sondagens destacou especialmente o compositor Villa-Lobos.[46]

A escolha de Villa-Lobos seria a mais natural, sem dúvida. Ele era o personagem de maior destaque da música brasileira, o compositor de maior reconhecimento internacional. Além disso era alto funcionário do Estado Novo, o que mantinha todos os canais políticos abertos para sua pessoa. O meio musical norte-americano já ouvia falar de Villa-Lobos desde os tempos de sua estada em Paris. As ligações parisienses também eram muito fortes no meio musical norte-americano, especialmente a partir de figuras que vieram de Paris para os EUA ou de personalidades norte-americanas que viveram em Paris nos anos 1920, como é o caso de Koussevitzky, de Nádia Boulanger, ou o próprio Copland, que pode ter convivido pessoalmente com Villa-Lobos em Paris ou ouvido os concertos com sua música.

Mas Tacuchian afirma que Copland se opôs à conveniência de centralizar as atenções em Villa-Lobos como principal personagem a ser convidado. Apesar de reconhecê-lo como o principal compositor sul-americano em atividade, Copland tinha restrições à ênfase dada ao folclore na música de Villa-Lobos, achando que isso descambava para um sentimentalismo ou exotismo já datados. Também considerava o compositor como uma personalidade complicada, de difícil relacionamento, e reticente em colaborar numa visita oficial. Copland julgava mais interessante centralizar os esforços em músicos mais jovens, que seriam mais beneficiados pelo contato com o meio musical norte-americano.[47]

---

46 *Panamericanismo, propaganda e música erudita, op. cit.*, p. 129-130.

47 Os motivos seriam dados tanto no relatório que Copland escreveu sobre a viagem como no artigo que escreveu sobre a música latino-americana para o número de janeiro/fevereiro de 1942 da revista *Modern Music*. Conforme Tacuchian, *Panamericanismo, propaganda e música erudita, op. cit.*, p. 129-132.

Camargo Guarnieri nos EUA

Segundo Tacuchian, Copland apontou Guarnieri como a figura mais representativa do meio musical brasileiro – indicado como o compositor preferencial a se investir em projetos de colaboração e boa vizinhança. Sua música era mais sóbria, no entender de Copland, de feitura mais clássica, do ponto de vista da técnica de composição – menos dada a efeitos populistas de aproximação com o folclore. Este tipo de impressão sobre o estilo composicional de Camargo Guarnieri já tinha sido formulada por Curt Lange, pois o musicólogo via no compositor paulista o personagem ideal no meio musical brasileiro para seus projetos de integração continental.

Outro aspecto importante é o fato de Guarnieri ter uma atitude pró-ativa, ser visto como um interlocutor disposto, alguém empenhado em construir uma parceria. Esse aspecto foi destacado tempos depois em uma carta enviada por Carleton Sprague Smith a Camargo Guarnieri:

> Em New York você era conhecido como um compositor brasileiro em quem se podia ter confiança, pois sempre estava disposto a cooperar. Meu velho amigo, não perca as suas amizades aqui, pois este grupo que menciono quer propagar sua fama – não o poderão fazer se você não responde as cartas que recebe.[48]

Por outras cartas seguintes ficamos sabendo que a demora na resposta de Guarnieri foi devido a problemas de saúde. Todavia, o que importa aqui é ressaltar esta percepção de Guarnieri como alguém colaborativo, disposto ao trabalho e aberto à cooperação inter-

---

48   Carta enviada em 21/6/1948. Acervo Camargo Guarnieri, IEB-USP.

nacional. Isso fazia muita diferença em relação ao meio musical e aos meios oficiais norte-americanos. Os anglo-saxões tinham pouca paciência com a desorganização brasileira, e o hábito de não responder cartas, não preencher relatórios, etc. Estas características percebidas em relação a muitos brasileiros eram bastante irritantes para colaboradores eficientes e produtivistas como Curt Lange, Sprague Smith ou mesmo Copland, e é possível que esse fator tenha sido significativo na preferência por Guarnieri em relação a Villa-Lobos ou Mignone.

Certo é que, no ano seguinte, os três mencionados (Villa-Lobos, Mignone e Guarnieri) iriam visitar os EUA no âmbito da Política de Boa Vizinhança. Tacuchian afirma que o fato de os três terem feito a visita, e de sua música ter sido tocada, gravada, irradiada e publicada em partituras no país do norte, foi fundamental para as carreiras deles, possibilitando que escapassem às restrições do meio musical acanhado e precário existente no Brasil.

Entre os três compositores, o que mais dependeu da interação com o meio musical norte-americano para os rumos de sua carreira e para sua consagração, tanto nacional quanto internacional, foi Camargo Guarnieri. Ele era o que tinha conseguido menos participação como compositor nas instituições do regime Vargas. Suas ligações políticas eram com os setores da política paulistana derrotados no golpe do Estado Novo em 1937. Ao voltar de Paris em 1939 Guarnieri era, dos três modernistas, o que estava em situação mais instável, pois Villa-Lobos era funcionário da SEMA e diretor de todo o programa nacional de canto orfeônico, diretor do conservatório para formação de professores, além de regente de corais e orquestras para eventos cívicos promovidos no âmbito de seus projetos. Mignone era professor do Instituto Nacional de Música, foi diretor do Teatro Municipal do Rio de Janeiro, e esteve sempre bem representado nas programações oficiais do regime Vargas.

Guarnieri, ao contrário, voltou de Paris desempregado, sem ligações políticas com os grupos que estavam no poder em São Paulo. O sofrimento com as restrições que viveu no meio musical paulistano neste período de retorno transparece em toda a sua correspondência. Por este motivo, não só Guarnieri foi visto como um interlocutor privilegiado para a política da boa vizinhança, como o próprio compositor paulista também se agarrou como pode aos contatos que foram surgindo no meio musical norte-americano, que ele logo passou a ver como uma oportunidade de ir além do meio restrito que vivia em São Paulo. A partir dos contatos estabelecidos, surgiu o convite para a estadia de Guarnieri nos EUA. O convite veio pela Divisão de Música da União Pan-Americana em Washington, e pela correspondência recebida pelo compositor podemos perceber que havia gestões de Luiz Heitor, Sprague Smith e Copland neste sentido.

O principal colaborador na viagem de Guarnieri, que seria o responsável oficial pela estada do compositor, foi Charles Seeger, do alto de seu cargo em Washington. A correspondência enviada pelo compositor e musicólogo norte-americano no período foi arquivada cuidadosamente por Camargo Guarnieri, e encontra-se disponível para consulta no arquivo do IEB-USP.

A relação de Seeger com Guarnieri parece ter sido mais restrita ao contato oficial, ao contrário do tom mais pessoal que se encontra nas correspondências com Carleton Sprague Smith e Aaron Copland. A primeira carta de Seeger está datada de 31 de agosto de 1941, na verdade um equívoco do missivista, pois a carta foi escrita em 31 de outubro (como ficamos sabendo pela carta enviada em 10 de dezembro, que pede desculpas pelo erro da data e avisa que ainda está no prazo para enviar a partitura solicitada).

Esta primeira carta de Seeger veio em papel timbrado da PAU (*Pan American Union*, na sigla em inglês), e é polida, oficial. Informa que seu departamento (a Divisão de Música da qual Seeger é chefe) está promovendo composições latino-americanas nos EUA através de um serviço editorial. Para isso pede composição de até 7 minutos, de duas a 4 pautas podendo indicar a instrumentação se quiser. A PAU pagaria U$ 50 pelo manuscrito, que ficaria com eles. Essa soma não incluía direitos de autor, que continuavam com o compositor, podendo ser negociados se assim o desejasse. A Divisão de Música da PAU se propunha também a registrar os direitos da obra nos EUA e intermediar contatos com editoras. O manuscrito da composição deveria ser enviado dentro de dois meses, pois a composição seria instrumentada por um perito dos EUA a fim de atender com exatidão a formação instrumental das bandas de música de lá.

Esta encomenda da PAU demonstra que a instituição estava envolvida nos típicos projetos do *New Deal*, provavelmente no âmbito das verbas do FMP. Com maior alcance social do que a música de concerto camerística ou sinfônica, as bandas eram conjuntos musicais mais difundidos, fosse em escolas ou nos meios militares. Esse tipo de projeto seria o que mais geraria efeitos em cadeia na atividade musical norte-americana, mas provavelmente não era julgado muito atrativo por Camargo Guarnieri, que além de desconhecer a vida musical nos EUA – tanto em seu sistema escolar como nas bandas militares, estava muito interessado em estabelecer reputação como compositor de música de concerto, que tinha, sem dúvida, muito mais status que a música de banda.

Essa comparação entre os meios musicais brasileiro e norte-americano é muito significativa. Arnaldo Contier já apontou em seus estudos que o modernismo brasileiro foi bem sucedido em estabelecer um padrão de gosto na crítica musical e em formar compositores segundo suas propostas estéticas. Mas teria fracassado em estabelecer um sistema musical que envolvesse a publicação dessa música, a formação de seus intérpretes e de seu público, justamente pela falta de um amplo projeto educacional.[49] A mentalidade

---

49   *Brasil novo. Música, nação e modernidade, op. cit.*

elitista e bacharelesca da intelectualidade do país tendia a valorizar muito mais o mundo do concerto, tendo poucos olhos para a vida escolar e para as bandas militares.

Talvez sabendo disso, Luiz Heitor escreveu a Guarnieri uma carta enviada de Washington, no momento em que estava trabalhando com Seeger. Talvez por causa do assunto tratado, essa carta não foi arquivada por Guarnieri junto com a correspondência de Luiz Heitor (que possui pasta própria no arquivo) mas está na pasta entre a correspondência de Charles Seeger. A carta tem data de 6 de novembro de 1941, está datilografada em papel timbrado da PAU, enviada de Washington.

Luiz Heitor conta que está empenhado em divulgar Guarnieri nos EUA, e apresenta Charles Seeger como um amigo da música moderna, que está muito bem instruído a respeito de Guarnieri e que ouviu entusiasmado a "Dansa Sertaneja" em concerto. Aqui ocorre um equívoco de Luiz Heitor com relação à *Canção Sertaneja*, obra composta em 1928 por Camargo Guarnieri – uma de suas primeiras obras, original para piano e transcrita ainda em 1928 para piano e violino. Esta obra seria publicada nos EUA no ano seguinte, pelas gestões do próprio Seeger. O diretor da Divisão de Música da União Pan-Americana também vinha sendo atraído pela música de Guarnieri, diretamente influenciado pelas gestões de Luiz Heitor. O musicólogo brasileiro também avisa a Guarnieri que sua ida aos EUA pode ser dada como certa através do Departamento de Seeger.

Sobre a obra encomendada pela PAU, assunto da carta de Seeger, Luiz Heitor julga necessário esclarecer Guarnieri, dando testemunho da organização das bandas de música escolares e universitárias, por meio das quais a PAU pretendia divulgar a música do continente sul-americano. Para evitar um possível desinteresse de Guarnieri pelo convite, Luiz Heitor informa que ele foi o único brasileiro escolhido, e que a composição de uma obra assim lhe abriria um canal nos meios oficiais e editoriais dos EUA. Prevendo que Guarnieri talvez pudesse também se ofender com a proposta de que a obra fosse instrumentada por outrem, Luiz Heitor testemunha a qualidade da instrumentação a ser feita por Richard Goldmann, que ele informa ser aluno de Nadia Boulanger – a renomada professora francesa que Guarnieri tinha conhecido em Paris, e que estava agora lecionando num conservatório em Washington.

A carta de Luiz Heitor ainda informa, em letras vermelhas, que Seeger está interessado em executar o quarteto ou o trio de cordas pelo *Quarteto Coolidge* na *Library of Congress*. Estas obras foram compostas respectivamente em 1932 e 1931, no período mais ousado de Guarnieri. O *Trio* tinha esperado 10 anos para sua estreia, dada no Rio de Janeiro em abril deste mesmo ano, em concerto dedicado a obras de Guarnieri na Escola Nacional de Música do Rio de Janeiro. O *Quarteto* tinha estreado em 1935 pelo conjunto do Departamento de Cultura de São Paulo. A possibilidade de essas obras ganharem execução nos EUA era muito significativa para o compositor, pois a música de câmera para cordas é aquela que melhor demonstra a capacidade artesanal de um compositor, sendo às vezes mais difícil de ser executada que a própria música sinfônica.

A mesma carta também traz o endereço do regente brasileiro Max Brand em Nova York, informando que ele solicita partitura da *Flor de Tremembé*, que pretendia executar nos EUA e intermediar publicação pela editora Schirmer.

Nova carta enviada por Seeger em 2 de janeiro de 1942 insiste no tema do envio de músicas para o sistema educacional norte-americano. Seeger informa que a PAU tem um programa para fomentar a inclusão de obras de compositores latino-americanos nos programas de músicas das escolas primárias. Para tanto, uma comissão da seção de música da *Music Educators National Conference* estava selecionando obras adequadas, que seriam recomendadas para publicação por editoras norte-americanas. Seeger pergunta pela concordância de Guarnieri em que suas obras participassem do projeto e pede colaboração aceitando propostas que porventura chegassem de editores neste sentido. Assim como a obra encomendada na primeira carta, as obras a serem enviadas para esse fim também deveriam ser adaptadas por um arranjador para as formações típicas das bandas norte-americanas.

Cartas seguintes vão tratando de questões relativas à música de Guarnieri nos EUA. A carta enviada em 6 de janeiro informa que estava fazendo contato com a editora Cundy-Bettoney, de Boston, para publicar versão para instrumento de sopro da *Canção Sertaneja* mencionada na carta de Luiz Heitor. Tendo sido uma das primeiras peças publicadas por Guarnieri em São Paulo, publicada em 1928 na versão para piano, com edições pela Irmãos Chiriato e pela L.G. Miranda, a peça receberia nova publicação pela referida editora de Boston, ainda em 1942, em versão para clarinete e piano ou oboé e piano. A peça já tinha sido publicada, ainda em 1928, também em versão para violino e piano.

Uma carta de 12 de fevereiro pede a Guarnieri o envio de fotografia e material biográfico, a serem usados em publicações da PAU. Em 18 do mesmo mês, Seeger escreve acusando recebimento da partitura de *Encantamento*, a ser arranjada por Richard Goldman, se possível para publicação imediata. Esta peça tinha sido estreada no Teatro Municipal de São Paulo no último dia 25 de janeiro, regida pelo próprio Guarnieri. O catálogo de Flávio Silva dá a obra como encomendada pela PAU, e a peça é dedicada a Charles Seeger, provavelmente correspondendo à peça solicitada na primeira carta deste a Guarnieri. Mas parece que o arranjo de Richard Goldman não se concretizaria, pois a peça foi pulicada nos EUA pela *Associated Music Publishers* apenas numa versão para violino e piano transcrita pelo próprio Guarnieri. Carta de 1° de maio reclama da demora da editora LG Miranda em fazer contato para autorizar a publicação pela Cundy-Bettoney.

As cartas não permitem saber, mas a partitura de *Encantamento* sugere que Guarnieri não atendeu exatamente o pedido de Seeger e a recomendação de Luiz Heitor. O que a PAU desejava receber de Guarnieri era uma obra, talvez em versão para piano, ou escrita em uma grade básica a quatro vozes. Alguma ideia musical que seria repassada a um instrumentador acostumado à formação das bandas militares norte-americanas, ou *big-bands*. A reação de Guarnieri foi mais ousada: ele escreveu a orquestração completa. *Encantamento* foi composta direto para orquestra, no fim de 1941, e estreada com a orquestra do Teatro Municipal de São Paulo, regida pelo autor, em janeiro de 1942.

Esta obra foi a primeira das que Guarnieri compunha visando o mercado de música norte-americano. E foi também a primeira peça composta por Camargo Guarnieri direto para orquestra sinfônica, desde a experiência fracassada de *Curuçá*, em 1930. Agora o compositor já começava a sentir segurança como orquestrador, após ter executado no período 1935-38 algumas de suas obras orquestrais (transcrições de obras pianísticas) com a orquestra do DC, e após ter testemunhado a vida parisiense. Em 1941 parece que a situação da música sinfônica está melhor em São Paulo, pois Guarnieri consegue compor a peça no fim do ano e executá-la imediatamente em concerto com a orquestra. Este tipo de experiência é fundamental para ele como compositor orquestral. Ao ensaiar ele mesmo a peça, ele vai verificando o que funciona e o que não funciona na instrumentação. Que trechos apresentarão maior dificuldade para os músicos, que combinações soam melhor.

Como o próprio Guarnieri mencionou em cartas a Curt Lange, a música sinfônica em São Paulo estava passando por um período de empolgação, depois de receber visitas de orquestras estrangeiras de alto nível como as de Toscanini e Stokowski. Aproveitando-se deste incremento da atividade sinfônica no Brasil, e da encomenda da União Pan-Americana, Guarnieri compôs rapidamente a peça *Encantamento*. Era importante para o compositor a possibilidade imediata de execução e publicação, além do incentivo de uma divulgação internacional. Ela foi construída na mesma estrutura formal que já era a marca da música de Guarnieri desde o início de sua produção pianística: é uma peça em movimento único, de estrutura A – B – A. Sua seção inicial (o primeiro A), tem indicação "serenamente", e inicia muito suave, com um solo dobrado na trompa e nas violas e violoncelos com surdina.[50]

A melodia que aparece se apresenta como o tema que vai ser desenvolvido em toda a seção. Ele é de caráter modal, como já observado a respeito da técnica que Guarnieri vinha desenvolvendo desde os tempos de estudo com Lamberto Baldi. O complemento harmônico é dado por violinos e trompas, o acorde mais agudo que a melodia. A estrutura harmônico-

---

50 GUARNIERI, C.*Encantamento*, São Paulo: Criadores do Brasil/OSESP, 2008.

-melódica do tema é marcada por este caráter ambígüo do modalismo – não há repouso, não há tensão, e o tema é quase um "objeto sonoro". O tema sugere o modo frígio de fá#, só que o acorde que se sobrepõe não é uma tríade, mas composto da sobreposição de quartas (fá#--si-mi-lá). Neste anúncio do tema, nos primeiros compassos, já está a assinatura musical de Guarnieri, já estão as características que marcavam seu estilo pessoal desde 1928.

Exemplo 1: redução para piano do trecho inicial de *Encantamento*

Além da ambiguidade modal da melodia e de seu suporte harmônico construído por sobreposição de quartas, está dada também uma ambiguidade rítmica que Guarnieri gostava de usar como marca de suas obras. A linha melódica se apoia nos tempos fortes do compasso quaternário, mas o acompanhamento está "desalinhado" ritmicamente – acéfalo, começando uma colcheia depois do tema, e dividindo as 15 colcheias restantes do inciso de dois compassos em 5 grupos de três, o que causa um efeito desencontrado e contra métrico.

Este motivo melódico inicial vai sendo desenvolvido e transformado ao longo da seção A, com os acordes fazendo progressões sem direção tonal, até que no compasso 30 inicia a seção B. Esta seção é uma clara referência a uma música jazzificada, que Guarnieri provavelmente conhecia bem de suas experiências como pianista de salão e de cinema. Se vê aqui o compositor buscando um esforço de aproximação com o ambiente musical norte-americano, sugestões que devem ter-lhe ocorrido de imediato após a encomenda de Seeger (e da informação que a música seria orquestrada para as bandas norte-americanas). A orquestração escolhida por Guarnieri para a peça não atendia à demanda de Seeger, porque o compositor escreveu para uma orquestra sinfônica tradicional: a base nas cordas, uma seção de madeiras a 3 (flautim e duas flautas, 2 oboés e corne-inglês, 2 clarinetes e clarone, 2 fagotes e contrafagote), uma seção de metais (4 trompas, 2 trompetes, 3 trombones e tuba) e uma seção de percussão (tímpanos, celesta e piano).

Se a orquestração tradicional não atendia à encomenda de Seeger por uma música de banda, a forma como a orquestra é tratada nesta seção B evoca claramente uma referência jazzística, próxima de obras de Gershwin como *Rapsody in Blue* (1924) ou *An american in Paris* (1928). Isso se dá na seção central de *Encantamento* pelo efeito dos acordes de sétima como base harmônica nas cordas em *pizzicato*, e um solo de trompete em surdina numa melodia baseada em escala pentatônica, com efeitos de portamento sugeridos por saltos melódicos com ligaduras para os instrumentos de sopro. O contraste das duas seções se define tanto pela natureza completamente diferente dos ambientes melódico harmônicos, como também pela mudança para compasso binário, e andamento mais rápido.

Exemplo 2: redução para piano do trecho a partir do compasso 31 (seção B) de *Encantamento* (acompanhamento nas cordas em *pizzicato*, e clarinetes, com acordes de sétima de dominante).

Exemplo 3: melodia tocada pelo trompete com surdina, a partir do compasso 35 de *Encantamento* (baseada na escala pentatônica).

Guarnieri segue desenvolvendo esse segundo tema por toda a seção central (B), mantendo a referência ao estilo jazzístico apresentado pelo uso dos clarinetes e das cordas em *pizzicato* para acompanhar a melodia nos metais. Bem como pela harmonia em estilo *blues* (acordes maiores com sétima menor) e melodias baseadas na escala pentatônica. No compasso 115 volta o tema do início, marcando o retorno do andamento inicial e também do primeiro tema, exatamente a mesma música (linhas melódicas e estruturas harmônicas), mas com instrumentação diferente.

Nesta primeira peça composta para os Estados Unidos, Guarnieri indica sua disposição em se aproximar do país. Nas duas seções da peça ele está propondo um casamento, uma parceria: na seção A é o mesmo Guarnieri de Tietê-SP, saudado em 1929 por Sá Pereira e Mário de Andrade quando de sua *Sonatina n° 1*; na seção B é o sinfonista ao estilo de Gershwin, estendendo a mão para a música jazzificada. Na seção A está usando sua lírica inconfundível, modal e polifônica, com linhas melódicas que cativam pela beleza e profundidade. Na seção B aceita o convite da música norte-americana, com suas *blue notes* e solos de trompete com surdina.

A primeira tentativa de chegar musicalmente aos EUA não deu totalmente certo. A peça não foi publicada em sua concepção sinfônica, mas apenas numa versão para violino e piano feita pelo próprio Guarnieri. A encomenda de Seeger para as bandas norte-americanas acabou sendo atendida pela antiga *Canção Sertaneja*, peça para piano de 1928, a primeira do catálogo do compositor. Sua primeira obra publicada no Brasil seria agora também a primeira publicada nos EUA, em versão para clarinete e piano. Praticamente ao mesmo tempo que a *Toada triste* incluída por Curt Lange no volume da editora Schirmer.

Para uma primeira tentativa de entrar nos EUA como compositor sinfônico, *Encantamento* foi um fracasso. Ou, talvez, não exatamente isso, mas um ensaio de aproximação. Novas tentativas de viabilizar-se como compositor sinfônico nos EUA seriam empreendidas por ocasião da viagem ao país em 1942. Levando a *Abertura concertante* para ser executada lá, bem como o *Concerto n° 1* para violino.

A ida de Guarnieri para os EUA começava a ser articulada por Seeger na carta de 18 de fevereiro de 1942. É a primeira a mencionar o convite que seria feito no âmbito da Divisão de Música da União Pan-Americana. Guarnieri já estava prevenido do convite pelos amigos Luiz Heitor e Aaron Copland. Na carta Seeger afirma:

> Quanto à sua visita aos Estados Unidos, estamos fazendo todo o empenho para realizar este nosso desejo. Luiz Heitor Correa de Azevedo, que embarcou para o Brasil a 4 do corrente, lhe poderá dar uma ideia da presente situação em nosso meio. Tendo recebido de Aron Copland tão amáveis notícias suas, antecipo com o maior prazer conhecê-lo pessoalmente, e espero que nada impedirá que este anelo se realize.

Já na próxima carta, em 30 de abril, trata dos detalhes da viagem aos EUA. Indica que está feliz em saber, por intermédio de Luiz Heitor e Copland, que Guarnieri concorda em atender o convite. O principal obstáculo, que seria uma autorização para viagem aérea da parte do governo do Brasil, já estaria resolvido por gestões de Luiz Heitor. Informa que a União Pan Americana se propõe assumir as despesas com passagem aérea para Miami e trem para NY, além de U$ 200 mensais entre 4 e 6 meses e seguro contra doença e acidente.[51]

Seeger oferece duas possibilidades de data para estadia, das quais Guarnieri deveria manifestar qual lhe interessaria mais. Se quisesse ficar nos EUA entre agosto de 1942 e janeiro de 1943 teria um período de 6 semanas isolado, antes da temporada de concertos, e durante este período poderia se dedicar à composição. A outra opção seria o período compreendido entre outubro e março, correspondendo exatamente à temporada de concertos. Guarnieri optaria por esta segunda possibilidade, não sabemos se por decisão pessoal ou por dificuldade em preparar-se para um prazo mais exíguo. No Brasil esse costume parece que não era corriqueiro, mas muitos compositores e escritores europeus e norte-americanos

---

51   O valor proposto é ligeiramente superior ao usufruído por Érico Veríssimo no início do ano anterior. Mas o escritor iria visitar mais de 10 cidades norte-americanas, com todas as despesas de deslocamento cobertas pelo Departamento de Estado, pois Veríssimo ia como conferencista sobre literatura brasileira. O traslado do escritor foi de navio, enquanto Guarnieri recebia passagem aérea.

costumavam passar as férias de verão em residências de campo onde, afastados das tarefas com aulas e concertos, concentravam-se na composição ou criação de suas obras.

Em carta de 29 de maio Seeger acusou recebimento da resposta de Guarnieri assentindo ao convite da União Pan Americana. Anexo à mesma envia o convite oficial assinado pelo diretor da instituição. Guarnieri ainda não tinha informado sua opção por um dos dois períodos de estadia indicados anteriormente. Seeger sugeriu que Guarnieri concentrasse as atividades em Nova York, de onde poderia vir a Washington ou ir a Boston sem altos custos de viagem, que poderiam ser cobertos por verba especialmente destinada a esse fim, a ser obtida por Copland. Seeger não indica isso na carta, mas a referência às verbas a serem obtidas por Copland indicam que o Departamento de Estado, via Comitê de Música do OCIAA, também está empenhado na estadia do compositor brasileiro. Pelo trabalho de Fátima Tacuchian, que teve acesso aos arquivos norte-americanos, sabemos que desde fevereiro Seeger vinha tratando com Copland e com seu superior na OCIAA – Henry Moe, para que esta instituição apoiasse a vinda do compositor.

Tacuchian cita carta de Seeger a Moe, datada de 16 de fevereiro, hoje depositada na *Copland Collection* da *Library of Congress*:

> Entre todos os compositores latino-americanos, acredito que Guarnieri seja provavelmente o mais promissor, ou pelo menos um dos mais promissores entre a jovem geração. Sua música apresenta uma qualidade que geralmente falta aos compositores da região – a organização interna, que lhe empresta uma rara força e claridade de estilo.[52]

Os trâmites para a visita de Guarnieri ocorriam num momento muito difícil da política norte-americana. Em dezembro de 1941 a força aérea japonesa tinha atacado a base norte-americana de *Pearl Harbor*, no Havaí, e os EUA, antes relutantes em entrar no conflito, agora declaravam guerra ao Japão e, em decorrência disso, aos outros países do Eixo – Alemanha e Itália. Neste contexto, já não era mais o caso de direcionar grandes esforços diplomáticos para uma Boa Vizinhança capaz de blindar o continente americano à influência nazi fascista. Era necessário derrotar as potências do Eixo em seu próprio território, o que iria consumir todos os recursos e atenções dos organismos governamentais. Com o esforço de guerra, tanto a PAU quanto a OCIAA e mesmo os programas de fomento às artes no âmbito da WPA passariam a segundo plano, perdendo prestígio e verbas.[53]

---

52   *Pan Americanismo, propaganda e música erudita, op. cit.*, p. 166-167.

53   Em 10 de maio de 1942 o *New York Times* publicou um artigo de Olin Downes fazendo sérias críticas à redução de verbas e ao cerceamento dos programas de música do WPA ("WPA Music Projetc. Thought

Essa importante inflexão ocorreu ainda durante a estada de Copland na América do Sul, e explica por que as gestões para levar Guarnieri aos EUA foram complicadas, mesmo com a recomendação enfática de Copland e Seeger. As dificuldades ficariam ainda maiores, pois, em carta de 6 de julho, Seeger informa a Guarnieri que a PAU não mais pagaria sua passagem aérea. Aqui surge uma importante questão. As cartas enviadas de Washington, tanto por Seeger como por Luiz Heitor, indicam que a União Pan Americana custeará a passagem de Camargo Guarnieri. Em carta enviada dia 1° de janeiro, Luiz Heitor dá a primeira informação a Guarnieri de que seria convidado para visita aos EUA – e a indicação é de que a passagem será paga pela PAU. Mas as biografias de Camargo Guarnieri escritas por Marion Verhaalen e Maria Abreu informam que Guarnieri não tinha dinheiro para custear a viagem, o que teria sido resolvido com a encomenda da *Abertura Concertante*, obra solicitada pela Sociedade de Cultura Artística de São Paulo. Sua diretora Esther Mesquita teria reunido a diretoria e apresentado a situação de Guarnieri. Foi decidido então encomendar-lhe uma obra orquestral, que seria remunerada, permitindo ao compositor realizar a viagem. Ocorre que a informação não pode ser verdadeira, devido ao fato de que a obra foi estreada em concerto de 5 de junho com a Orquestra da Sociedade de Cultura Artística, sob regência de Souza Lima no Teatro Municipal de São Paulo. E a carta de Seeger informando que a passagem aérea não seria paga pela PAU foi enviada apenas dia 6 de julho. Quando compôs a *Abertura Concertante*, Guarnieri ainda contava com a verba da PAU para a passagem.

Várias correspondências passam a ser enviadas por Seeger no período subsequente, para tratar de questões relativas à viagem. Em 23 de julho Seeger envia a autorização para a viagem, para o período compreendido entre 1° de outubro de 1942 e 1° de abril de 1943. Em 8 de setembro escreve para combinar as datas de chegada a Miami e Washington, a fim de designar alguém para recepcioná-lo. Em Washington isso seria feito pessoalmente por Seeger.

Após a chegada de Guarnieri aos EUA Seeger continuou escrevendo cartas para tratar de questões relativas à estadia de Guarnieri, afinal a sede da PAU era em Washington, e o compositor passaria a maior parte do tempo em Nova York. Em duas cartas de novembro (dia 17 e dia 20) trata do recebimento do prêmio Fleischer por seu *Concerto p/ violino*. O concurso era promovido em conjunto pela PAU e pela *Free Library of Phila-*

---

it is not ended, its program has been curtailed seriously"). Neste artigo o autor considera inadmissível a redução de verbas para o programa, e afirma que está pondo em risco o trabalho de cópia e extração de partes de orquestra da *Fleischer Collection*. Na argumentação do autor, é um erro direcionar todos os recursos de projetos musicais para bandas militares, pois a música continua sendo necessária para o bem estar e o moral da população em tempos de guerra.

delphia, cuja *Fleischer Colletion* é a principal colação de material de orquestra do mundo, e recebeu amplas verbas do FMP para copistas realizarem o trabalho de extrair partes orquestrais de diversas partituras que sequer chegaram a ser publicadas. Aliás, este trabalho de cópia das partes da cada instrumento seria feito nos EUA com várias obras de Guarnieri, sem o que seria impossível sua execução pelas orquestras do país. A data de entrega do prêmio ficou marcada para 1° de dezembro, e Guarnieri receberia a importância de U$ 750 – uma considerável soma para a época, mais que o triplo da verba mensal inicialmente destinada à sua estadia no país.

Este concerto, apesar de premiado após o julgamento por uma comissão de notáveis, que incluiu Koussevitzki (regente da Sinfônica de Boston) e Howard Hanson (diretor do departamento de música da universidade de Rochester), nunca chegou a ser executado nos EUA. Guarnieri estreou a obra no Brasil antes de rumar para os EUA, em concerto regido pelo compositor com a OSB em 20 de setembro de 1942, solado pela violinista Eunice de Conte. Mas seria uma obra difícil de atender à demanda norte-americana, por vários motivos.

Na virada de 1941/42 Guarnieri já tinha composto *Encantamento*, que foi uma clara tentativa de aproximar sua música do mercado dos EUA, mas que não deu certo do ponto de vista de publicação e execução. Na sua ida ao país, no final de 1942, Guarnieri levava a esperança de executar algumas obras. Entre elas, o *Concerto p/ violino*, que estava inscrito para o prêmio *Edwin Fleicher*. Após inscrever a partitura como obra inédita no concurso, Guarnieri teve o cuidado de executar a peça no Brasil, um exercício indispensável para fazer ajustes que fossem necessários na orquestração.

Durante os ensaios para esta primeira execução, Guarnieri fez anotações nas partes dos músicos da orquestra, para tentar corrigir desequilíbrios de volume entre o solista e a orquestração que ficou um pouco pesada. Depois desta experiência de estreia, a peça nunca mais foi executada, até ser recuperada num projeto recente. A partir das anotações de Guarnieri nas partes de orquestra, guardadas em seu arquivo pessoal hoje no IEB, o maestro e musicólogo Lutero Rodrigues fez uma edição revisada da obra, e sua primeira execução depois de quase 70 anos.[54]

O trabalho realizado por Lutero Rodrigues para revisar a partitura da peça demonstra o quanto um texto musical pode ser volátil. A obra foi composta por Guarnieri, sua grade orquestral foi avaliada e premiada pela comissão do concurso nos EUA, e

---

54   A música foi incluída no DVD "Camargo Guarnieri. 3 concertos para violino e a missão". (Centro Cultural São Paulo, 2010.). Também foi incluída a partitura da obra em arquivo digital, conforme a edição de Lutero Rodrigues.

copiada com verbas da PAU para ser incluída nos arquivos de partitura de orquestra da biblioteca da Filadélfia. Mas a grade não continha todas as informações necessárias para a obra ser executada de maneira eficiente, pois não incluía os ajustes feitos por Guarnieri nas partes dos músicos da orquestra, durante os ensaios de setembro de 1942, quando a partitura principal já estava nos EUA para avaliação da comissão do concurso. Esse foi um dos fatores que inviabilizou a execução nos EUA, uma vez que a peça tinha problemas de equilíbrio da orquestração.

As cartas de Guarnieri permitem descobrir outras complicações envolvidas na questão da execução desta obra nos EUA. Em carta de 24 de novembro de 1942 Copland informa sobre o concerto:

> Parece que o grande czar dos produtores, Sr. Judson, tem oferecido a muitas orquestras os serviços de Briselli como solista do seu concerto. Mas parece que Briselli não tem muita reputação como violinista para conseguir contratos agora. É possível também que Briselli vá para a guerra, que acho que não é mau como solução para um problema bastante complicado.[55]

Iso Briselli (1912-2005) era um violinista de origem russa, trazido para a Filadélfia aos 12 anos por seu professor de violino que veio da Alemanha para os EUA. Aos 14 anos estreou em concerto nos EUA, solando o *Concerto n° 1* de Paganini. Briselli se tornou protegido de Samuel Fels, o industrial e filantropo da Philadelphia que patrocinou o prêmio da *Fleisher* a Guarnieri. Por esta situação, a concessão do prêmio era diretamente associada à execução do concerto por este solista específico.

Arthur Judson, que Copland chama de "o grande czar dos produtores", era reputado como um grande conhecedor, capaz de identificar artistas de qualidade. Por essas habilidades tornou-se *manager* da Orquestra da Philadelphia em 1915. Fundou sua própria agência de concertos na cidade, e depois abriu filial em Nova York. Começou o programa radiofônico *Judson Radio Program* em 1926, como mais uma forma de divulgar seus artistas contratados. Apresentou proposta de programas a Sarnoff, da NBC, que recusou sua ideia, mas montou-a por sua própria conta. Judson participou então da formação de um *pool* de pequenas emissoras que se reuniriam depois na CBS de Paley, da qual Judson era um dos principais acionistas. Em 1930 ele fundiu sua produtora e mais outras 6 numa companhia da qual se tornou presidente: *Columbia Concerts Corporation*. Essa companhia passou a ser conhecida como *Judson Empire*, por reunir cerca de dois terços dos principais solistas do país. Em 1939 Judson foi investigado pela Comissão de Comunicações do país,

---

55 Tradução minha da carta em francês.

sob acusação de monopólio do mercado de concertos, o que levou Paley a desfazer a sociedade entre a CBS e a *Columbia Concerts*. Sarnoff também vendeu a agência de concertos da NBC para seu diretor para evitar investigações de monopólio.

Mas apesar de ser oferecido como solista pela principal agência de concertos dos EUA, Briselli, segundo Copland, "não tem muita reputação como violinista".[56]

Tendo ficado ligado a um solista de reputação comprometida, que nunca mais conseguiria retomar a carreira de concertos, a obra de Guarnieri acabou sepultada para o meio musical dos EUA. Charles Seeger também menciona o concerto em várias cartas. Primeiro, em 20 de abril de 1943, informa que há uma controvérsia sobre quem tem direito ao manuscrito da peça. Samuel Fels dizia que a partitura deveria ficar com ele, mas a *Associated Music Publishers* dizia ter direitos contratuais sobre o manuscrito. Enquanto não se resolvia a disputa, Seeger afirma que pediu para Henry Cowell reter o manuscrito consigo no escritório da *League of Composers*. Essa informação indica que provavelmente houve a intenção de executar a peça em algum concerto promovido pela instituição, o que não chegou a ocorrer. Os copistas da União Pan Americana já tinham feito o material de orquestra da obra – as partes instrumentais em papel de seda estavam à disposição para execução nos EUA.

A informação sobre a *Associated Music Publishers* estar reivindicando direito contratual ao concerto fica mais estranha porque esta editora, que publicou várias obras de Guarnieri, nunca publicou o *Concerto p/ violino*, que é dado como inédito no catálogo do

---

56 O problema de reputação de Briselli foi ocasionado por um episódio ocorrido com o *Concerto para violino* de Samuel Barber, antigo colega de Briselli e agora um dos compositores mais proeminentes dos EUA (o único do país incluído na turnê de Toscanini à América do Sul em 1940). Em 1939 Briselli conseguiu de Samuel Fels a soma de U$ 1.000 para encomendar um concerto para violino a Samuel Barber, mas nunca chegou a executar o concerto. No momento em que Guarnieri está recebendo o prêmio por sua obra, Briselli está exatamente no meio da controvérsia que acabaria com sua carreira de solista. O *web site* de Iso Briselli diz que ele recebeu dois movimentos, depois um terceiro, que achou que destoava do restante da obra, e que teria pedido para o compositor ajustar algumas coisas. Barber estava sem tempo, dedicado a outras encomendas. No fim a obra teria sido abandonada. Em 1954, no livro publicado por Nathan Broder sobre Samuel Barber, surge uma história diferente. Broder diz que Briselli recusou os dois movimentos iniciais porque achava que eles estavam muito aquém de suas capacidades como solista. Barber teria escrito um movimento final muito mais difícil, e Briselli assustou-se, dizendo que a peça era impossível. Barber arranjou outro violinista capaz de executar o concerto, e a reputação de Briselli ficou comprometida. Depois do episódio com o concerto de Barber, que estava acontecendo exatamente no início da década de 1940, a carreira de solista de Briselli acabou definitivamente. Ele continuou tocando privadamente e dando aulas, mas nunca mais tocou com grandes orquestras. No próprio site de Briselli, as matérias favoráveis a ele na imprensa são de 1939 a 1941. Uma pesquisa no *NY Times* mostra que o anúncio de sua morte foi pago. As matérias do jornal sobre ele como concertista vão de 1928 (quando apareceu como menino prodígio) até 1940. Depois ele desaparece do noticiário.

compositor. Seu acervo pessoal depositado no IEB-USP também só possui manuscrito da obra. Em carta de 16 de julho, Seeger comenta que a *Associated Music Publishers* e a *Free Library of Philadelphia* entraram em acordo sobre o manuscrito do concerto. E acrescenta que recomendou a obra a Eugene Ormandy, regente da orquestra da Philadelphia, para um concerto de música latino-americana. Seeger dá o concerto como ainda não estreado, o que pode ser subentendido como não estreado nos EUA, pois a esta altura o concerto já tinha sido executado duas vezes no Brasil.

Além dos problemas na carreira de Briselli, o solista que deveria ter executado a obra nos EUA, o *Concerto para violino* de Guarnieri também não interessou outros solistas. Os motivos para que o concerto não tenha caído nas graças de prováveis intérpretes talvez sejam melhor compreendidos pelo testemunho que Seeger dá sobre a obra:

> Gostaria também de dizer uma palavra sobre o seu concerto para violino de que tivemos uma audiência privada em concerto aqui em abril. Em primeiro lugar devo dizer que a execução foi muito pobre, como demonstra a gravação. Tenho que pedir desculpas a você por isso, mas você sabe, como Luiz Heitor, a dificuldade que temos em Washington de conseguir qualquer execução de música latino-americana fora da série única da National Symphony Orchestra. O que quero dizer é o seguinte. A obra é muito bonita, e especialmente o movimento lento sai muito bem mesmo com um intérprete muito medíocre. A parte do violino não me parece do tipo que é normalmente esperada em um concerto de violino. Ela não é uma peça brilhante, de exibicionismo, se entende o que quero dizer. Ela dá a um bom violinista a chance de fazer um ótimo trabalho, mas não para mostrar os extremos de sua habilidade técnica. Como um concerto para violino, portanto, eu acho que a obra pode não ser muito executada nos Estados Unidos, por que de um lado ela apresenta o problema da despesa extra para regentes e produtores, e de outro ela não dá chance suficiente para o solista se mostrar. Mas a música é muito boa, tão bem verdade, que penso que poderia ser anunciada como Sinfonia ou Sinfonietta com violino obbligato ou violino concertante. Com este título acho que será mais fácil conseguir execuções aqui. A parte do violino pode ser tocada pelo spalla, e todo mundo fica feliz. Espero que você pense muito seriamente nestas sugestões convenientes. Eu lhas dou a você por causa do meu grande interesse em sua obra e de minha intuição de que esta ótima peça está sendo injustamente negligenciada.[57]

---

57 Carta de 29 de junho de 1944, original em inglês. Tradução minha, grifado no original. Acervo Camargo Guarnieri do IEB-USP.

Lutero Rodrigues, ao analisar os concertos de Guarnieri, no livro de Flávio Silva, comenta que a obra recebeu apenas duas audições: no Rio de Janeiro em 20/9/1942, com a OSB, e em São Paulo em 21/7/1943, com a Orquestra do Teatro Municipal. Em ambas as vezes sob regência do compositor, e tendo Eunice de Conte como solista – ela, a violinista a quem o concerto foi dedicado, quando terminado em janeiro de 1940. Lutero Rodrigues demonstra estranheza por não ter notícia da execução do concerto em outras oportunidades:

> Resta um mistério: ao vencer o concurso, vários jornais brasileiros e norte-americanos noticiaram que a obra vencedora seria executada em diversas cidades dos Estados Unidos, ou mesmo na cerimônia de premiação, o que seria muito natural. Não encontramos referência a nenhuma execução nem à causa de sua não realização. Também não há notícia de qualquer execução posterior da obra no Brasil, que assim jaz, há mais de 50 anos, aguardando ser, pelo menos, objeto da curiosidade dos violinistas.[58]

Com relação às críticas às duas execuções do concerto no Brasil, Lutero Rodrigues aponta que dois críticos do Rio de Janeiro (Andrade Muricy e Aires de Andrade) foram reticentes quanto à obra. Elogiaram sem ressalvas o movimento lento, chamaram a atenção para a dificuldade de avaliar a obra em uma única audição, mas apontaram que a orquestração pareceu muito pesada, o que apagaria o solista.

A opinião dos críticos cariocas é semelhante à de Seeger: destacam a qualidade do movimento lento e comentam o fato de que a parte solista não se destaca. Nesse ponto o comentário de Seeger vai mais no sentido de a parte não ser virtuosística a ponto de atrair o interesse de solistas, que prefeririam obras onde sua capacidade técnica pudesse ser usada até o limite. Já os críticos cariocas da execução de 1942 tinham achado que o pouco brilho do solista fosse devido à parte orquestral estar muito pesada, não permitindo que o violino solo se destacasse.

Um pouco antes desta opinião de Seeger, vemos que em janeiro de 1944 Guarnieri enviava carta a Curt Lange, na qual incluía um pedido para que o amigo viabilizasse uma ida de Eunice de Conte a Montevidéu. A violinista estaria em Porto Alegre para dar concertos, e ficaria próximo para deslocar-se até o Uruguai, onde poderia executar o *Concerto* de Guarnieri. Não há notícia de que este concerto tenha se realizado, e vemos que o compositor está se empenhando em tentar fazer executar esta obra, que continua tendo pouca receptividade.

---

58 "Outros concertos". In: Flávio Silva, *Camargo Guarnieri. O tempo e a música. op. cit.*, p. 481.

Lutero Rodrigues seria o responsável por resgatar a obra de seu ostracismo, mas, como vimos, precisou fazer uma revisão na partitura, usando as anotações de ensaio de Guarnieri para conseguir maior leveza na parte de orquestra, permitindo que o solista aparecesse mais. O aspecto destacado por Seeger, de que a peça não era muito virtuosística, é parcialmente correto. A peça não é fácil para o solista, tem consideráveis dificuldades técnicas. Mas elas não são o tipo de dificuldades para as quais os violinistas se preparam. Não tem escalas e arpejos em velocidade. E a parte do violino realmente não é apenas acompanhada pela orquestra. Solista e conjunto se integram musicalmente, duma maneira que respeita a orquestra, mas torna a obra menos exibicionista, para usar o termo do próprio Seeger.

Se não falta dificuldade técnica à obra, ela tem um tipo de virtuosismo que não rende muitas glórias ao solista, o que do ponto de vista do mercado de concertos de violino nos EUA dos anos 1940 não facilitava a divulgação da obra. Assim como já comentado sobre o último movimento da *Sonatina n° 1* para piano, de 1928, ou sobre o *Concerto n° 1 para piano e orquestra*, de 1931, o virtuosismo que a música de Guarnieri pede de seus solista é ingrato: pesado, carregado de complexidades harmônicas, ritmos muito sincopados. Dão muito trabalho para estudar, e exigem um solista com habilidades específicas. No comentário sobre o *Concerto para piano* foi dito que Souza Lima era o intérprete ideal por ter a habilidade rítmica necessária para realizar aquela obra. Briselli não era, neste aspecto, um solista em condições de tocar o concerto de Guarnieri. Suas qualidades de solista tinham aparecido precocemente com o concerto de Paganini, mas não tinham sido suficientes para a obra moderna de Barber, assim como não seriam para a de Guarnieri.

Além de tudo, no aspecto rítmico, a parte do solista do *Concerto* de Guarnieri exige um solista competente em ritmos que tem forte ligação com a música popular brasileira. Isso se percebe já nos compassos iniciais, quando o violino aparece tocando em notas duplas ou quádruplas, um ritmo bastante sincopado, em andamento muito rápido.

Exemplo 4: compassos iniciais do violino solista no *Concerto n° 1*.

O ritmo traz sugestões do baião, mas com mudanças de compasso, e deslocamentos de acento. Além das dificuldades inerentes à própria configuração rítmica da parte do violino, o acompanhamento orquestral deste trecho não dá nenhum apoio rítmico ou marcação do compasso: a orquestra pontua a parte do violino solista com notas deslocadas e acentuadas em contratempos. Decididamente um tipo de virtuosismo muito moderno e muito brasileiro, que causou dificuldades aos intérpretes que porventura se interessassem pela obra.

Em 2010 este concerto voltou a ser executado pela primeira vez em quase 70 anos, num projeto da gravação integral dos concertos de Guarnieri sob regência de Lutero Rodrigues e com a parte solista a cargo de Luis Felipe Coelho – um jovem virtuose brasileiro de reputação internacional residente na Alemanha há vários anos, e atuante no circuito de concertos europeus. No documentário incluído no DVD, a certa altura o solista confessa:

> Música brasileira é muito diferente de tudo. E pra mim é muito legal, porque eu tinha esta dúvida, quando eu aceitei o projeto eu tinha dúvida: mas se será que eu consigo transmitir essa alma brasileira, essa coisa (...) eu vivendo na Europa tantos anos, será que eu vou ficar meio alemão?[59]

Para um violinista brasileiro que foi viver na Europa alguns anos, já se apresentou este dilema da falta de competência perante as dificuldades rítmicas de uma obra que traz inerente várias sugestões da rítmica da música popular. Terá sido mais preocupante para outros solistas em tempos mais antigos. O caso da confissão deste solista remete também a uma questão da formação dos violinistas que continua sendo um problema até hoje. A técnica do instrumento e sua tradição de ensino é voltada para o repertório oitocentista europeu. Não é comum que os violinistas desenvolvam uma formação voltada para a música do século XX e suas dificuldades inerentes. Também é o caso da pedagogia dos instrumentos musicais de concerto no Brasil, pois não existe ainda uma escola de formação capaz de dialogar com as especificidades do modernismo brasileiro.

Luiz Felipe estudou e foi capaz de tocar a obra com perfeição. Mas ele teve melhores condições de superar, e maiores incentivos, que os prováveis solistas que tenham se interessado por ela no período em que foi composta. Esta obra se soma às iniciativas frustradas de Guarnieri para entrar nos EUA como compositor sinfônico. *Encantamento*, composta um pouco antes, chegou a ser publicada, mas não em versão orquestral. Certamente numa versão para violino e piano como a que saiu nos EUA a obra perde seu maior interesse: a riqueza do tratamento orquestral dado aos temas. O *Concerto para violino* foi premiado nos EUA, mas não chegou a ter a partitura publicada e nunca foi executado em concerto.

Além das relações estabelecidas devido às necessidades de organizar a viagem e a estadia nos EUA, a correspondência do arquivo do compositor também deixa ver que a relação entre Guarnieri e Seeger tornou-se mais do que meramente profissional. Em

---

59 Declaração incluída no documentário *Notas soltas sobre um homem só* (direção e edição Carlos Mendes. In: *Camargo Guarnieri – 3 concertos para violino e a missão*. DVD, Centro Cultural São Paulo, 2010.).

carta de 20 de novembro de 1942 o norte-americano ofereceu ao compositor brasileiro que se hospede em sua casa quando for a Washington. Isso caso não desse certo Guarnieri se hospedar na casa de Mário Pedrosa, que na ocasião também trabalhava na PAU. Por carta enviada de Guarnieri a Mário de Andrade, ficamos sabendo que o compositor ficou mesmo na casa do escritor brasileiro.[60]

Várias outras cartas foram enviadas por Seeger durante a estadia de Guarnieri nos EUA para tratar da organização de concertos. Foi marcado um concerto com obras do compositor para 20 de janeiro, promovido pela PAU, em Washington. Guarnieri deveria tocar as partes de piano, e o concerto teria a participação da cantora Elsie Houston. As cartas também mencionam a organização de um concerto pela *League of Composers*, em Nova York, esse sem contribuição de Seeger. Além desses, havia tratativas para organizar um concerto pela *Library of Congress*, outro promovido pela PAU em março, com regência do compositor mexicano Carlos Chávez, e mais outro promovido pela *Free Library of Philadelphia* com o *Concerto* premiado pela instituição. Uma carta de 9 de fevereiro menciona ainda a ocorrência de transmissões radiofônicas da música de Guarnieri, que teriam sido feitas pela CBS, e das quais Seeger estava tratando de conseguir as gravações em disco (não eram gravações lançadas comercialmente, mas apenas arquivadas como registro – de qualquer forma podia-se solicitar cópias).

Percebe-se que assim como tinha ocorrido em Paris em 1938, Guarnieri enfrentou dificuldades diversas na chegada aos EUA. Novamente enfrenta complicações por causa da guerra, dificuldades com a língua (agora já falava francês, mas ainda não conhecia o inglês), contratempos financeiros e com passagens. Diversos tipos de problemas que fizeram com que uma chegada no início da temporada de concertos só tenha resultado em uma participação mais efetiva de Guarnieri na vida musical norte-americana quando sua estadia de 6 meses foi chegando ao fim. Estando em Nova York desde outubro, os primeiros concertos de Guarnieri começam a acontecer apenas em janeiro, sendo que sua estadia acabava em março.

Uma busca nos arquivos do jornal *New York Times* indica que saiu uma notícia em 29 de novembro de 1942 a respeito do prêmio recebido por Guarnieri pelo *Concerto para violino*. Em 10 de fevereiro saiu um comentário da primeira apresentação de música de Guarnieri na cidade, não exatamente um concerto, mas um sarau com a cantora e violonista brasileira Olga Coelho, que o texto destaca ter sido uma ocasião bem informal no *Town Hall*:

---

60   Carta enviada em 1° de janeiro de 1943. Está incluída em SILVA, F. *Camargo Guarnieri – O tempo e a música, op. cit.*, p. 289-294. A cantora Elsie Houston, divulgadora da obra de Guarnieri no exterior desde o início da década de 1930, era cunhada de Mário Pedrosa (essa informação foi dada durante a banca da tese que virou este livro por Francisco Alambert, a quem agradeço), com quem Guarnieri já tinha ligação antiga de amizade.

ela se apresentou de modo informal e íntimo, como se estivesse num *night club* ou numa festa entre amigos. Ela sentou no banco do piano com o violão nos joelhos. Ela tinha um programa impresso atrás de si, para lembrar a seqüência de músicas que tinha prometido cantar. Ela falava antes e depois das músicas explicando para a audiência o texto das canções.[61]

Além desta parte mais informal, composta de canções folclóricas, o cronista informa que outra parte do concerto teve canções de Pergolesi, Delibes, Villa-Lobos e Guarnieri, com este último ao piano. Não era, certamente, o tipo de *debut* novaiorquino sonhado por Guarnieri. Outra notícia no mesmo jornal, em 13 de fevereiro, indica que um outro evento parecido estava sendo promovido por embaixadores de 10 países sul-americanos, com as cantoras Elsie Houston e Olga Coelho. Novamente Guarnieri ao piano. Além de canções de sua autoria, o programa da noite incluía canções folclóricas cubanas cantadas por Tito Guizar, Carmen Castillo e *the Charros Gil trio.*

Um pouco melhor para a reputação de Guarnieri foi a notícia publicada no mesmo jornal em 18 de fevereiro, comentando o concerto dado pelo pianista brasileiro Arnaldo Estrella. Ele estava nos EUA dando concertos como ganhador do concurso de piano da *Columbia Concerts* de Judson. Depois de ter estreado solando com a Filarmônica de Nova York, o recital agora comentado tinha um programa de peças solo, com obras de Cimarosa, Beethoven, Brahms, Chopin, Debussy e Albéniz. O repertório incluiu também obras de compositores brasileiros: um estudo de Lorenzo Fernandes, a *Tocata* (1935) de Camargo Guarnieri, além de *Alma brasileira* e *Impressões seresteiras* de Villa-Lobos. Sendo um pianista de alto nível, premiado em concurso, e muito elogiado pela crítica, esta foi uma oportunidade de a música de Guarnieri aparecer mais favoravelmente no meio norte-americano. Mas o fato de o concerto ter ocorrido nos dias em que Guarnieri estava no país era apenas uma coincidência fortuita: não era uma entrada de Guarnieri na vida de concertos local.

O primeiro concerto dedicado somente à música do compositor ocorreu no *MOMA*, promovido pela *League of composers*, evento que recebeu comentário muito favorável no *New York Times* de 8 de março. As obras no programa foram: 4 canções (não informadas quais) cantadas por Jennie Tourel com o compositor ao piano; *Sonatina n° 3* (1937), *Toada triste* (1936) e a *Tocata*, executadas por Arnaldo Estrella; o *Trio para violino, viola e violoncelo* (1931); a *Sonata para violoncelo e piano* (1931), tocada por Joseph Schuster e um então jovem Leonard Bernstein ao piano, que também executou com o violinista Samuel Dushkin a *Sonata n° 2 para violino e piano* que tinha sido tão discutida com Mário de Andrade anos antes. Este concerto foi uma oportunidade muito melhor para

---

61   " Coelho, Brazilian, in recital debut". *New York Times*, 10/2/1943. Artigo assinado simplesmente "H.T.".

Guarnieri, por causa do *status* superior da música de câmera entre músicos, musicólogos, e intelectuais. O artigo no jornal novaiorquino destacou a qualidade dos solistas, e elogiou as composições de Guarnieri com termos como "sua música tem uma exótica beleza", e "entre os mais recentes compositores escrevendo nas mais recentes formas, Guarnieri parece ser o mais individual".

Elogios certamente muito significativos. Também significativo o interesse e empenho dos instrumentistas norte-americanos pela obra do compositor. Leonard Bernstein que atuou como pianista nos difíceis duos com violoncelo e com violino, tinha então 24 anos, e se tornaria nos anos seguintes o principal regente dos EUA, que também colaborou para defender a música de Guarnieri no país. Em 1963 Guarnieri lhe dedicaria sua *Sinfonia n° 4*. Após o concerto promovido pela *League of Composers*, Seeger comentou, em carta de 9 de março:

> Espero que você se sinta tão feliz quanto eu a respeito do concerto do último domingo. Vários compositores deste país nunca tiveram uma execução tão boa de sua música de câmera.[62]

O amigo estava na cidade, e deu uma opinião especializada sobre o concerto, que demonstra que ele foi mesmo muito favorável à música do compositor. Em Nova York não ocorreria mais nenhum concerto durante a estadia de Guarnieri, mas o jornal da cidade ainda repercutiu a execução de obras suas no festival de música da Universidade de Rochester, em abril. O que já ocorreu quando Guarnieri não estava mais no país. Mas a viagem do compositor brasileiro ainda rendeu mais duas ocasiões muito importantes para sua música se inserir no país. Em carta de 9 de fevereiro Seeger pediu a Guarnieri que se dispusesse a visitar a Conferência Nacional de Educadores Musicais do Leste, de 19-25 de março em Rochester. Seeger já tinha escrito a Howard Hanson, diretor da *Eastman School of Music* (que sediaria o evento na cidade) para conseguir isso, se Guarnieri quisesse. A participação num congresso de educação musical seria importante para Guarnieri conhecer o sistema de ensino de música no país, que seria um dos objetivos de sua viagem. O compositor aceitou o convite, e acabou regendo obras suas no evento.

Em carta de 24 de fevereiro Seeger informa que enviou partituras de obras de Guarnieri, que existiam nos arquivos da PAU, para David Van Vactor executar com sua Orquestra Sinfônica de Chicago. As cartas de Seeger indicam que ele enviou ao composi-

---

62   Carta escrita em inglês – tradução minha. Provavelmente Seeger incluía sua própria obra neste tipo de consideração, se lembrarmos que ele foi um compositor proeminente do modernismo norte-americano que abandonou a composição por convicções políticas e para dedicar-se à pesquisa de folclore e a tarefas burocráticas na PAU.

tor e regente mexicano Carlos Chavez as partituras do *Concerto para violino* e da *Abertura concertante*. Pois ele iria reger um concerto promovido pela PAU, e deveria incluir uma obra de Guarnieri. Em outra carta descobre-se que ele decidiu executar apenas a *Abertura*. Ao fim da estadia de Guarnieri nos EUA, Seeger lhe escreveu comentando:

> Espero que suas memórias desta visita aos EUA em tempos de guerra sejam tão agradáveis como as minhas, e espero, como é o caso comigo, que os sem dúvida muitos problemas sejam esquecidos logo, e que somente os ganhos reais permaneçam, e que você queira retornar em alguma data futura. Por favor deixe-me saber o que podemos fazer a qualquer momento para ajudar você em matéria de conseguir execuções ou ajudar com as publicações de suas obras.[63]

A correspondência de Seeger é o principal testemunho epistolar desta viagem, uma vez que ele era o responsável direto pela organização da mesma, da parte das instituições norte-americanas. A disposição em trabalhar pela divulgação da música de Guarnieri seria mesmo posta em prática, pois a correspondência segue firme pelos anos seguintes, e o serviço de partituras da Divisão de Música da PAU, que agora possuía várias obras de Guarnieri, seguiria fornecendo material para diversas execuções de obras do compositor nos anos seguintes.

Mas Seeger não foi o único colaborador importante com a estadia de Guarnieri. Várias outras personalidades trabalharam para que o compositor tivesse uma estadia agradável e proveitosa, e que sua música tivesse a melhor divulgação possível. Entre colaboradores ocasionais esteve o prof. William Berrien, mencionado nas páginas anteriores pelo contato com Érico Veríssimo durante a conferência do escritor na Universidade de Washington, e também por ter conhecido Carlos Drummond de Andrade quando visitou o Brasil a serviço da Fundação Rockfeller.

Na correspondência de Guarnieri, há uma carta enviada por Berrien a Charles Seeger, em 12 de março de 1943. Seeger enviou cópia desta carta a Guarnieri por ela conter informações muito precisas sobre horários de trens que ele deveria tomar para que tudo desse certo no agitado cronograma de fim de viagem. Guarnieri iria reger sua *Abertura Concertante* com a *Boston Simphony*, a convite de Sergei Koussevitzky. Isso seria próximo dos dias em que o compositor brasileiro participaria da conferência de educadores musicais em Rochester. Era necessário que as conexões fossem muito bem planejadas.

---

63 Carta de 3 de abril de 1943, endereçada ao hotel de Miami onde Guarnieri aguardava seu voo para o Brasil. Esta carta também indica que Guarnieri perdeu o voo que estava reservado para ele, mas não conseguimos saber como a situação se resolveu afinal.

Pelas informações dadas na carta, podemos perceber que Berrien foi um importante apoio para a estadia novaiorquina de Guarnieri, uma vez que Seeger estava em Washington, Guarnieri não falava inglês, e Copland e Sprague Smith também não estavam na cidade.

> Telefonei para Guarnieri esta manhã, mas ele ainda não tinha recebido sua carta de 11 de março. Você provavelmente já sabe a esta altura que ele estará em Boston, para reger sua Abertura em 26 e 27, Guarnieri encontrou Koussevitsky ontem. O último solicitou que Guarnieri esteja em Boston dia 22 para iniciar os ensaios. Este tempo em Boston dará a oportunidade a Guarnieri de conhecer a vida musical em outro centro.[64]

A proximidade de Berrien com Guarnieri nos dias de sua estada é atestada pelo testemunho que o professor dá a Seeger:

> Você pode estar certo que Guarnieri apreciou seus admiráveis esforços em fazer sua estada aqui tão estimulante quanto aproveitável para sua carreira.

Aaron Copland era também um importante interlocutor. Tornara-se amigo e admirador do compositor brasileiro, e como vimos anteriormente, seu relatório para o Departamento de Estado tinha sido muito enfático sobre a necessidade de convidá-lo para uma visita de Boa Vizinhança. Ele não esteve presente em Nova York nos dias da estada de Guarnieri, mas se manteve em contato por cartas, e foi, sem dúvida, um gestor muito importante para quase tudo que Guarnieri fez no período de sua estadia.

Já vimos que Copland tinha conhecido Guarnieri pessoalmente durante sua estada na América do sul, em fins de 1941. Em 13 de fevereiro de 1942, cinco dias antes da primeira carta de Seeger a mencionar o convite para Guarnieri ir aos EUA, Copland tinha-lhe escrito uma carta. Era para acusar o recebimento da partitura da *Sonata n° 2 para violino e piano*, obra de Guarnieri que seria executada em um concerto de música latino-americana organizado pela *League of Composers*. O pianista seria Balzo, uruguaio, também amigo de Guarnieri (conhecido por intermédio de Curt Lange). Copland informa que o violinista seria Feldman, "do Rio".

Na mesma carta Copland faz a primeira menção ao convite que seria feito ao compositor (que já estava a par das gestões neste sentido pelas cartas de Luiz Heitor, mas ainda não tinha recebido o convite oficial). "Estão se ocupando de você em Washington, e espero

---

64 A carta está em inglês – a tradução é minha. Nesta carta Berrien deu recomendações precisas sobre horários e números de trens que Guarnieri deveria pegar para não perder nenhum dia neste agitado final de viagem, enquanto faria os traslados entre Nova York, Eastman e Boston.

que encontrem um meio de fazer você vir." - diz o amigo norte-americano. E recomenda: "Se vier, traga toda sua música que puder.". Esta carta foi escrita em francês, que seria o idioma da comunicação entre os dois amigos, pela falta de domínio do inglês por parte do brasileiro. Aliás, a carta seguinte de Copland, enviada em 14 de setembro, justamente trata desta questão. Felicitando o compositor por estar tudo certo para a viagem, Copland lhe afirma: "Não se preocupe com seu inglês. Todas as pessoas educadas daqui falam francês.".

Nessa carta de setembro Copland demonstra preocupação com as dificuldades com a guerra, esperando que isso não cause dificuldades para a viagem. Agradece a dedicação da *Abertura Concertante* de Guarnieri, com a qual se sentia muito honrado, dá informações de que no concerto em março sua *Sonata* foi muito bem recebida. A partitura estava guardada com Copland, à sua espera nos EUA. Além disso, Copland avisa que está conversando com Koussevitzky sobre a execução de obras de Guarnieri quando de sua estada lá.

A *Abertura concertante* foi mais uma importante peça nesse jogo de Guarnieri para se reconhecer e fazer-se reconhecer como compositor sinfônico pela via do mercado de música clássica nos Estados Unidos. *Encantamento* foi uma tentativa. Não foi um sucesso como planejado, visto que a obra não foi publicada como Guarnieri tinha imaginado. Mas a partitura manuscrita, e as partes de orquestra providenciadas pelo pessoal da PAU possibilitaram algumas execuções da obra. Ela esteve nos programas de concertos promovidos na Universidade de Rochester, e foi uma das peças enviadas a Van Vactor, da *Chicago Simphony*, por Charles Seeger. Era uma obra inventiva, bem tramada, mas pouco ambiciosa. Em movimento único, cerca de 6 minutos de duração – sozinha em um programa de concerto não chegaria a despertar muita atenção.

A *Abertura Concertante* era uma iniciativa um pouco mais ambiciosa. Constituía, junto com o *Concerto para violino*, premiado mas nunca executado nos EUA, o principal trunfo que Guarnieri esperava apresentar ao público e ao meio musical dos EUA. O meio especializado já tinha reconhecido o talento de Guarnieri como camerista a partir das obras executadas em março no *MOMA*. Faltava o grande público sinfônico. Faltava a grande obra.

Ela foi escrita logo depois da experiência de compor e executar *Encatamento*. Esta obra surgiu após o pedido de Seeger numa carta de outubro de 1941. Estava pronta e sendo estreada em janeiro de 1942 – obra curta, trabalho de menor fôlego. A experiência parece ter empolgado Guarnieri para escrever a *Abertura concertante*. A partir de fevereiro, logo que a partitura de *Encatamento* chegou a Seeger pelo correio, Guarnieri já estava posto a par de que deveria ir aos EUA. Em carta escrita dia 15 de março de 1942 a Curt Lange, Guarnieri afirma estar trabalhando na obra, mesma ocasião em que comenta sobre dificuldades em ir aos EUA. Deduz-se que neste momento a viagem ainda estava prevista para o primeiro semestre de 1942, mas estava difícil conseguir o transporte – em carta de 10 de maio a Curt Lange o compositor já informa que "a viagem não saiu", mas estaria certo o convite para uma outra viagem, para estadia de 6 meses a partir de outubro. Foi essa, realmente, a viagem que se efetivou.

Guarnieri já estava trabalhando na obra em março, e ela seria estreada em concerto pela SCA em 2 de junho, regida por Souza Lima. A peça foi dedicada a Aaron Copland, o novo amigo que representava as esperanças de inserção no meio musical norte-americano. Certamente foi composta a partir da experiência de *Encantamento*, com a qual tem várias semelhanças. Apesar de ter sido pensada para ser uma obra mais longa e de maior fôlego, ainda é uma obra em movimento único. A duração prevista é cerca de o dobro de *Encatamento*: 12 minutos. Também é uma obra seccionada na forma A – B – A, desta vez invertendo, em relação a *Encantamento*, um lento central precedido e sucedido pela seção rápida que repete o mesmo material musical.

Outra característica semelhante a *Encantamento*, é que cada seção da *Abertura concertante* é praticamente monotemática. O tema inicial é um motivo de duas notas, na verdade uma nota repetida com bordadura superior de um tom. Esta simples ideia serve de material para toda a primeira seção (A). O tema circula por um ambiente melódico feito na escala pentatônica, ou numa escala que parece maior, mas evita a sensível – assim como também usava ideias melódicas pentatônicas o movimento rápido central de *Encantamento*.

Mas a *Abertura concertante* ousa mais no uso da orquestra. Não aparece uma textura clara de melodia acompanhada a circular entre os timbres da orquestra, como em *Encantamento*. Na *Abertura concertante*, a orquestra é toda uma palheta de timbres, um tecido de sons – quase como se cada instrumento fosse um solista – inclusive o tímpano. Nesta seção A da peça está a característica que deve ter entusiasmado os jurados que deram a Guarnieri o prêmio pelo *Concerto para violino* – uma notável habilidade de passear as ideias musicais (todas muito belas e com força rítmica) por todos os instrumentos da orquestra. Além de uma estrutura formal organizada e clara: requisitos para uma obra ser bem apreciada pela simples leitura da partitura.

Na *Abertura concertante* a técnica orquestral de Guarnieri já está madura. Coisa que o compositor foi perceber com mais perfeição quando regeu a obra nos EUA. Em seus depoimentos e entrevistas dadas no retorno ao Brasil, ele sempre destacou a formidável impressão que teve de reger uma orquestra que considerou perfeita. O trabalho do regente era só "baixar a mão", como se diz no jargão, e a música saía com exatidão.

A maior dificuldade de Guarnieri ainda era chegar a uma estruturação formal convincente e capaz de sustentar uma música mais longa. Se já se demonstrava um hábil orquestrador ao escrever esta obra, ele ainda parecia preso ao estigma de miniaturista, de grande inventor de melodias, mas sem fôlego para estruturas grandes, necessárias às obras sinfônicas consagradoras. A *Abertura concertante* era um exercício importante, mas ainda não a solução do problema. Isto foi notado e comentado por Copland, que escreveu ao amigo sua impressão sobre a peça a ele dedicada:

> A partitura acabou de chegar. Só tive tempo de olhar as coisas superficialmente. Mas já posso te dizer que gostei um bocado da qualidade da música. Ela é solar, é direta, é bonita – fará uma impressão muito simpática em concerto. Mas tenho reservas sob dois aspectos: 1) a forma, 2) ocasionalmente a harmonia. Pela forma eu creio que compreendi sua idéia. Você quis fazer uma coisa bem simples, mas tenho impressão que você exagerou a simplicidade. Eu não creio que você possa – nesta obra – fazer tantas repetições literais. Se entende a música muito bem na primeira vez. Ainda mais porque as repetições são sempre no mesmo tom. Se escuta muito sol – demais, eu diria, e sem razão. (Ou talvez você tem?) Em geral gosto dos seus acordes, mas as vezes alguns acordes são muito franceses. (Marcelle vai gostar!) Tome cuidado, porque isso não tem nada a ver com nossa verdadeira música.[65]

Na carta seguinte, de 2 de dezembro, Copland adiciona: "Acho que esqueci de dizer que gostei da orquestração da Abertura. Achei perfeita.".

Assim como já tinha acontecido com a opinião de Curt Lange sobre as obras de Guarnieri, Copland é outro que puxa em sentido contrário às impressões de Mário de Andrade. O intelectual paulista esperava de Guarnieri menos contraponto, menos "cerebralismo", mais comunicatividade. Copland achava a música comunicativa até demais, pedia menos repetição, menos obviedade formal e harmônica. A peça seria um sucesso de público, na opinião do amigo, mas numa visão crítica de especialista, ainda não era a obra consagradora de uma maturidade sinfônica.

A crítica de Copland não é infundada. Guarnieri usa uma forma em três partes, e as repetições acabam ficando mesmo um pouco exaustivas, o que demonstra que ele está um pouco sem ideias para fazer estender mais a duração de suas composições. Na primeira seção (A) da *Abertura concertante*, o tema único vai se desenvolvendo e explorando todo o potencial da orquestra como palheta de timbres. Por volta de 1' 45" de duração da música, uma redução do andamento sugere que se está saindo da parte A para chegar a uma seção lenta – mas o tema musical ainda é o mesmo. Mas após uma chamada do tímpano, a música

---

65   Carta de 24 de novembro, escrita por Copland de Oakland, para Guarnieri em Nova York. Acervo Camargo Guarnieri do IEB-USP. Original em francês, tradução minha. Marcelle é a compositora Marcelle Manziarly, amiga em comum - aluna de Nádia Boulanger que Guarnieri conheceu em Paris e que se entusiasmou com a música do compositor brasileiro naquela oportunidade.

volta exatamente como início a 2' 30". Não prossegue exatamente igual o início, mas abrevia o desenvolvimento do tema e passa à seção lenta (B) de fato aos 3 minutos da obra. A parte central tem um tema completamente diferente da primeira seção, onde o tema é quase que só um efeito rítmico para passear pelos timbres da orquestra. O segundo tema é feito de ideias que geram longas linhas melódicas, e não possui marcação rítmica. Por volta de 5' 40" começam a aparecer pequenas chamadas do tema inicial, ainda ao fundo, de forma incidental. Mas o que vem ainda não é a seção A – a parte lenta chega, na verdade, ao clímax de volume e densidade dramática das ideias musicais, e depois arrefece aos poucos, voltando a deixar o tema sozinho no corne inglês. Nesse momento mais ameno, uma chamada suave do tímpano avisa que a seção A irá voltar, pouco antes dos 8 minutos de duração. De fato, a 8' 40" a seção A volta repetida exatamente como no início (apenas acrescida de uma pequena Coda), o que é apontado como uma repetição desnecessária por Copland.[66]

A opinião de Copland também não pode ser creditada a pendores vanguardísticos e exigências anti populistas. Apesar de a crítica de Copland remeter a aspectos semelhantes aos apontados por Curt Lange a respeito das peças de Lorenzo Fernandes e Francisco Mignone tocadas em Bogotá, nem um nem outro podem ser considerados defensores da música atonal. O próprio Copland, como compositor, pode ser acusado de diversos tipos de populismo. Em várias correspondências enviadas a Guarnieri ele comenta estar trabalhando em música para Hollywood – a principal talvez tenha sido a do filme *North Star*, que retrata um herói da resistência soviética ao nazismo (numa época em que soviéticos ainda podiam aparecer como heróis em Hollywood). Em carta de 18 de novembro de 1943, Copland comenta com Guarnieri que estava começando a compor logo na época que comentou a *Abertura concertante*:

> Depois que te vi, escrevi a partitura de um "superfilme" que se chama A estrela do norte. O assunto é russo, então eu me transformei em Shostakovich americano. Espero que você consiga ver em São Paulo. Tem mais de uma hora de música nele, de todos os tipos – canções, danças, coros, etc. Interessante como exercício, mas me tomou tempo demais. Holywood não é estimulante para a mente – em tudo!

"Shostakovich americano" era, nesta época, sinônimo de música sinfônica banal, populismo estético. O próprio Guarnieri menciona em carta a Mário de Andrade, escrita em 1º de janeiro de 1943, que a *7ª Sinfonia* do compositor russo estava sendo muito tocada

---

66 As durações indicadas aqui se baseiam na gravação de John Neschling com a OSESP, lançada pelo selo *Biscoito Fino*.

no rádio e em concertos – e afirma achar a música horrível.[67] Além de escrever música para o cinema aproximando-se desta linguagem mais diretamente comunicativa (certamente muito mais banal que os procedimentos da *Abertura concertante*), outras obras sinfônicas de Copland fizeram vários tipos de "populismo sinfônico" – em obras que fizeram dele o maior símbolo sinfônico da América, como *El salón Mexico* (1936), *Billy the kid* (1938 – balé), *Fanfarra para o homem comum* (1942), *Lincoln Portrait* (1942). Em várias destas obras está a marca profunda da visão que Copland teve da América Latina em viagens que fez a cargo do Departamento de Estado, inclusive uma estadia mais longa no México.

A crítica de Copland teve que ser levada ainda mais a sério por Guarnieri, pelo fato de que Copland não era um compositor hermético. Era um compositor que almejava escrever fácil e alcançar o grande público. Mesmo com isso em mente, ele considerou que a solução formal encontrada por Guarnieri para a *Abertura Concertante* ainda não era definitiva. Para o compositor sinfônico ganhar reconhecimento efetivo, era preciso um pouco mais.

---

67 Carta incluída em Flávio Silva, *Camargo Guarnieri: o tempo e a música, op. cit.*, p. 289-294. A resposta de Mário (28/1/1943, p. 295-299) rebate a opinião de Guarnieri. Mário defende a música do compositor soviético, sobre o qual escreveria seu último texto, semanas antes de morrer no início de 1945. As sinfonias de Shostakovich estavam no centro dos acontecimentos políticos do realismo socialista: a número 5 foi intitulada "resposta a uma justa crítica", e simbolizou a aceitação dos ditames estéticos do stalinismo; a número 7 foi escrita durante o cerco de Leningrado em 1941, tendo sido a partitura contrabandeada por micro-filme pelo Oriente Médio e pela África para poder ser executada pelo anti fascista Toscanini nos EUA.

A *Sinfonia nº 1*: depois dos EUA, o compositor modernista

A reação à *Abertura concertante* foi então em duas direções: primeiro, a obra valeu a Guarnieri o reconhecimento como orquestrador. Ele já era bem recebido desde o início da década de 1930 como um grande compositor para piano, um grande melodista, um bom organizador de obras curtas, um bom polifonizador, um compositor ao mesmo tempo profundo e comunicativo. Como compositor sinfônico ele ainda não tinha obtido nem confiança nem reconhecimento. A estadia nos EUA em 1942-43 lhe proporcionou então essa confiança e esse reconhecimento como compositor que já sabia orquestrar. Entretanto, a observação de Copland pegou Guarnieri pelo ponto em que o próprio compositor sentia sua fraqueza. Certamente, as obras que compôs para levar aos EUA foram feitas sem o tempo necessário para chegar ao amadurecimento de uma grande forma sinfônica. *Encantamento* foi escrita sob encomenda, em não muito mais que um mês. O mesmo para a *Abertura concertante*. O *Concerto para violino* também foi escrito com muita rapidez, pois foi trabalhado depois de voltar de Paris, e já estava pronto em início de 1940.

Assim como o *Concerto para violino* tinha sido um projeto iniciado logo após a chegada de Paris, a volta dos Estados Unidos colocou Guarnieri imediatamente no trabalho de composição de sua *Sinfonia nº 1*. Na verdade, o projeto da *Sinfonia* era antigo. Na carta escrita a Mário de Andrade em 5 de março de 1940,[68] a mesma em que conta ter terminado o *Concerto para violino*, Guarnieri afirma estar já pensando na *Sinfonia*, para a qual tinha em mente as recomendações de Mário de Andrade - "evitar o caráter coreográfico no alegro final; construir uma linha bem característica, mas sem as síncopes sistematizadas".

---

68 Incluída em Flávio Silva, *op. cit.*, p. 253-254.

Novamente, na carta escrita de Nova York, em primeiro de janeiro de 1943, Guarnieri conta que já tem pronto o *Rondó* final, e que deixou o primeiro movimento para depois, para amadurecer algumas dúvidas que tinha quanto ao desenvolvimento. A resposta de Mário de Andrade na carta de 28 de janeiro via na mesma linha da crítica de Copland às estruturas formais organizadas por Guarnieri:

> Quanto aos seus problemas, estou principalmente entusiasmado com as suas preocupações com a forma, para a Sinfonia. Acho que V. Tem perfeitamente razão, é um problema danado e às vezes tenho a impressão que você dorme um bocado sobre as formas tradicionais. Já lhe disse isso, creio. O A-B-A, o alegro-andante-alegro, o processo formal de exposição e reexposição, me parece que às vezes não se justifica tanto quanto você usa.[69]

O trabalho de Guarnieri em busca deste amadurecimento foi longo. Ele conta que já tinha o terceiro movimento pronto em janeiro de 1943, mas só concluiu a obra em janeiro de 1944. Segundo afirma em carta a Curt Lange, ficou 2 meses sem escrever a ninguém, para poder terminar a *Sinfonia n° 1*.[70] Com esta obra, Guarnieri faria sua reentrada nos EUA. Após estreá-la em 1945 em São Paulo, seria a principal obra que o compositor levaria para executar na sua segunda visita aos EUA, na temporada de 1946-47. A obra foi dedicada a Koussevitzki, o maestro que lhe tinha cedido o pódio da Sinfônica de Boston para reger a *Abertura concertante* em 1943.

No mesmo ano, inscreveu a obra num concurso promovido em São Paulo, do qual foi vencedor. No juri, estava o compositor Francisco Mignone, que comentou sobre a peça num artigo para o jornal *Folha da manhã*, em julho de 1944:

> É um trabalho integralmente realizado, com temática ótima, excelentemente desenvolvida, harmonia de bom gosto e contraponto de mestre. A orquestração é bem equilibrada e o aproveitamento dos instrumentos criterioso e adequado. Não há invenção ou propósito de "achados" ou combinações instrumentais novas ou originais. Mas revela uma personalidade notável e segura do que quer e deseja exprimir musicalmente. Foge a lugares comuns e fica dentro de uma essência musical altamente refinada. Do ponto de vista formal, a "Sinfonia" pode ser considerada uma obra prima pelo acabamento, desenvolvimento lógico e proporcional. Será a delícia dos bons regentes e das boas orquestras No Brasil, até hoje não se escreveu obra mais integralmente

---

69 Flávio Silva, *op. cit.*, p. 297.

70 Carta de 20 de janeiro de 1944. Acervo Curt Lange da UFMG.

realizada. E, talvez mesmo no estrangeiro, poucas possam rivalizar em qualidade, bom gosto e perfeição artística.[71]

A obra foi estreada em São Paulo, em 9 de março de 1945, sob regência do compositor. Carleton Sprague Smith, que morava no Brasil na época, esteve presente a um concerto que deve ter sido a estreia carioca da obra. Ele comentou a peça com Guarnieri numa carta de 17 de agosto:

> Não posso deixar de lhe escrever e por no papel o que senti na noite da estreia da sua sinfonia – uma grande admiração pela sua obra. Pouquíssimos compositores conseguem nos interessar durante um programa inteiro e, no entanto, a sessão da semana passada prendeu a atenção da audiência o tempo todo.
>
> A sua maneira "transparente" de compor apresenta uma dificuldade – exige ótimos instrumentistas e uma orquestra ultra treinada. Apesar disso, você fez milagres com o grupo, considerando o pouco tempo ao seu dispor e os maus hábitos dos músicos de não comparecerem aos ensaios.
>
> Não preciso dizer mais – lembre-se só de que você tem uma responsabilidade com o mundo musical e de que sou um dos amigos que tem plena confiança no seu êxito inevitável e crescente.

Concluída e estreada a *Sinfonia* em São Paulo, Guarnieri começou a retomar os contatos. Estava confiante sobre sua mais nova criação, e queria divulgar a obra. Agora era um compositor sinfônico – sente que é sua hora. Deve ter anunciado a obra a Lamberto Baldi, em Montevidéu, porque a partir desta época começou a se corresponder com o antigo mestre, de quem parece que estava sem contato desde 1932. Por carta a Curt Lange de 16 de abril, Guarnieri comenta que Baldi está insistindo para que ele vá a Montevidéu. Logo chega um convite oficial do SODRE para uma visita de Guarnieri ao Uruguai para realização de concertos.

A partir dos concertos marcados em Montevidéu, por iniciativa de Lamberto Baldi, Curt Lange começou a mobilizar seus contatos para transformar a ida de Guarnieri numa grande turnê sul-americana. O musicólogo estava no Rio de Janeiro trabalhando na edição do *Boletim Latino Americano de Música*, cujo volume VI era dedicado ao Brasil. De lá começou a escrever cartas a seus contatos de Buenos Aires, Santiago, La Paz, Lima, Caracas. A grande turnê imaginada por Curt Lange acabou resumida a Montevidéu, Buenos Aires e Santiago. Nas cartas a Curt Lange, Guarnieri não mencionou nada sobre a

---

71 Citado na dissertação de mestrado de Lutero Rodrigues, *As características da linguagem musical de Camargo Guarnieri em suas sinfonias*. IA-UNESP, 2001, p. 10.

execução da *Sinfonia* durante turnê, mas Lutero Rodrigues informa ter encontrado várias notícias da obra em órgãos de imprensa locais.[72]

Em carta de 29 de setembro, escrita a Curt Lange logo após o concerto em Montevidéu, Guarnieri comenta sobre a recepção que sua música teve no meio local:

> Os meus concertos correram bem. O de música de câmera melhor, também, tiveram mais tempo para trabalhar. A orquestra portou-se muito bem, tendo conseguido bastante, apesar de tão poucos ensaios com um programa difícil e música toda manuscrita. As críticas de hoje são ótimas, num sentido que todos acham que a minha música é folclore! Não sei onde foram buscar isso! Se os próprios brasileiros ignoram quase por completo nosso folclore, imagine estes críticos! Acontece que como ouviram algo novo, com sabor local, pensaram ter descoberto a música, taxando-a de folclore. Enfim não tem importância. O importante é que tiveram que ouvir, assim não sou ignorado no aspecto sinfônico.

Apesar de alguns comentários superficiais que o desagradaram, a recepção da obra foi, em geral, boa, e antes de completar dois anos de sua criação ela já tinha sido executada em 5 grandes cidades do continente, o que certamente não era pouco. Em Santiago um crítico considerou a maneira de orquestrar de Guarnieri próxima a Stravinski.[73] Um ano depois, em 1946-47, o compositor voltaria aos EUA, e executaria a obra com as orquestras de Boston e Nova York, cedidas por Koussevitsky e Bernstein.

Em relação aos problemas composicionais que vinham sendo apontados pelos amigos e interlocutores, a *Sinfonia nº 1* representa uma grande superação das limitações técnicas de Guarnieri. Desde *Encantamento* e *Abertura concertante* Guarnieri já tinha adquirido maturidade técnica como orquestrador, que era sua grande limitação de formação como compositor. Como melodista inspirado ele também já era muito reconhecido pela crítica. Sua escrita contrapontística era muito elaborada, fator também reconhecido há tempos. O único ponto que os interlocutores musicais do compositor apontavam como sendo ainda deficiente na obra de Guarnieri, como vimos acima, era a questão da forma. Guarnieri ainda não tinha desenvolvido uma estrutura organizacional capaz de sustentar uma grande obra sinfônica.

Sua *Abertura concertante* tinha sido criticada por isso: uma peça em movimento único, forma A-B-A, cada seção sendo monotemática (um único tema musical a ser desenvolvido durante toda a seção), e a peça ainda tinha muitas repetições textuais. Estas ca-

---

72   *Idem*, p. 10.

73   Em artigo no jornal *La Hora*, de Santiago, 23/10/1945, citado por Lutero Rodrigues, *op. cit.*, p. 27.

racterísticas foram observadas diretamente tanto por Copland, ao comentar a peça, como por Mário de Andrade, ao conversar sobre o projeto da *Sinfonia*.

Agora, com a composição da *Sinfonia n° 1* Guranieri provava que era capaz de resolver estes dilemas. Em primeiro lugar, é uma peça longa – 33 minutos de duração, em três movimentos. Na grande forma prevalece a organização em três seções, rápido-lento-rápido. Mas isso não se articula mais da maneira simples de um A-B-A com a seção inicial repetida no fim. Percebe-se que na *Sinfonia* Guarnieri evita deliberadamente as repetições textuais. Parece que ao compor, estão martelando em sua cabeça as críticas de Copland e Mário de Andrade.

Do ponto de vista do tratamento dos temas, Guarnieri não usa mais o procedimento de trabalhar com um único tema por seção, que passa por sucessivos desenvolvimentos. A *Sinfonia n° 1* tem movimentos bitemáticos. Há momentos que parecem surgir mais temas, mas eles são derivados dos temas iniciais. A sustentação estrutural de uma forma longa agora se faz com o uso de recursos mais requintados. O segundo movimento – *II. Profundo*, começa com um longo solo de fagote, instrumento que depois assume um *ostinato* junto com piano e tímpano, transformando o trecho central do movimento em uma espécie de *Passacalia*, que vai num *crescendo* até chegar ao clímax da peça com a adição paulatina de todos os instrumentos, e depois vai desmanchando a orquestra até voltar à introspecção do movimento lento. Antes de terminar, uma nova ideia musical que evoca o tema do primeiro movimento.

No terceiro movimento (*III. Radioso*), outra demonstração de capacidade de articular uma longa forma. Guarnieri parece usar uma estrutura A-B-C-B-A, onde as partes B correspondem a solos em andamento lento, que evocam o segundo movimento. Na primeira vez que isso acontece no 3° movimento, é um solo de Corne Inglês, na segunda vez o solo é do oboé, mas as regiões usadas para ambos os solos tornam sutil a diferença de timbres, quase uma charada para o ouvinte. Antes de acabar o terceiro movimento, uma evocação ao tema do primeiro movimento, dá a ligação estrutural de toda a obra. No primeiro movimento já tinha sido empregado outro recurso para dinamizar a organização formal: também numa espécie de A-B-C-B-A, o retorno da parte B se dá não textualmente, mas com a volta do segundo tema agora em *fugato*.

A organização da *Sinfonia* é quase uma demonstração da quantidade de recursos formais que um compositor podia usar numa obra, de modo a não repetir formas musicais conhecidas, nem utilizar uma escrita improvisatória, desarticulada ou sem rumo e estrutura – o que normalmente causa efeitos terríveis em obras mais longas. Como apontado por Sprague Smith, a obra de Guarnieri, mesmo longa, é capaz de prender o ouvinte, justamente pela maneira como o compositor estrutura a organização formal da peça. Ele o faz de modo a garantir o equilíbrio entre unidade e variedade.

Esta obra pode ser vista como resultado de um longo processo de desenvolvimento musical e artístico de Guarnieri. Ao ser capaz de compor, finalmente, sua *Sinfonia*, ele demonstrava ter cumprido uma importante etapa para tornar-se reconhecido como compositor. Com esta obra em seu catálogo, Guarnieri não poderia mais ser considerado um compositor incompleto, imaturo. As dificuldades profissionais no Brasil continuariam – as crises financeiras, as disputas por espaço. Mas esta obra já pode ser vista como um sinal de maturidade, algo difícil de imaginar para alguém que se formou como compositor sinfônico num país onde a música sinfônica era praticamente inexistente. Esta condição não chegou nunca a ser superada no Brasil, mas a *Sinfonia n° 1* testemunha a superação de Guarnieri das dificuldades de seu processo pessoal de fazer-se compositor sinfônico.

Considerações finais

Pode-se perceber na técnica mobilizada por Guarnieri para a composição da *Sinfonia n° 1*, bem como nas reações causadas pela obra no meio musical, que ali estava consolidado um longo processo, tanto do compositor como do próprio modernismo musical no Brasil. Processo doloroso e difícil, resultado de lutas para simultaneamente formar a técnica de composição sem as instituições que poderiam ensiná-la, desenvolver na música uma atividade profissional que garantia sustento da família, construir uma reputação artística e ainda compor as obras que formariam um catálogo. Guarnieri não esteve sozinho neste processo. A incipiência da vida sinfônica no Brasil foi contornada através de alianças estratégicas.

Na trama destas alianças, torna-se claro que a consolidação de Camargo Guarnieri como compositor modernista não era uma vitória só dele. Na trajetória que leva ao compositor sinfônico vê-se a construção do próprio modernismo musical no país, suas virtudes e suas limitações.

As alianças envolveram os professores de Guarnieri: Ernani Braga e Sá Pereira que o direcionaram para uma sensibilidade musical modernista, Lamberto Baldi que lhe ensinou o esmero do contraponto modal, Mário de Andrade que lhe forneceu a base de cultura estético filosófica e discutiu a construção de uma música brasileira. Mas destas alianças também surgiram limites. Sá Pereira era o professor que via talento e brasilidade inatas no compositor, elementos que ainda precisariam, na verdade, ser trabalhados e desenvolvidos por mais de uma década. Lamberto Baldi foi o mestre da técnica, que abandonou o aluno antes dele estar pronto, antes de sentir-se hábil para a composição orquestral. Mário de Andrade, o intelectual e crítico que apoiou e defendeu a obra de Guarnieri, que discutiu as ideias, mas que também tentou dar direções muito específicas, fazer do compositor o que ele não pretendia ser, exigir dele uma especificidade nacional que Guranieri gostaria de superar.

As limitações impostas pela relação com estes professores, amigos e aliados na luta pela formação do compositor, eram as limitações da vida sinfônica paulistana. A superação destas limitações se deu com a ampliação das alianças para além de São Paulo. O contato com Curt Lange em Montevidéu, a partir de indicação de Lamberto Baldi. O contato com Luiz Heitor no Rio de Janeiro, a partir de indicações de Mário de Andrade, Francisco Mignone e Sá Pereira. A experiência como bolsista em Paris, o reconhecimento e a amizade de Charles Kochlin – até mais do que as aulas. Foram estas experiências que proporcionaram a Guarnieri extrapolar o meio paulistano, superar o acanhamento da cidade que se queria modernista mas não conseguia ainda deixar de ser provinciana.

Foi na relação com estes colegas e colaboradores que a música de Guarnieri passou a ser ouvida, para além de São Paulo. Foi pelas gestões deles que conseguiu publicações e concertos, foi por meio das redes de contatos que eles teceram que o nome de Guarnieri passou a ser visto como sinônimo de música sóbria, bem construída, clássica, universal. Foi na colaboração com eles que Guarnieri passou a ser visto como um interlocutor privilegiado, um homem sincero e solícito, capaz de trabalhar em conjunto, de responder cartas, de se empenhar para fazer gestões pelo desenvolvimento de projetos culturais conjuntos.

Alianças que permitiram que Guarnieri extrapolasse São Paulo, mas não de forma definitiva, não para meios musicais desenvolvidos, capazes de garantir a atuação do compositor. Para outras cidades da América do Sul que também enfrentavam lutas semelhantes, para meios musicais também acanhados, com poucos recursos – e quase todos não disponíveis para a música contemporânea feita no continente. Ou, quando Guarnieri conseguiu se inserir num dos principais centros da música sinfônica (Paris), ocorreu uma experiência abortada precocemente, pela guerra e pelas restrições financeiras impostas pela derrota política do grupo que o apoiava em São Paulo.

Mas a partir dos contatos internacionais de Curt Lange e Luiz Heitor, e das boas impressões que tinha causado em Paris a personalidades como Nadia Boulanger e Marcelle Manziarly, Guarnieri conseguiu chamar a atenção dos agentes norte-americanos que empreenderam uma aproximação musical com o Brasil no âmbito da Política de Boa Vizinhança. As qualidades de sua música – sobriedade, rigor, esmero técnico, classicismo estilístico – chamaram a atenção para as possibilidades de uma colaboração estreita. Intelectuais de posições importantes no meio musical norte-americano como Charles Seeger e Carleton Sprague Smith, além do compositor Aaron Copland, decidiram se empenhar na divulgação do compositor nos EUA. Não só pelas qualidades de sua música, e pelo que ela representava em acordo com seus ideais estéticos, mas porque Guarnieri se mostrava um interlocutor confiável, sincero e não dissimulado, sem compromissos políticos constrangedores, e principalmente capaz de colaborar, de responder cartas, de atender demandas.

Foi atendendo às demandas de música orquestral nesse meio que se dinamizou tanto nos Estados Unidos dos anos 1940 que Camargo Guarnieri construiu sua obra sinfônica. O processo tinha se iniciado, mas não se completado, com as experiências de *Curuçá* (1930) e do *Concerto n° 1 para piano e orquestra* (1931), ou nas experiências de transcrever para orquestra peças pianísticas como a *Suíte infantil*, a *Dança brasileira* e a *Dança Selvagem*. Iria ser retomado logo após a volta de Paris, com o *Concerto n° 1 para violino e orquestra* (1940), a assumiria novos contornos a partir das encomendas norte-americanas. *Encantamento* (1941), que não atendeu exatamente a expectativa da encomenda de Seeger em nome da União Pan-Americana, mas chegou a ser executada nos EUA, motivou a composição da *Abertura concertante*, encomendada e estreada em São Paulo, mas levada na bagagem para os EUA.

Obra recebida com entusiasmo pelo público, que foi regida por Guarnieri com a Sinfônica de Boston, cujo pódio foi cedido por Koussevitzki a partir de gestões do amigo Aaron Copland. Mas não convencendo ainda a crítica exigente de um músico como Copland, assim como ainda não convencia Mário de Andrade, amigo e crítico exigente. Faltava consolidar o processo com uma obra sinfônica de fôlego, que permitisse a Guarnieri mais do que ser visto como um compositor de peças para piano, mais do que um camerista, mais do que um melodista inspirado ou um cinzelador de contraponto. Mais do que uma figura regional, ou um compositor de gêneros específicos. O reconhecimento do compositor modernista só estaria completo quando pudesse ocorrer no centro da vida sinfônica mundial, como um compositor completo, um homem capaz da grande música sinfônica, numa linguagem universal.

A *Sinfonia n° 1* é o símbolo da consolidação de Guarnieri como compositor modernista. No longo processo de sua criação, que durou mais de um ano (do final de 1942, quando já tinha um movimento pronto, até completar a obra em janeiro de 1944), Guarnieri estava enfrentando todas as suas limitações – que não eram suas, eram de seu meio musical, eram de sua cidade, eram de seu país. Ele não estava compondo sozinho – estava trabalhando como homem de alianças, estava atendendo demandas e expectativas, estava tentando simbolizar toda uma cultura musical brasileira moderna. A peça não era, então, o trabalho de um ano, era de toda uma vida.

Foi na composição, estreia e consagração mundial da sua primeira *Sinfonia*, executada em 1945 em São Paulo, Rio de Janeiro, Montevidéu, Buenos Aires, Santiago – e em 1946-47 nos EUA, novamente com a Sinfônica de Boston, que Guarnieri terminou o processo de sagrar-se compositor. Foi nessa peça que ele foi visto como o compositor capaz de universalizar-se. Foi depois dela que Guarnieri pode ser título de capítulo num livro de história da música brasileira como o de Luiz Heitor.

Guarnieri, neste processo, continuava e continuaria profundamente paulista. Nunca deixaria de residir e trabalhar em São Paulo – de onde sairia sempre que necessário, voltando muitas vezes aos EUA ou à Europa para reger, receber prêmios, fazer parte de júris. Compôs mais sinfonias – chegando ao número de 7. Continuou enfrentando as dificuldades de ser compositor sinfônico no Brasil, pois o país nunca superou sua condição periférica neste tipo de música. Continuou enfrentando dificuldades financeiras, descontinuidade de políticas culturais decorrentes de mudanças políticas, falta de verbas. Teve de enfrentar os embates com novas gerações de compositores que a partir de 1945 e depois de 1962 passaram a ver em Guarnieri um representante de uma cultura musical consolidada e de um estilo estabelecido – fatores a serem combatidos pelos movimentos de vanguarda que surgiram em torno dos grupos Música Viva e Música Nova.

Engajou-se, escreveu a *Carta aberta aos músicos e críticos do Brasil* em 1950, assumiu posturas, fundou uma escola de composição. No sentido de ser capaz de formar um grupo de alunos a partir do aprendizado de uma técnica de composição e de um estilo específico, Guarnieri fundou a primeira escola de composição no Brasil. Importante lembrar que essa necessidade de fazer escola era uma das maiores demandas do projeto modernista de Mário de Andrade, que centrou sua atuação a partir de 1928 nas gestões para que o modernismo musical deixasse de ser a estrela isolada de Villa-Lobos.

Como tal, esse processo de fazer-se compositor foi parte do processo de construção de uma cultura brasileira moderna pela via da música sinfônica de concerto. Na *Sinfonia n° 1*, estreada em 1945, não estava só um compositor e sua trajetória. Estava todo um meio musical, toda uma cultura brasileira, todo um modernismo musical, toda uma São Paulo que se tornava metrópole, e não mais província. Longe de resolver os problemas e contradições desse meio musical brasileiro, o Guarnieri compositor modernista estava criando novos problemas, estabelecendo um novo patamar. Testemunhando, junto com as trajetórias de seus colegas Villa-Lobos e Mignone, e com as memórias perpetuadas pelos intelectuais modernistas que os apoiaram, que o Brasil já tinha uma tradição musical a ser combatida pelos jovens das novas gerações, mas também a ser defendida e preservada como memória nacional.

Em 1954 o compositor ainda se queixava em carta a Curt Lange que sua obra não era estudada a fundo, não era conhecida. Somente após sua morte, em 1993, Guarnieri começou a ser alvo de biografias (ainda muito incompletas), catálogos e estudos musicológicos.

Hoje sua obra começa a ser objeto de estudos acadêmicos no âmbito da história ou da música, e é resgatada em edições a partir de seus manuscritos, e difundida em concertos e gravações. Se esse processo continuar, é sinal de que, como país, estamos aprendendo a respeitar nossa memória, preservar nosso passado. Para, olhando nele, compreendermos melhor o presente, e projetarmos um futuro. Essa a importância, afinal, de debruçar-se nesse processo do Guarnieri fazendo-se compositor.

Afinal, se a luta foi tão grande para obter reconhecimento internacional, extrapolar as limitações de um Brasil cultural e geo politicamente acanhado, cumpre a nós hoje evitar que essa memória se apague, e evitar que o erro se repita: não preservar o passado, não assentar bases para as novas gerações, não construir nada aqui – apenas comprar o que vem de fora. A lição do Guarnieri modernista permanece, à medida em que formar e consolidar compositores brasileiros segue sendo uma tarefa extremamente difícil: ainda faltam as orquestras, as editoras, as instituições de ensino, a crítica especializada. Se ao menos não perdermos a memória, ainda resta a esperança de começar novamente. Por isso estudar os compositores do passado tem uma importância estratégica.

Se o consideramos compositor modernista é porque ele se consolida como compositor ao mesmo tempo em que o modernismo se estabelece como movimento. Neste sentido, Camargo Guarnieri é agente e resultado do modernismo. Representa, em grande medida, um projeto um pouco diferente do que foi assumido em torno das carreiras de seus colegas de geração – Villa-Lobos e Mignone. Enquanto agentes privilegiados pelo Estado no período varguista, Villa-Lobos e Mignone assumiram em sua produção musical e sua atuação profissional uma identidade muito forte com o projeto político do Estado Novo. Pode-se dizer que eles se tornaram intelectuais orgânicos do projeto varguista no âmbito da música, ao trazerem as falas populares para sua obra.

Os diversos interlocutores analisados perceberam em Camargo Guarnieri a possibilidade de um projeto alternativo, mais universal, mais clássico, mais independente. Menos ligado à figura pessoal de Vargas, o ditador, menos dependente das estruturas institucionais construídas pelo Estado varguista, mais interligado a uma ampla rede de interlocutores que incluiu personalidades influentes em São Paulo, Paris, Montevidéu, e nos Estados Unidos. Que Guarnieri tenha dependido de uma rede tão ampla para construir sua carreira e sua reputação, fez dele um caso à parte, ao mesmo tempo em que ele fez isso sem nunca deixar de residir em São Paulo.

A capacidade de Guarnieri em atender à demanda de interlocutores como Curt Lange e seu americanismo musical, ou aos modernistas norte-americanos engajados na política da Boa Vizinhança, demonstra sua capacidade de "universalizar-se", suas possibilidades de reconhecimento internacional podendo ser vistas como sintomas de maturidade e diversidade do meio musical brasileiro. A carreira de Guarnieri pode ser entendida, então, como momento especial de uma maior profissionalização, de uma maior autonomização do meio musical no Brasil, de sua capacidade de se articular a partir de múltiplos atores. Atores públicos e privados, institucionais e informais, nacionais e internacionais, que formaram uma ampla teia de relações sociais, políticas e culturais a partir da qual Guarnieri obteve sua formação como compositor, apoiou sua carreira, e construiu sua fortuna crítica e sua entrada para um panteão da música nacional.

O amplo leque de questões envolvidas neste estudo sobre Camargo Guarnieri aponta para a consolidação de sua carreira como uma labuta que envolveu imigrações transcontinentais, criação de instituições, surgimento de novas formas de comunicação, surgimento de novas profissões, uma revolução, uma guerra mundial, relações internacionais, investimentos públicos, concepções políticas, geração de empregos, projetos educacionais, entre outros diversos fatores.

Que talvez nos lembrem a importância estratégica que pode assumir a questão da produção musical local, capaz de mobilizar uma ampla cadeia de agentes, e espalhar resultados importantes por diversos setores da sociedade. No caso de Camargo Guarnieri, infelizmente podemos dizer que sua consolidação como compositor dependeu muito de estruturas existentes fora do Brasil. E a construção de estruturas próprias no Brasil segue sendo uma questão pendente até os dias de hoje. Neste sentido, a realidade observada entre 90 e 70 anos atrás está mais próxima de nós do que imaginamos.

Referências Bibliográficas

Fontes e documentos de época

ABREU, Maria. "Camargo Guarnieri – o homem e episódios que caracterizam sua personalidade." in SILVA, Flávio. *Camargo Guarnieri: o tempo e a música.* São Paulo/ Rio de Janeiro: Imprensa Oficial/FUNARTE, 2001. p. 33-55.

ANDRADE, Mário de. *Música, doce música.* São Paulo: Martins, 1963. Coleção obras completas de Mário de Andrade, volume VII.

_____. *Ensaio sobre a música brasileira*, 3ª ed. São Paulo/Brasília: Martins/INL-MEC, 1972.

_____. *Música e jornalismo: Diário de São Paulo.* (organização de Paulo Castanha) São Paulo: HUCITEC, 1993.

_____. *Introdução à estética musical.* São Paulo: HUCITEC, 1995. Estabelecimento do texto, introdução e notas de Flávia Toni.

AZEVEDO, Luiz Heitor Correa de. *150 anos de música no Brasil: 1800-1950.* Rio de Janeiro: José Olímpio, 1956.

BELARDI, Armando. *Vocação e arte: memórias de uma vida para a música.* São Paulo: Casa Manon, 1986.

GUARNIERI, Camargo. "Mestre Mário". *Revista Brasileira de Música*, vol. IX, 1943, p. 13-17.

KOECHLIN, Charles. *Étude sur les notes de passage*. Paris: J. Lojier, 1922.

_____. *Debussy*. Paris: Henri Laurens, 1927.

_____. *Traité de l'Harmonie*. 3 volumes. Paris: Max Eschig, 1927-1930.

_____. *Étude sur l'écriture de la fugue d'école*. Paris: Max Eschig, 1933.

_____. *Théorie de la musique*. Paris: Heugel, 1935.

LACERDA, Osvaldo. "Meu professor Camargo Guarnieri". In: SILVA, Flávio (org.). *Camargo Guarnieri. O tempo e a música*. São Paulo/Rio de Janeiro: Imprensa Oficial/FUNARTE, 2001, p. 57-67.

LIMA, João de. *Moto perpétuo. A visão poética da vida através da música. Auto-biografia do maestro Souza Lima*. São Paulo: IBRASA, 1982.

MARIZ, Vasco. *História da Música no Brasil*. Brasília: INL/MEC, 1981.

MIGNONE, Francisco. "Como conheci Mário de Andrade". *Revista Brasileira de Música*, vol. IX, 1943, p. 17-19.

_____. *Depoimento a Aloísio Alencar Pinto, Edino Krieger, Guiherme de Figueiredo e Ricardo Cravo Albin*. Rio de Janeiro: Fundação Museu da Imagem e do Som, 1991. Coleção Depoimentos.

PEREIRA, Sá. "Mozart Camargo Guarnieri – uma esplêndida afirmação da música brasileira", in SILVA, Flávio. (org.) *Camargo Guarnieri. O tempo e a música*. São Paulo/Rio de Janeiro: Imprensa Oficial/FUNARTE, 2001. p. 21-24.

SEEGER, Charles. "Inter-American Relations in the Field of Music - some basic considerations". *Music Educators Journal*, v.27, n. 5, mar-apr 1941, p. 17.

VERHAALEN, Marion. "Vida e obra de Camargo Guarnieri". In: *Camargo Guarnieri: expressões de uma vida*. São Paulo: EDUSP/Imprensa Oficial, 2001, p. 15-60.

VERÍSSIMO, Érico. *Gato preto em campo de neve*. 23ª ed. São Paulo: Globo, 1997.

Partituras

CAMARGO GUARNIERI. *Encantamento*. São Paulo: Criadores do Brasil/OSESP, 2008. Edição Vitor Hugo Toro, revisão Maria Elisa Pasqualini.

_____. *Sinfonia n° 1*. São Paulo: Criadores do Brasil/OSESP, 2008. Edição Maurício de Bonis, revisão Antônio Ribeiro.

Audiovisual

"Camargo Guarnieri. 3 concertos para violino e a missão". DVD, Centro Cultural São Paulo, 2010. Inclui a filmagem dos concertos, o documentário *Notas soltas sobre um homem só* (direção de Carlos Mendes), e partituras dos concertos (edição de Lutero Rodrigues).

Bibliografia de apoio

ABRAHIM, Judie Kristie Pimenta. *Obra de difusão interdita de Camargo Guarnieri: catálogo comentado dos manuscritos*. Dissertação de Mestrado, ECA-USP, São Paulo, 2010.

ABREU, Marcelo de Paiva. "O Brasil e a economia mundial (1929-1945)", in Boris Fausto, *Historia Geral da Civilização Brasileira*. Tomo III – *O Brasil Republicano*. Volume 4 – *Economia e cultura (1930-1964)*. São Paulo: DIFEL, 1984, p. 11-49.

ALAMBERT, Francisco. *A semana de 22: a aventura modernista no Brasil*. 3. ed. São Paulo: Scipione, 2004.

ALVIM CORREA, Sérgio Nepomuceno. *Orquestra Sinfônica Brasileira 1940-2000*. Rio de Janeiro: FUNARTE, 2004.

ANDERSON, Benedict. *Comunidades imaginadas: reflexões sobre a origem e a difusão do nacionalismo*. São Paulo: Cia. das Letras, 2008.

ÂNGELO, Ivan. *85 anos de cultura: história da Sociedade de Cultura Artística*. São Paulo: Studio Nobel, 1998.

ARAGÃO, Pedro de Moura. *Luiz Heitor Corrêa de Azevedo e os estudos de folclore no Brasil: uma análise de sua trajetória na Escola Nacional de Música (1932-1947).* Dissertação de Mestreado, EM-UFRJ, Rio de Janeiro, 2005.

AZEVEDO E SOUZA, Carlos Eduardo de. *Dimensões da vida musical no Rio de Janeiro: de José Maurício a Gottschalk e além, 1808-1889.* Tese de doutorado, IFCS-UFRJ, Rio de Janeiro, 2003.

BUSCACIO, Cesar. *Americanismo e nacionalismo musicais na correspondência de Curt Lange e Camargo Guarnieri (1934-1956).* Tese de doutorado, IFCS-UFRJ, Rio de Janeiro, 2009.

CARDOSO, Lino de Almeida. *O som e o soberano. Uma história da depressão musical carioca pós-Abdicação (1831-1843) e de seus antecedentes.* Tese de doutorado, FFLCH-USP, São Paulo, 2006.

CHERŇAVSKI, Analía. *Um maestro no gabinete: música e política no tempo de Villa-Lobos.* Dissertação de mestrado, IFCH-UNICAMP, Campinas, 2003.

CONTIER, Arnaldo. *Música e ideologia no Brasil.* São Paulo: Novas Metas, 1978.

_____. *Brasil novo. Música, nação e modernidade. Os anos 20 e 30.* Tese de livre docência, FFLCH-USP, São Paulo, 1988.

DINIZ, André. *O rio musical de Anacleto de Medeiros: a vida, a obra e o tempo de um mestre do choro,* Rio de Janeiro: Zahar, 2007.

EGG, André. *O debate no campo do nacionalismo musical no Brasil dos anos 1940 e 1950: o compositor Guerra Peixe.* Dissertação de mestrado, DEHIS-UFPR, Curitiba, 2004.

ENCICLOPÉDIA da Música Brasileira. 2. ed. São Paulo: Art/Publifolha, 1998.

FLECHET, Anaïs. *Villa-Lobos à Paris: un écho musical du Brésil.* Paris: L'Harmattan, 2004.

GARCIA, Tânia. *O "it verde e amarelo" de Carmen Miranda (1930-1946),* São Paulo: Annablume/FAPESP, 2004.

GUÉRIOS, Paulo. *Heitor Villa-Lobos: o caminho sinuoso da predestinação.* Rio de Janeiro: FGV, 2003.

GROSSI, Alex Sandra de Souza. *O idiomático de Camargo Guarnieri nos 10 improvisos para piano.* Dissertação de mestrado, ECA-USP, São Paulo, 2002.

HOBSBAWM, Eric. *Nações e nacionalismos desde 1780: programa, mito e realidade*. Rio de Janeiro: Paz e Terra, 1998.

KIEFER, Bruno. *Villa-Lobos e o modernismo na música brasileira*. Porto Alegre: Movimento, 1981.

LEBRECHT, Norman. *O mito do maestro: grandes regentes em busca do poder*. Rio de Janeiro: Civilização Brasileira, 2002.

LOUREIRO CHAVES, Celso. "Por uma pedagogia da composição musical". In: FREIRE, Vanda. (org.) *Horizontes da pesquisa em música*. Rio de Janeiro: 7 Letras, 2010, p. 82-95.

MACHADO, Cacá. "Batuque: mediadores culturais do final do século XIX". In: VINCI DE MORAES, José Geraldo; SALIBA, Elias Thomé. (orgs.) *História e música no Brasil*. São Paulo: Alameda, 2010, p. 119-160.

MAMMI, Lorenzo. *Carlos Gomes*. São Paulo: Publifolha, 2001.

MELLO E SOUZA, Gilda de. *O tupi e o alaúde: uma interpretação de Macunaíma*. 2ª ed. São Paulo: Editora 34, 2003.

MEYER, Donald. "Toscanini and the Good Neighbor Policy: the NBC Symphony Orchestra's 1940 South American tour": In: *American Music*, v. 18, n°3, 2000, p. 239-240.

MICELI, Sérgio. *Nacional estrangeiro: história social e cultural do modernismo em São Paulo*. São Paulo: Cia. das Letras, 2003.

MORAES, Eduardo Jardim de. *A brasilidade modernista: sua dimensão filosófica*. Rio de Janeiro: Graal, 1978.

MORILA, Ailton Pereira. "Antes de começarem as aulas: polêmicas e discussões na criação do Conservatório Dramático e Musical de São Paulo". *Per Musi*, n° 21, jan-jul 2010, p. 90-96.

NAPOLITANO, Marcos; WASSERMANN, Maria Clara. "Desde que o samba é samba: a questão das origens no debate historiográfico sobre a música popular brasileira.". *Revista Brasileira de História*. v. 20, n. 39, 2000, p. 167-189.

NEVES, José Maria. *Música contemporânea brasileira*. São Paulo: Ricordi, 1981.

NEEDELL, Jeffrey. *Belle Epoque Tropical: Sociedade e cultura de elite no Rio de Janeiro na virada do século*. São Paulo: Cia das Letras, 1993.

NOGUEIRA, Marcos Pupo. *Muito além do melodrama. Os prelúdios e sinfonias das óperas de Carlos Gomes*. São Paulo: UNESP, 2006.

ORLEDGE, Robert. "Koechlin, Charles". In SADIE, Stanley (Ed.) *The new Grove dictionary of music and musicians*. 2. ed. New York: Oxford UP, 2001. vol. 13, p. 727-731.

ORTIZ, Renato. *A moderna tradição brasileira: cultura brasileira e indústria cultural*. São Paulo: Brasiliense, 1988.

PALAMARTCHUK, Ana Paula. *Ser intelectual comunista... Escritores brasileiros e o comunismo. 1920-1945*. Dissertação de Mestrado, FFLCH-USP, São Paulo, 1997.

PAZ, Ermelinda Azevedo. *Villa-Lobos e a música popular brasileira*. Rio de Janeiro: Edição do autor, 2004. Disponível em http://www.ermelinda-a-paz.mus.br/Livros/vl_e_a_MPB.pdf.

PEREIRA, Avelino Romero. *Música, sociedade e política: Alberto Nepomuceno e a República Musical*. Rio de Janeiro: UFRJ, 2007.

PIRES JR, Sidney. *Embates de um intelectual modernista. Papel do intelectual na correspondência de Mário de Andrade*. Tese de doutorado, FFLCH-USP, São Paulo, 2004.

PRADO, Maria Ligia Coelho. "Davi e Golias: as relações entre Brasil e Estados Unidos no século XX". In: MOTA, Carlos Guilherme. (org.) *Viagem incompleta. A experiência brasileira (1500-2000)*. vol. 2 – *A grande transação*. São Paulo: SENAC/SESC, 2000, p. 321-347.

QUINTERO RIVERA, Mareia. *Repertório de indentidades: música e representação do nacional em Mário de Andrade (Brasil) e Alejo Carpentier (Cuba). (décadas de 1920-1940)*. Tese de doutorado, FFLCH-USP, São Paulo, 2002.

RODRIGUES, Lutero. "A música, vista da correspondência". In: SILVA, Flávio. *Camargo Guarnieri: o tempo e a música*. São Paulo/Rio de Janeiro: Imprensa Oficial/FUNARTE, 2001, p. 321-335.

_____. *As características da linguagem musical de Camargo Guarnieri em suas sinfonias*. Dissertação de mestrado, IA-UNESP, São Paulo, 2001.

ROSS, Alex. *O resto é ruído: escutando o século XX*. São Paulo: Cia. das Letras, 2009.

SCHWARTZMAN, Simon; BOMENY, Helena; COSTA, Vanda. *Tempos de Capanema*, 2. ed., Rio de Janeiro: Paz e Terra, 2000.

SEVCENKO, Nicolau. *Orfeu extático na metrópole: São Paulo, sociedade e cultura nos frementes anos 20*. São Paulo: Cia. das Letras, 1992.

SILVA, Flávio. *Camargo Guarnieri: o tempo e a música*. São Paulo/Rio de Janeiro: Imprensa Oficial/FUNARTE, 2001.

_____. "Invitation au voyage". In: *Camargo Guarnieri: o tempo e a música*. São Paulo/Rio de Janeiro: Imprensa Oficial/FUNARTE, 2001, p. 73-93

SILVA, Janaína Girotto da. *"O Florão mais Belo do Brasil": O Imperial Conservatório de Musica do Rio de Janeiro/1841-1865*. Dissertação de mestrado, IFCS/UFRJ, Rio de Janeiro, 2007.

TACUCHIAN, Maria de Fátima Granja. *Panamericanismo, propaganda e música erudita: Estados Unidos e Brasil (1939-1948)*. Tese de doutorado, FFLCH-USP, São Paulo, 1998.

TONI, Flávia. *"Mon chér élève*: Charles Koechlin, professor de Camargo Guarnieri." in *Revista do IEB*, nº 45, set. 2007, p. 107-122.

TOTA, Antonio Pedro. *O imperialismo sedutor. Americanização do Brasil na época da 2ª Guerra*. São Paulo: Cia. das Letras, 2000.

TRAVASSOS, Elizabeth. *Os mandarins milagrosos: arte e etnografia em Mário de Andrade e Béla Bartók*. Rio de Janeiro: Zahar, 1998.

VINCI DE MORAES, José Geraldo. *Metrópole em sinfonia. História, cultura e música popular na São Paulo dos anos 30*. São Paulo: Estação Liberdade, 2000.

WINOCK, Michel. *O século dos inteletcuais*. Rio de Janeiro: Bertrand Brasil, 2000.

WISNIK, José Miguel. *Machado maxixe: o caso Pestana*. São Paulo: Publifolha, 2008.

Esta obra foi impressa em São Paulo no
inverno de 2018. No texto foi utilizada
a fonte Adobe Jenson Pro em corpo 10 e
entrelinha de 15 pontos.